EEUWELING

Van Steffie van den Oord verschenen:

Liefde in oorlogstijd
Westerbork Girl
Oud was ik toen ik jong was
Vonk

Steffie van den Oord

Eeuwelingen

Levensverhalen van honderdjarigen in Nederland

OLYMPUS

Dit boek draag ik op aan alle honderdjarigen en aan mijn oma,
Marie Rooijackers, hopelijk een eeuwelinge in de dop...

Olympus maakt deel uit van Uitgeverij Atlas Contact.
Eeuwelingen verscheen eerder bij Uitgeverij Contact.

14e druk 2013

Eeuwelingen kwam tot stand met steun van de
Stichting Fonds Bijzondere Journalistieke Projecten

Omslagontwerp Studio Jan de Boer
Foto omslag Marcel van der Vlugt (de heer Frederiks, 1901-2003)
Typografie Arjen Oosterbaan
ISBN 978 90 467 0425 7
NUR 301, 748
www.atlascontact.nl

Inhoud

'Doorademen'

Het oudste leven in dit boek begint in 1890. Op 29 juni, om precies te zijn, in Smilde. In een groot huis langs de Drentse Hoofdvaart wordt – 'veel te vroeg!' – Hendrikje Schipper geboren. Ze ziet blauw en weegt maar drie pond. Hendrikje lijkt voorbestemd om niet langer te leven dan een paar maanden. Maar haar grootmoeder wikkelt het kind in haar warme wollen schort en houdt het vier weken lang op schoot. 'Een levende couveuse was ze!' roept mevrouw Hendrikje van Andel-Schipper elf decennia later uit. Ze is dan de oudste van Nederland.

Hendrikje Schipper komt uit een familie van schoolmeesters. Maar omdat het kleine, magere kind te vroeg geboren is en derhalve 'zwak' is, mag het niet naar school. Ze moet 'zwerven in de buitenlucht', om weerstand te kweken. Hendrikje leert alleen lezen en schrijven, verder niets. 'Van geschiedenis,' verklaart ze een eeuw later, 'heb ik geen flauw benul.' Maar met haar scherpe geheugen is ze zelf een bron van informatie over het verleden geworden. Ze kan het Drentse Smilde aan het einde van de negentiende eeuw nog voor haar geestesoog toveren en ze overziet de gehele twintigste eeuw.

Dit boek begint honderdtien jaar na Hendrikjes geboorte; rond de millenniumwisseling. Omdat de overgang naar het jaar 2000 tegelijk een eeuwwisseling is, interview ik voor VPRO-radio enkele honderdjarigen over hun eeuw. De eerste is Jan Pieter Bos (1891): een oud-binnenvaarder, die als jongen aan boord ging op het houten zeilschip van zijn vader en die de motorisering van de scheepvaart – later – absoluut niet zag zitten. Tot zijn eigen verrassing stelt hij na vele decennia vast: 'Maar het is precies andersom gegaan; de motor heb geld in 't laatje gebracht!' Na het bezoek aan deze eeuweling ben ik verkocht. Het is bijna niet te geloven dat er nog mensen leven die ooit dachten dat de motorisering, inmiddels zo vanzelfsprekend, niks zou worden. Ik raak gefascineerd door de honderdjarigen, geboren in een tijdperk van paard en wagen, zonder elektriciteit, de pil en de AOW. Hoe hebben zij de twintigste eeuw beleefd? Hun persoonlijke levensgeschiedenissen, besluit ik, moeten worden opgetekend – er is immers nooit genoeg zendtijd op de radio voor die lange levens.

De gemiddelde leeftijd van de Nederlander was een eeuw geleden maar een jaar of vijftig voor de mannen, en vijfenvijftig voor de vrouwen. Geen van de eeuwelingen in dit boek had durven dromen twee keer zo oud te worden. In 1900 telde Nederland tien honderdjarigen. Tot 1950 waren er nooit meer dan dertig. De sterftekans is sinds de jaren vijftig enorm gedaald, vooral door de beteugeling van besmettelijke ziekten, onder meer door het aanleggen van waterleiding. In 2000 turfde het Centraal Bureau voor de Statistiek bijna elfhonderd honderdjarigen. In 2020 zullen er zo'n tweeduizend zijn.

En er bestaan weer liefhebbers die krantenknipsels over honderdjarigen bijhouden, er is zelfs een kleine club van 'eeuwelingenverzamelaars'. De heer Fred van Dam uit Barneveld, van kindsbeen af geïntrigeerd door lieden die een eeuw trotseren, spant de kroon: hij heeft op zolder een uniek archief aangelegd met gegevens over Nederlandse honderdjarigen uit alle windstreken. Daarmee spoor ik mensen op met een verschillende achtergrond wat betreft beroep, geloof, sociaal milieu. Al zijn er ruim vijf keer meer vrouwelijke dan mannelijke eeuwelingen, toch spreek ik – geheel tegen de statistieken in – met iets meer mannen dan vrouwen. De mannen hebben hun oververtegenwoordiging enkel en alleen te danken aan het feit dat ze meer uiteenlopende beroepen hebben uitgeoefend waarover ik ze uit kan horen; zo vertellen een voormalige 'brikkebakker' en de laatste der 'pullevaarders' in dit boek over de fijne kneepjes van het uitgestorven vak.

Vaak hoor ik tijdens mijn zoektocht een zucht: 'Helaas,' zegt dan een achtergebleven kleinkind of een verpleegster, 'de honderdjarige had nog zóveel te vertellen. U komt drie dagen te laat.' Er zijn ook eeuwelingen met wie ik niet kan communiceren. Zoals de heer Schrik (1900) uit Stadskanaal. De man die op zijn honderdste nog een jachtvergunning kreeg, heeft zijn huisje volgehangen met wild en begint van alles te vertellen over zijn leven, dat – zo zie ik aan zijn gelaatsuitdrukkingen – vele ups en downs moet hebben gekend. Maar ik versta het niet, vanwege het Stadskanaals en een aandoening aan zijn stembanden. Toch gaan we, na een handdruk die na een eeuw nog niets aan kracht heeft ingeboet, weer tevreden en met een glimlach op de lippen uit elkaar. Andere eeuwelingen die ik bezoek, zijn niet meer zo helder van geest; onlangs had een mevrouw uit de Betuwe nog verteld hoe ze vijfennegentig jaar geleden vrolijk rondreed met de hondenkar, zo verzekert haar buurvrouw in het bejaardenhuis. Maar de laatste tijd zegt de oude Betuwse alleen nog maar: 'Ik ben dan honderd, ik heb nog een mooie pruik met haar...'

En toch, de meeste honderdjarigen die ik bel of schrijf, willen en kunnen geïnterviewd worden – al zijn ze soms nogal doof en zeer slechtziend, zodat ze degene die hun het hemd van het lijf vraagt, amper kunnen ontwaren. De eerste vraag al – bijvoorbeeld: 'Wat is uw vroegste herinnering?' – moet ik herhalen. Soms tot vijf keer toe. Dan roep ik inmiddels zo hard, dat ik te horen krijg: 'Je hoeft niet zo te schreeuwen!' Daarna weet ik op welk volume en op welke toon – meestal zo laag mogelijk – ik moet spreken. En duikt de honderdjarige eenmaal terug in de tijd, dan gaat het eigenlijk vanzelf. Lang vergeten gebeurtenissen komen tot leven; zoals de lessen op de stofzuigerschool in de jaren twintig, de tijd waarin de melk nog negen cent kost.

Een enkele eeuweling kan zijn of haar leven in één middag navertellen. De meeste geïnterviewden zoek ik een keer of drie, vier op: steeds krijg ik een stukje van hun lange levensgeschiedenis te horen. Het trage tempo van de hoogbejaarden is even wennen. Soms moet een vraag minutenlang bezinken. Maar daarna komt er een scherpe herinnering bovendrijven; de eeuwelingen lijken soms orakels die negentig of zelfs honderd jaar kunnen terugblikken in de tijd. Vertellen is vermoeiend. En de gesprekken duren uren. Ik sta versteld van het uithoudingsvermogen van veel eeuwelingen. Soms ben ik vermoeider van het ingespannen luisteren dan de geïnterviewde zelf.

Ik tref de eeuwelingen in bejaardenhuizen en verzorgingstehuizen, maar ook in oude, afgelegen woninkjes of in hun uppie in een hele villa. Het is wonderlijk te ontdekken dat nog veel stokoude mensen in staat zijn om op zichzelf te wonen: tien van de tweeëntwintig geïnterviewden.

De vertrouwdheid met het bespreken van persoonlijke dingen is echt iets van deze tijd. 'Dat dééd je vroeger niet,' verzuchten vele eeuwelingen. Ze zijn geboren ver voordat er taboes doorbroken worden. In de jaren zestig, zeventig zijn de geïnterviewden reeds bejaard. En soms brengt een persoonlijke vraag een eeuweling in verlegenheid. Maar aangezien ze uit een tijdperk komen waarin lang niet alles bespreekbaar was, is hun bereidheid om over zichzelf te vertellen eigenlijk bijzonder groot. Misschien doordat ze inmiddels een beetje boven het leven staan. Ze hebben zoveel meegemaakt en het is allemaal al zo lang geleden; de leeftijd heeft ze, alsnog, openhartig gemaakt.

Soms worden ze zelfs zo mededeelzaam dat ze gebeurtenissen uit de doeken doen waarover ze nooit eerder hebben verteld. Zo memoreert kaptein Haije Tigchelaar (1897) hoe hij in 1939 met zijn stoomschip een Duitse onderzeeboot 'ramt', terwijl Nederland nog neutraal is: 'Ik heb mijn verhaal nooit openbaar gemaakt, dat leek toch niet verstandig. Maar nu kan ik het wel vertellen, dacht ik zo.' Ook geeft de koninklijk onderscheiden kaptein een pikante anekdote over prins Bernhard prijs. Of zijn verhalen met een korreltje zeezout moeten worden genomen, is aan de lezer. Ik laat deze man zijn soms onwaarschijnlijk sterke avonturen meermaals, en met grote tussenpozen, vertellen. Tot in de details krijg ik steeds hetzelfde te horen; en dat is het verhaal dat u hier te lezen krijgt.

Het is de persoonlijke geschiedenis. Doordrenkt met gevoel en met de wetenschap van achteraf, die het verleden ook telkens in een ander licht plaatst. Soms lijken de eeuwelingen onbetrouwbaar als ooggetuigen van het verleden, want ze worden vergeetachtig wat het recente verleden betreft. Een Groningse eeuwelinge zegt, als ze over haar jeugd vertelt: 'Wat er gisteren gebeurde ben ik misschien vergeten, ik weet nog veel van vroeger. Maar ik moet maar aannemen dat het allemaal klopt: ik heb niemand meer die ik het kan navragen.' De levensverhalen zijn niet geheel te verifiëren, maar de gegevens die gecheckt kunnen worden ga ik wel zoveel mogelijk na. Ik raadpleeg boekwerken, historici, familieleden van eeuwelingen, oude dorpsgenoten, historische verenigingen en clubjes, jonge en oude archivarissen in diverse uithoeken, musea, oude nonnen, voormalige kapteins – tot gorillaverzorgers in de Apenheul toe: 'Is het mogelijk dat een gorilla een slagboom bewaakt?' (Zie het levensverhaal van Gerard Timmermans.)

Van vóór de Tweede Wereldoorlog weten de meeste eeuwelingen veel te vertellen. Van daarna heugt ze vaak nog maar weinig. Boerin Cornelia van het Westeinde-Vermue (1899) kan zich nog wel een dijkdoorbraak in 1906 herinneren, maar hoe het ook alweer zat met de watersnoodramp van 1953, weet ze niet precies meer. De oude Zeeuwse verklaart dat door haar hand op haar hart te leggen: 'In 1906 had ik hier nog meer ruimte om alles te onthouden...' Het vroege leven blijft het meest bij, omdat het meer indruk maakt en het geheugen nog een minder beschreven blad is. Veel liedjes zijn onthouden, de eeuwelingen beginnen vaak spontaan te zingen. En geldbedragen worden soms tot op de cent exact herinnerd. Maar waar details de geïnterviewden bij kunnen blijven, worden ook hele periodes vergeten. En enkele heren – dat valt op – weten niks meer van hun trouwdag: 'Je onthoudt alles niet!' – aldus een oude Fries.

Maar toch. Bijna alles veranderde in de woelige, voorbije eeuw. De eeuwelingen maakten het – op hun eigen manier – mee en kunnen er nog veel van navertellen. Vooral de Eerste Wereldoorlog blijkt een belangrijke rol te spelen in hun jonge jaren. Ook al valt Duitsland niet binnen en blijft Nederland neutraal in '14-'18, de oorlog drukt een stempel op het leven. Gebeurtenissen uit het begin van de vorige eeuw, ons bekend uit de geschiedenisboeken, roepen bij de eeuwelingen nog emoties op. De schoolstrijd bijvoorbeeld is inmiddels een wat stoffige kwestie die de gemoederen niet meer bezighoudt, maar sommige geïnterviewden kunnen zich er nog over opwinden. En de komst van het vrouwenkiesrecht brengt nog doorleefde vrolijkheid teweeg. De eeuwelingen ondervinden dat, wat nu geschiedenis is, dan ook aan den lijve. Sommigen lopen de 'Spaansche griep' op, die aan het einde van de Eerste Wereldoorlog wereldwijd miljoenen slachtoffers maakt. De ergste ellende van de crisisjaren blijkt aan het gros van de eeuwelingen voorbij te gaan, al lijdt een enkeling honger. De allerarmsten van die tijd hebben helaas zelden de honderd gehaald. Maar de eeuwelingen hebben de bittere armoede om zich heen gezien, en soms zelfs nog plaggenhutten zien bouwen.

Veel grote historische gebeurtenissen van de twintigste eeuw staan ook helemaal niet in dit boek; de eeuwelingen vertellen bovenal over hun persoonlijke belevenissen – en wat zij zich daar nog van willen en kunnen herinneren. Of ze praten over de allereerste tomaten, die met argwaan worden gegeten, over het tandenpoetsen, dat nog haast niemand deed, of over de confectiekleding – lang zo mooi niet als een handgemaakt pak.

Voor sommige stokouden van dagen is de hele naoorlogse periode maar moeilijk te bevatten: 'De Beatles en de oorlog hebben alles veranderd,' vindt de Rotterdamse mevrouw Gogarn (1899). Al moppert ze in haar jeugd op de lange rokken en de bekrompenheid, ze heeft toch grote moeite met 'al dat seksgedoe van nu'. In de samenleving die in de twintigste eeuw een sociaal-economische gedaanteverwisseling ondergaat, zien de geïnterviewden bovenal de mentaliteit veranderen. Opgegroeid met de normen van weleer staan ze in het heden. Niet altijd gemakkelijk, want in hun jonge jaren heersen heel andere opvattingen over onderwijs, (kinder)arbeid, hygiëne, standsverschil, deugdzaamheid, geloof, hoop en liefde – zo blijkt op bijna elke bladzijde van dit boek.

De eeuwelingen blijven ondertussen 'gewoon doorademen', zoals ze het nuchter uitdrukken. Maar wie denkt in dit boek het wondermiddel te vinden om ook honderd te worden, zal teleurgesteld zijn. De eeuwelingen begrijpen zelf ook niet hoe het komt dat ze zo oud zijn geworden, al doen ze wel suggesties ('degelijk leven', 'de rozenkrans bidden'). Zelf denk ik dat hun kalmte en vastberaden optimisme ertoe hebben bijgedragen: 'Ik vertik het om chagrijnig te worden,' roept Hendrikje van Andel-Schipper, de alleroudste, al jaren.

Steffie van den Oord (27-10-1970, Ammerzoden, Gelderland)

'Voor een brikkebakker heb ik het ver geschopt'

LOUIS HELLEBREKERS
13-4-1901, SUSTEREN, LIMBURG

Hij kijkt met donkere ogen door een zeer zware bril: 'Het ènnigste wat aan mich mankeert'. Louis Hellebrekers – de duimen achter de bretels – is een luchtig type, met esprit. Valt hem een deuntje in uit de jaren tien, dan dansen zijn knokige vingers op de knie: 'Piem pam pammelo!' Anderhalve meter. Langer is hij niet. 'Maar was Kleinduimpje niet de allerslimste? Ik ben groot geworden,' verklaart hij, 'door het beton.' Hij schiet onverwacht soepel omlaag en tovert vanonder zijn bed een groot goudkleurig album te voorschijn. Vol souvenirs aan zijn eeuw; 'brikkebakkers' blikken vermoeid in de lens, een lang vervlogen carnavalsoptocht trekt voorbij. Maar eigenlijk heeft Louis geen foto's nodig – zijn herinneringen zijn bijna net zo scherp. En Hellebrekers is een vurig verteller: 'O jee, ja!'

'Met Pasen pakten we beddengoed, porselein, etenswaar en kookketels in; dat ging allemaal op de wagen en zo reden we met het hele gezin het Rijnland in. Om brikken te gaan bakken. Onderweg zongen we uit volle borst, het was echt gezellig! Met paard en wagen trokken we naar Baesweiler, Linnich, of Heinsberg. Daar woonden we dan vijf en een halve maand in een brikkebakkershut: een houten keet naast de steenbatterij. Weelderig was het natuurlijk niet, maar het houten huisje had wel aparte kamertjes, een keuken, en zelfs een wc. Allemaal volgens de regels, daar controleerden de Duitsers scherp op. O jee, ja!

Broers van mijn moeder trokken al in 1882 als seizoenarbeiders naar Duitsland om er in het open veld "brikke te bakke". En wij zijn er in 1911 mee begonnen. Mijn vader nam een ploeg aan die groot genoeg was om een miljoen bakstenen te maken. De meester, van wie vader de opdracht aannam, betaalde twintig mark voor duizend stenen. Hoe ze gemaakt werden, met eigen personeel of niet, dat liet hem koud. Om een miljoen stenen te bakken had je toch wel een ploeg van een man of zeven nodig. We noemden het "ploeg", maar het waren allemaal families. Met hooguit een paar man vreemd personeel. Wij, de kinderen, moesten ook meehelpen – vader kon alle handen gebruiken. Dat was puur verdienst; hoe meer vreemden, hoe meer je uitbetalen moest. Ik was nog maar een ventje van tien, ook nog klein van stuk, dus ik hoefde in het begin maar één steen tegelijk te verslepen. Mijn ouders wilden mij niet opofferen, maar ik moest wel invallen als een van de jongens – "afdragers" noemden we ze – ziek werd. Ik was vaak de klos.

Al snel moest ik permanent invallen. Maar ik hoefde niet eerder op te staan dan zes uur. De rest van de ploeg begon al om halfvijf. Om zes uur kwam mijn moeder met een korf boterhammen met spek. Tijdens het werk konden de afdragers dan af en toe een hap nemen; er werd geen pauze gehouden – o jee, nee! Maar niemand klaagde. We hadden allemaal maar één doel voor ogen: die miljoen stenen moesten af zijn vóór het einde van september, als het slecht weer begon te worden. Bleef het weer goed, dan haalden we het. Maar was er vaak regen en dus veel verlet, dan kwamen we niet aan het miljoen... Die eerste keer, in de hete zomer van 1911, is het ons in elk geval gelukt, weet ik nog. Het was toen zó verschrikkelijk droog – je kon je hoed weggooien en die bleef dan op de koe d'r heup hangen, want die arme beesten waren graatmager. Er was nog amper gras; het waren kapstokken geworden. Maandenlang viel er geen druppel water in die vallei bij Glimbach, de weilanden zagen geel. We moesten ons drinkwater van verre halen; dat was armoe.

Wij behoorden tot de laatsten die het brikkebakkersvak nog uitoefenden. Er waren in die tijd al steenfabrieken, met betere ovens, maar er werd ook nog in het open veld gebakken. We wisten donders goed dat het een aflopende zaak was, maar zolang ermee verdiend kon worden, gingen we dóór.

Meestal had de meester op de steenbatterij al een berg met afgestoken klei klaarliggen. Een kruier reed de natte klei naar de werktafel. Een vormer klapte het spul in een- of tweesteensvormen. De afdragers, waaronder ik, droegen de gevormde klei vervolgens naar de baan om voor te drogen in de zon; daarom noemden we ze ook wel "zónnebekkers". Na twee dagen moest je de brik omkeren; als ik om zes uur 's morgens begon, had ik er tegen negenen alweer tienduizend gekeerd. Wanneer de zon en de wind hun werk hadden gedaan en de eerste hagen met opgestapelde stenen rond juni gedroogd waren, gingen de zónnebekkers de veldbrandoven in: een provisorische, zelfgebouwde oven van wel veertig meter lengte naast het brikkenveld.

Lang voordat ik veertien was – de leeftijd die je officieel moest hebben om zwaar werk te doen – sleepte ik al met tweesteensvormen... Dat kwam zo; mijn moeder liep met twee stenen, maar zij moest ook voor het eten zorgen en dan liep ik alleen de baan op. Met die éénvorm schoot dat niet op. Dus zei ik: "Ik kan er best twee dragen." Anders haalde je toch nooit het miljoen? Als ik te moe werd, en mijn vader zag het aan me, dan mocht ik weer met de enkelvorm lopen. Want het was zwaar! Maar ik heb nooit geklaagd. Nooit of te nimmer. Later, toen ik zelf werkgever was, heb ik mensen nog zelden zo zien sjouwen. De motivatie werd minder met de jaren.

Kinderarbeid? Dat mocht toen. In Limburg was ik natuurlijk schoolplichtig. Maar in Duitsland niet. Ik ging wel weer naar school als we thuiskwamen in september. Ik haalde alles nogal snel in: ik ben nooit blijven zitten. Alleen toen we één jaar brikken hebben gebakken in Limburg, bij Heerlen, was ik schoolplichtig. Van den Dolder, het hoofd van de politie, kwam mij regelmatig ophalen tijdens het bakken. En uiteindelijk ben ik op een jongensinternaat terechtgekomen. Maar 's morgens stond ik voor dag en dauw op, om toch het kwantum van tienduizend te gaan keren op de batterij. En daarna ging ik naar school; vaak 's middags pas. "Wo woors toe vanmörge?" vroeg meneer Boer, het hoofd van de school. Dan zei ik eerlijk dat ik had gewerkt: "Ich höb mótte wirke." "Doe wirks ummer," zei Boer, want ik werkte altijd. "Jao, en det blíef ich ouch doon." Ik achtte mij daartoe verplicht. Ik ben er om de stenen te keren en in de haag te zetten, dacht ik, en niet voor die flauwekul op school – die kon je wel inhalen. Mijn vader had toch verplichtingen? Die baan moest vrij! Dat was mijn verantwoordelijkheid, al was ik maar een manneke.

Ach, en we hadden ook vaak plezier in het veld. O, jee, ja! Het kwam voor dat het hele dagen regende; dan konden we niks doen buiten op de banen. En dan zaten we met z'n allen in de keet te kaarten. Of de trekharmonica kwam te voorschijn, en dan zongen we dat schöne liedje:

"Nachtigall ich hör dich singen
du tust mein Herz von Freude springen
Nachtigall ich sieh dich laufen
und an das Bächlein tust du saufen
und du tust dein Schnabel ein
du meinst es wär der besten Wein..."

Dat zongen we zo graag, en ik neurie het nóg vaak. De "Nachtigall" beurt me altijd op. Het was een lied dat mijn moeder al in 1890 had geleerd, toen ze als vijftienjarige diende in het ziekenhuis in Düsseldorf. Mijn vader werkte in Krefeld als timmerman en op zondag ging hij haar opzoeken. Dan zongen ze dat liedje tweestemmig, heel mooi. Met kerst hebben ze nog een voordracht gehouden voor de zieken, want ze konden niet zomaar eventjes terug naar Susteren in hun verkeringstijd.

Als brikkebakker hield je de lucht altijd goed in de gaten. Vlak voordat het ging regenen, hingen we snel rieten matten boven de hagen; schuin, zodat het regenwater eraf drupte en de brikken niet nat konden worden. En dan werd er nog maar eentje extra gedronken. Mijn vader – hij was ploegbaas – sloeg regelmatig een grote mand jenever in; een glazen vat van vijftig liter, met riet eromheen. Ik beheerde het vat; ik hield precies bij hoeveel de jongens dronken. Dat ging van het loon af, al was die Duitse jenever goedkoop. Ook tijdens het bakken bracht ik jenever rond; het was een van mijn taken. De brikkebakkers dronken de hele dag door. Er waren mannen bij die anderhalve liter per dag nodig hadden. Anders konden ze het werk niet volhouden – we bakten dóór tot het donker werd, dus het waren lange dagen. Sommigen waren echt verslaafd aan de drank; daar hield mijn vader wel rekening mee als hij de jenever insloeg, hij kende zijn pappenheimers. Die jenever was niet zo sterk, maar er waren brikkebakkers bij die het dronken als water! Met tien jaar heb ik zelf ook al van de jenever geproefd. Dat mocht ik niet van mijn vader en moeder, maar ik wilde natuurlijk ook weleens proberen wat het was om lekker zat te worden. In een greppel ben ik gevonden later: ik was stomdronken in slaap gesukkeld.

We waren ook weleens een middag vrij, op de zondag. En was het kermis, dan was het feest. Ik weet nog dat de oudere jongens die ons hielpen maar niet naar huis kwamen voor het eten. Toen moest ik van mijn moeder gaan kijken waar ze uithingen. Na lang zoeken, trof ik ze aan in een kroegje. Met een meisje op schoot en een grote pot bier in de hand, én maar zingen: "Wir wollen niemals aus einander gehen!" Ik wist nog van niks, maar dat was dus een hoerenkast. Zoiets was misschien niet goed katholiek, maar dat kon ons niet zoveel schelen; het werd ze graag gegund, want het was zware arbeid. Als de centen op waren, kwamen ze vanzelf naar huis. En dan had je er nog betere werklui aan ook!

We hebben in Duitsland gewerkt tot de Eerste Wereldoorlog uitbrak. Toen mochten we geen brikken meer bakken: alle *Holländer* moesten *raus*. Ik herinner me nog heel goed dat we op een nacht gingen kijken op het station in Heinsberg, een stadje vooraan in de Eiffel, waar we toen werkten. Daar liepen de soldaten die naar het front moesten. Meisjes klampten zich vast aan de jongens waar ze verkering mee hadden, en die ze later nóóit meer hebben teruggezien. Wat stonden ze te huilen bij het afscheid! Ik zag ook vaders, pasgetrouwd, die een kind achterlieten. Het was een akelig gezicht toen die lange trein vertrok. Naar het slagveld in Frankrijk, waar die jongens in de loopgraven honger zouden lijden en ratten zouden eten. En waar ze bij bosjes sneuvelden. We zagen die nacht ook de zoon van de slager en de slagersknecht die iedere week een zij spek en een halve ham afleverden bij onze houten keet. Snel konden we nog afscheid van ze nemen... Na de oorlog had de slager geen zoon meer, en ook geen knecht – ze zijn nooit meer teruggekeerd.

De beelden van die nacht in Heinsberg raak ik niet meer kwijt. Soms lig ik in bed en zie ik het weer allemaal voor me: die verliefde meisjes die hun jongens uitzwaaiden... En die huilende kinderen. Dan kan ik niet meer in slaap komen. Ik wou maar dat ik het nooit gezien had. Het was zo vreselijk, ik krijg nog altijd een brok in mijn keel.

Veel van de jongens die bij ons "aan de brikke" waren, gingen eind september ergens suikerbieten oogsten; het waren eigenlijk rondtrekkende arbeiders. Anderen gingen weer naar huis en maakten klompen, of mestten varkens vet. Die brikkebakkers leefden wel. Mijn vader timmerde erbij. Dat pakte hij weer op toen we Duitsland uit waren gezet. De steenfabrieken namen het brikkebakkerswerk toen helemaal over. Ik ben een van de laatste nog in leven zijnde stenebakkers van de oude leest die naar Duitsland trokken. Misschien zelfs wel de allerlaatste, want onlangs is er nog ene overleden.

In het najaar had ik er in Susteren altijd al een baantje bij gehad: als loopjongen voor de slager. Dus ook ik kon in 1914 voor inkomsten zorgen. Met de hondenkar vol vlees trok ik naar de dorpen in de omgeving om de klanten te bedienen. Een hondenkar was een gewone houten wagen, zoals je ze ook achter een paard zag, maar dan in het klein. Je had in die tijd speciale karrenhonden, hele sterke, die je mende met een zweepje. De karrenhonden werden eerst opgemeten. Als ze te laag waren, mocht je ze niet houden als trekhond – dat ging netjes volgens de regels. Ze werden goed getraind voordat ze de kar trokken. En dan deden ze het ook graag. O, jee, ja! Meestal, tenminste. Ik weet nog dat ik een keer een kalf moest gaan halen in Roosteren. Toen ik op de terugweg langs café Jennekes reed, ging de hond ineens liggen. Hij was *dämpftig*, kortademig, van het vet: het beest was te dik, hij kreeg te veel afval bij de slager en nou kon-ie niet meer lopen. De cafébaas, die ik goed kende, zei dat hij mij wel zou helpen. Hij haalde een bos stro, legde die achter de kont van de hond en stak het in brand. Het beest kroop weg, maar weigerde op z'n poten te gaan staan. Ik vond dat brandende stro maar niks en ik besloot de hond maar een poosje te laten liggen. Daarna begon ik heel rustig tegen het beest te praten: "Kóm, laot mich noe niet in de sjteek." En toen stond de hond weer op! Het was net of hij mij ineens begreep.

Op de zaterdag bracht ik het vlees samen met de meid van de slager rond, want dan moest er afgerekend worden; zij inde de centen. Of die paar kilo er nou bij kwamen of niet, het dier moest toch trekken. En dan zaten we samen te zingen op de hondenkar: "Piemelo pammelo piem pam pammelo paddielimmeloo condula bavvia!" Die rare liedjes leerden we van de vreemde soldaten, gevlucht uit Wallonië, die hier in de eerste oorlog rondhingen – hun deuntjes bleven hangen in de dorpen. Dat zingen maakte het gezellig, want ik moest toch behoorlijk aanpoten als jongetje, ik deed eigenlijk het werk van een vent van twintig. Daar werd niet naar gevraagd. De hele familie werkte mee. Net als met het "brikkebakke".

Maar in de laatste oorlogsjaren vond ik een manier om veel sneller brood op de plank te krijgen: smokkelen. Je droeg gewoon een pungel van een kilo of dertig op de buik: in een doek bijeengebonden vlees en andere waar – koffie, rijst, suiker. En een kruik olie op de rug. En dan liep je ermee door het bos naar Duitsland, in de vroege ochtend of bij nacht. Het was wel spannend, want er werd goed gecontroleerd. De soldaat-commiezen – meestal uit het noorden van het land – hebben bij Susteren een stuk of acht smokkelaars doodgeschoten. Duitsland was tenslotte in oorlog en wij waren neutraal; dus het was riskant. Maar het was goeie handel!

Een keer was ik met een man of vijf uit Susteren op pad. Ik was wat achteropgeraakt, toen ze ons in de gaten kregen. Maar ik kon niet zo hard lopen, want op mijn rug droeg ik een halfvolle kruik olie. Dat klotste zo, dus ik moest wel stapvoets lopen. Links van mij zag ik toen een sergeant opduiken; hij kwam mijn kant op. Mijn vrienden sprongen snel de Rode Beek over en waren veilig; aan de andere kant van de beek begon Duitsland en daar konden ze je niks meer maken. Maar mij lukte dat niet meer! Ik zette het zo goed en zo kwaad als het ging op een lopen. De sergeant schoot in de lucht, ik keek geschrokken opzij. Hij wilde wéér schieten; maar zijn geweer bleek leeg te zijn, godzijdank, ik zag dat hij nieuwe patronen moest pakken. Daardoor kon ik net op tijd de beek bereiken; ik salueerde "Bonjour!" en sprong over het water heen naar Duitsland.

Later zijn we toch een keer gepakt. In Nieuwstadt, aan de grens, werden we met z'n vijven vastgezet in een cachotje van de gemeente – een nogal eenvoudig gebouw, waar ook de spuit van de brandweer in stond. Boven de deur zat maar een halfsteensmuur, zagen we. Met een zakmesje hebben we het voegsel eruit gekrabd, dat was niet eens zo moeilijk. En 's nachts haalden we de ene na de andere steen weg. We klommen op elkaars schouders; en zo zijn we uitgebroken! De volgende ochtend zouden we om negen uur naar de rechtbank in Maastricht worden gebracht, maar toen ze ons uit het cachot kwamen halen, lagen we allang thuis in bed te snurken.

Mijn vader is ook een keer gepakt bij het smokkelen en dreigde toen naar Veenhuizen te worden gestuurd, een verschrikkelijke rijkswerkinrichting. Maar hij wist de Friese soldaat-commies die hem had gesnapt om te praten; vader zei dat zijn vrouw weer moest bevallen en dat hij zijn zeven kinderen toch niet in de steek kon laten. Hij dikte het nog wat aan, en de Fries liet hem gaan. Zo makkelijk waren ze meestal niet; het waren dienstkloppers, hoor! Een enkele commies kon je omkopen, met honderd gulden gaven ze je vrije doortocht voor de hele club; ze wisten je precies te vertellen waar je wanneer de grens over kon. De meeste noorderlingen waren niet zo gevoelig voor omkoping; het waren sodemieters! Maar als je illegaal koeien de grens over wilde brengen, moest je altijd zorgen dat je gedekt was door een commies. Een koe leverde zo duizend mark op, dus dan kon je een commies ook wat toestoppen. Koeien leiden bleef het gevaarlijkste smokkelwerk dat er was. Want die beesten liepen niet door het dichtbegroeide bos vol doornen en struiken, die moesten een goeie doorgang hebben: je moest ze door het open veld leiden. Daar kon je nog altijd door niet-omgekochte soldaat-commiezen betrapt worden. Dus je hoopte vurig dat de koe d'r bek hield. En begon ze te loeien, dan sloeg je d'r op de snuit. Schijters durfden het niet! Maar ik heb het nooit in mijn broek gedaan.

Op de terugweg smokkelde ik weer een vat jenever mee; die was nog steeds spotgoedkoop in Duitsland. Ik dronk zelf ook volop jenever, je deed méé op die leeftijd; we waren zestien, zeventien jaar. En bier vloeide er ook genoeg in Susteren. De smokkelaars die ineens zo ontzettend veel marken verdienden, gingen ernaar leven. Maar we hebben ook veel gespaard. Nogal stom achteraf; we hadden beter alles op kunnen maken. Na de oorlog had je misschien wel dertigduizend mark bij mekaar, maar dat was niks meer waard in de tijd dat er biljetten van een miljoen in omloop kwamen. Mijn neef heeft nog een hele kamer behangen met waardeloos geworden biljetten. Toch jammer, je had er wel je leven voor op het spel gezet.

In 1914 had ik de Duitse soldaten al zien vertrekken naar het front, dat vond ik heel bijzonder. Maar wat nog gekker was: ik zag ze vier jaar later weer terugkomen ook! In november 1918 trokken Duitse bataljons dwars door Susteren heen. De soldaten kwamen terug van het front in Frankrijk en België en gingen eindelijk naar huis, na al die jaren. Via het smalste stukje van Nederland: bij Maaseik, in België, gingen ze de Maas over, en via Roosteren en Susteren ging het door naar Duitsland. Heel Susteren stond op zijn kop want het waren er duizenden en duizenden en die uittocht ging dagenlang door. Ik had net de Spaanse griep opgelopen die toen heerste: een stuk of tien jonge mensen zijn er in Susteren aan overleden. Al had ik negenendertig graden koorts, ik kon nog op de been blijven. En mijn moeder kon me niet tegenhouden; ik wilde gaan kijken, het was een sensatie! Ze wikkelde een wollen sjaal om mijn hele lichaam en zo ging ik naar buiten, naar de soldaten. Sommigen waren zo opgelucht dat de *Krieg* was afgelopen dat ze liepen te zingen en te schreeuwen. Anderen waren compleet uitgeblust. Of een beetje baldadig. Hun geweren en bajonetten moesten ze inleveren als ze in Roosteren de brug over gingen. Gemobiliseerde Nederlandse soldaten zagen daarop toe. Maar veel verslagen Duitsers gooiden hun wapen liever de Maas in: de hele rivierbodem lag ermee bezaaid! Op het laatst waren het er zoveel, dat de geweren boven het water uitstaken.

Ik liep met de soldaten mee op. Ze gaven van alles weg: ik heb een gasmasker gekregen en een karabijn uit 1914, bijna nieuw nog! Kon ik later vogeltjes mee afschieten. Ik heb zelfs nog een ezeltje weten te bemachtigen, dat hadden de soldaten waarschijnlijk onderweg meegepikt. Ik vond het dier erg leuk en begon het te aaien. "Lauf zum Teufel!" riep toen een Duitse soldaat, en hij liet de ezel lopen. Toen was-ie van mij. Ik heb hem maar aan de melkboer verkocht: die heeft de ezel nog tien jaar voor de melkkar kunnen spannen, het was een sterk beestje.

Bij de waterput op de markt konden de Duitse soldaten even uitrusten en fris water drinken. Er stonden hordes kinderen omheen die iets probeerden los te peuteren, ze vroegen allemaal een aandenken. De kinderen kregen patroonzakken. Of van die rare koekjes, kruisvormige, die waren speciaal gefabriceerd voor in de loopgraven. Daar heb ik ook nog een hele zak van bemachtigd. Mijn griep is later vanzelf overgegaan. Ik heb nauwelijks op bed gelegen; als er zoveel te halen valt en er zoveel te zien is, blijf je niet binnen – al heb je de Spaanse griep!

De Susterenaren hadden veel medelijden met de Pruussen, herinner ik mij. Er was geen haat onder de mensen, want de band met Duitsland was altijd hecht geweest. De meesten hadden voor de oorlog in Duitsland gewerkt als stukadoor, of brikkebakker. Dus ze leefden mee; broederschap heette dat. Na de oorlog zijn de Limburgse muziekkorpsen en harmonieën ook Duitsland in getrokken om het einde van de oorlog te vieren en de mensen wat op te beuren. Want het was er een doffe ellende. Ik had familie in Kohlscheid, boven Aken. Toen we die na de oorlog opzochten, zagen we onderweg dat er in bijna elk huis een weduwe zat.

Ik ben misschien niet groot. Maar was Kleinduimpje niet de allerslimste? Een kleine man kan veel presteren, dat heb ik later ook wel bewezen. Hier heb ik nog een foto waar meer dan zestig werklieden op staan. En ik, veel kleiner, sta ernaast. Maar al die mensen hebben wel gedaan wat ík gezegd heb. Toen ik eenmaal uitvoerder was, had ik veel arbeiders aan het werk. Ook Duitse werklozen, met van die grote vilten hoeden op – hun herkenningsteken. De rollen waren omgedraaid; de Duitsers werkten nu voor mij. Die werklozen werden leerling en trokken rond, in Duitsland bestond nog geen speciale timmermansopleiding. Bij elke patroon leerden ze een onderdeel van het vak, tot ze volleerd timmerman waren. Maar ik had ook veel Nederlanders onder mij. Ik heb het ver geschopt voor een brikkebakker...

Als jonge knaap had ik al gezien hoe de wereld in mekaar stak. Ik had al volop gewerkt. Ik ben nog een tijdje boerenknecht geweest na de eerste oorlog. Daarna ben ik naar de mijn gegaan. Eerst als hulpsleper, toen als sleper. Na drieënhalve maand moest ik iemand uit de mijn dragen die een ongeluk had gehad. Het plafond was 's nachts doorgezakt en daar had hij zijn kop tegen gestoten. Zijn hele schedel was kapot, die kon je als een deksel oplichten. Er gebeurden nog veel ongelukken in de begindagen van de mijnen. Toen ik die arme jongen samen met een andere mijnwerker boven had gebracht, heb ik de benen genomen. "Bonjour!" riep ik. En ik ben niet meer teruggegaan naar de mijn. Na een dag of tien kwam de mijnpolitie vragen waar ik bleef, en of ik niet terug wilde komen. "Ich neet!" heb ik gezegd. "Noats van mien laeve" – nooit van mijn leven! Ik had nog twee dagen loon te goed, maar heb gezegd dat ze dat geld mochten houden; ik laat me niet dwingen. Ik had geen zin om ook te eindigen met een kapotte schedel en dacht: ik ben mijn eigen baas en doe wat ik zelf wil.

Ik ben gaan timmeren bij mijn vader, en ik leerde snel. Op de vrije zaterdagmiddag kreeg ik privaatles bij de directeur van de ambachtsschool; hij zag wat in mij. Het huiswerk maakte ik 's avonds, na het werk op de bouw. En overdag merkte ik dat onze uitvoerder ook niet veel geleerd had. Hij kon het betonmengsel maken, maar verder wist hij niks. Het beton kwam net op in die tijd. Maar bijna niemand kon nog betonnen bekistingen maken. Toen gingen mij de ogen open! Ik vroeg de directeur van de ambachtsschool of hij mij het betontekenen wilde leren. Daar zat toekomst in, begreep ik. Ik deed goed mijn best, en won zelfs een paar keer bij wedstrijden de eerste prijs "betontekenen".

Toen de staatsmijn Maurits uit zou gaan breiden, bleek de bouwwereld mijn naam van al die prijzen te hebben onthouden. Ik kon meteen uitvoerder worden. Alleen omdat ik tekeningen kon lezen! De mensen stonden in die dagen in de rij voor een betontekenaar; in België stonden zelfs gloednieuwe huizen klaar voor bewoning, maar de mensen konden er niet in omdat niemand de betonnen trappen kon maken. Zo ben ik groot geworden door het beton. Ik abonneerde mij op bouwtijdschriften waarin over Amerika werd bericht; daar lagen ze voor met het beton. In Limburg was het nog pionieren... Ik heb alles te danken aan het beton!

De mijnen waren in die jaren dé broodwinning. Onder de grond wilde ik niks meer met de mijnen te maken hebben, maar bovengronds viel er goed aan te verdienen. Als uitvoerder kreeg ik een weekloon van vijftig gulden – dat was ontzettend veel, al lijkt het nu niets meer. Mijn vader was trots natuurlijk. Maar dat doorzettingsvermogen had ik van mijn moeder. O, mijn moeder... Wat een vrouw was dat! Je bent maar één keer op de wereld, hield ze mij altijd voor, máák er wat van.

Dat heb ik ook altijd geprobeerd. Het was een bedrijvige tijd toen ik als uitvoerder begon op de Maurits. Meer dan twintig aannemers aasden op opdrachten. Maar ik had een voorsprong, want veel firma's hadden geen geschoolde uitvoerders die met beton overweg konden. Ik zorgde ondertussen dat ik mijn mensen goed uitbetaalde, want het was moeilijk om aan personeel te komen in die tijd. Ik gaf ze ook weleens gratificaties zonder dat mijn baas het wist; daar gebruikte ik de post 'onvoorziene uitgaven' voor. Want vóór wat hóórt wat in de bouw. Er liepen uitvoerders rond die je de beste krachten probeerden af te vangen: "Kóm naor mich, ich gaef tich vief cent mier!"

Ik werkte met allerlei nationaliteiten; Italianen, Noren, Polen, tot Hongaren aan toe. Niet alleen de staatsmijnen, ook de particuliere mijnen kwamen op. Ze hadden een grote aantrekkingskracht: Fransen, Belgen en Slovenen, het zat allemaal in de gezellenhuizen in Hoensbroek of Geleen. Of je vond vreemde mensen op de arbeidsbeurs, waar ik goeie contacten had. Die kreeg je vanzelf als je zo nu en dan cadeautjes weggaf. Zodra zich een goeie timmerman of een losse werkman meldde, kreeg ik een seintje.

Ik heb twaalf jaar rondgezworven als uitvoerder en heb op alle mijnen gewerkt: de Maurits, de Wilhelmien, de Emma, de Hendrik, de Oranje Nassau I en II en III, noem het maar op. En daarna was ik nog vijfendertig jaar aannemer. Waar ik ook rondrijd, overal staan gebouwen van mij; van sluizen tot woonhuizen, zwembaden en fabrieken. Ik heb mijn sporen wel achtergelaten in Limburg.

Maar ik heb ook plezier gemaakt in mijn leven – o jee, ja! In 1921 werd ik Prins Carnaval in Susteren. Een goeie prins moffelt zijn glazen bier weg. Je hebt je verplichtingen tegenover de kasteleins en de middenstand die je steunen, dus in al die cafés ga je op bezoek natuurlijk. Maar álles kun je niet aannemen, dan val je uit je rol – en je moet een lichtend voorbeeld zijn voor de mensen. Een week vóór carnaval, ik was al gekozen tot prins, viel ik op mijn ribben. Gestruikeld over een betonnen buis bij de Oranje Nassau. In de verbandkamer van de mijn werd mij verteld dat ik eigenlijk naar het ziekenhuis moest in Sittard: één rib was gebroken. "Det is gaar neet neuëdig!" zei ik; ik vond het helemaal niet nodig. Het ademhalen was een beetje moeilijk, maar als prins ga je dóór! De verbandmeester wilde me niet laten gaan, maar ik vertrok. En ik heb een goeie carnaval gehad. Als de wil maar daar is! Je was jong, en je was prins tenslotte. Het is later vanzelf genezen. Pas de laatste tijd krijg ik er weer last van.

Niet iedereen kan het: prins zijn. Je moet aanleg hebben. En bovendien: je moet wat kunnen stéllen, anders moeten alle rondjes worden betaald door de carnavalsvereniging – en die is niet erg royaal. Een echte prins góóit met geld! Je moet ook een beetje bijdehand zijn, een toespraakje kunnen houden, en van die dingen. Want je bent er voor het publiek. De amicaliteit onder de mensen was groot. Maar domme dingen deden zich ook voor. Ergens achter in de jaren twintig is er nog een oude vete uitgevochten; tijdens de gemaskerde optocht in Sittard werd iemand doodgestoken. Daarna zijn gemaskerde optochten en ballen een tijdje verboden geweest.

Familievetes kwamen nog vaak voor in die tijd. Als de een de ander wat schuldig bleef, was het ruzie. Je leende iemand bijvoorbeeld honderd mark omdat je hem kende. Dat werd allemaal nog niet zo goed vastgelegd in aktes of met een kwitantie. Betaalde je niet terug, dan werd het uitgevochten met carnaval, want dan werd er gedronken en je kon een masker opzetten. Vaak moest er versterking worden aangevraagd van de rijkspolitie: we hadden hier nog niet zoveel dienders, maar die trokken nog wel de sabel als het moest – o jee, ja! Zelf ben ik er op een kermismaandag nog eens tussen moeten springen. Mijn neef had wat te goed en kreeg ruzie met de vent die hem niet wilde betalen. Hij liep naar de wc en mijn neef ging hem achterna. Ik zag hem gaan en vloog erop af. Toen hij een mes in zijn rug wilde steken, kon ik nog net zijn arm vastgrijpen.

Buiten carnaval was er niet veel. Zelfs geen radio. Je moest je zelf zien te vermaken. Dus het was spelen bij de Rooms-Katholieke Koninklijk Goedgekeurde Toneelvereeniging Kunstgenot, die ik in 1919 nog mee heb opgericht. En zingen. Ik deed aan duetwedstrijden mee; die waren populair in die dagen. Samen met een neef, die ook Louis heette, vormde ik het duo Hellebrekers & Hellebrekers. Een gouden duo: we sleepten overal prijzen weg, in alle dorpen van de omtrek, Roosteren, Beek, Echt. Die wedstrijden lééfden toen, hoor! Voordat de burgemeester op de maandagmorgen naar het gemeentehuis liep, kwam hij eerst informeren of wij op de zondagavond gewonnen hadden – o jee ja!

Ik was getrouwd en had al vijf kinderen toen de oorlog uitbrak. Ik heb gedaan wat ik kon doen, zonder mezelf en mijn gezin in gevaar te brengen. Ik was uitvoerder, mijn gewone leven ging door. Maar als er mensen werden opgeroepen om naar Duitsland te gaan, om daar te moeten werken, stagneerde ik de zaak. Ik kon ze zogenaamd niet missen. Daardoor is er van mijn mensen niet één vertrokken. En ik heb ook nog wat anderen hier weten te houden. Twee priesterstudenten, herinner ik me, die naar de Duitse mijnen moesten. Ik vroeg de verantwoordelijke mof wat hij in godsnaam in de mijn kon aanvangen met príesterstudenten. Geef ze mij, zei ik, ik sta te springen om mensen! Bij mij konden ze, eerlijk gezegd, ook niet veel verrichten, het waren geen werklui. Maar wat kon mij dat schelen?

In het warmwaterkanaal van de cokesfabriek, waaraan ik toen werkte, had ik twee revolvers liggen. Voor het geval dát. Een enkele keer droeg ik er een bij me, verstopt in mijn schoen. Want het stikte van de NSB'ers op de mijn; ook onder mijn eigen personeel kon ik niet iedereen vertrouwen. Ik heb ze gelukkig niet hoeven gebruiken, ik kon het altijd met de mond af, maar ik wilde mezelf toch kunnen beschermen. Want ik ging ook naar de vergaderingen van de ondergrondse. Die waren op de cokesfabriek, op de afdeling waar invaliden de stalen neuzen op de mijnwerkersschoenen zetten. Eén vergadering staat mij nog bij: ik nam het op voor de mensen die voor eigen gebruik aan "zwarthandel" deden. Dat kon je ze toch niet kwalijk nemen? Iedereen moet leven, en je kinderen moeten eten. De mensen die wat achterhouden puur voor eigen gebruik mag je geen zwarthandelaren noemen!

Veel kon je niet doen in de oorlogsjaren. Maar alles was meegenomen, dus ik heb gedaan wat ik kon. Logisch, als je het niet eens was met de flauwekul die de NSB de mensen om je heen probeerde wijs te maken! Na de oorlog zeiden buren of kennissen: "We zijn fout geweest, we hebben ons vergist." Als ze alleen maar NSB-lid waren geweest en verder niets hadden gedaan, ging ik daarna weer gewoon met ze om. Je moet vergeven en vergeten in deze wereld.

Ik heb een bepaalde sterkte. Daarom ben ik honderd geworden. Maar de knoken moeten wel mee blijven werken. Dat begint te haperen; mijn rechterarm kan steeds minder; ik heb er in 1916 te lang mee staan timmeren, met een veel te zware hamer. Misschien ben ik net op tijd uitvoerder geworden. Mijn zus van zesennegentig en ik zeggen dikwijls tegen mekaar: wij hebben wat speciaals meegekregen van onze vader en moeder dat ons langer op de been houdt dan alle andere broers en zusters. Maar wat? Geen idee.

Ik denk nog vaak aan vader en moeder. Ik heb ze zo liefgehad. En ik mis ze, maar ik moet m'n verstand wel blijven gebruiken: ze komen nooit meer terug. Het enigste wat ik kan doen, is soms nog eens een dienst voor ze bestellen, met Allerzielen. Want degenen die je hebben verwekt en hebben grootgetrokken, mag je nooit vergeten! Mijn moeder was sterk. Ze kreeg veertien kinderen en had ook nog drie miskramen. Van die veertien kinderen zijn er zeven jong gestorven, aan kinderziektes, en zeven zijn zeer oud geworden. Ik weet nog dat de tweeling stierf in 1914, in Duitsland: Leentje en Kareltje kregen de sjtuup, de stuipen. En Annie, ook zo'n kleine van nog geen halfjaar oud, lag dood in d'r bedje na hoge koorts en stuiptrekkingen. Indroevig was het.

Ik loop nog aardig rond, sta nog makkelijk op uit mijn stoel, maar ik begin nu toch een beetje te slijten. Soms doet het lopen pijn. Ik denk dat ik het niet lang meer volhoud. De dokter zegt dat ik nog wel een poosje meekan, maar hij kan niks meer aan me doen. Dus ik neem mezelf een beetje in acht; je moet realistisch zijn, niet het onmogelijke willen. Kijk maar naar de leeuwerik; die stijgt op tot zijn hoogtepunt, verder kan-ie niet, dan komt-ie naar beneden. Zo is het met een mens ook; je kunt niet verder gaan dan voor je is weggelegd. Maar je moet wel proberen zo hoog mogelijk te komen. Ik ben eens in Oostenrijk geweest, en daar de bergen ingegaan, hoger en hoger. Dat mocht eigenlijk niet, er stond een bordje VERBODEN TOEGANG. Maar ik liep gewoon door: ik wilde zo graag edelweiss plukken. "Ach," zei ik, toen een Oostenrijker me op de terugweg aanhield, "das habe ich nicht gesehen." Maar de edelweiss gaf ik niet af.

Veel kan ik natuurlijk niet meer, als honderdplusser, maar ik maak nog wel stambomen. Uit verveling ben ik er na mijn pensioen mee begonnen. Doe ik niks, dan ga ik dood. Ik heb gelukkig een grote familie! En ik kien hier in het huis. Ik ga altijd kienen met "de vrouw". Die komt van Holland, haar man is dood en ze zit in een stoel; ze moet toch gereden worden en nou doe ik dat. Op mijn honderdste moet ik nog een kruiwagen duwen... Zesennegentig is ze, mijn vriendin. Ik zat ook maar alleen. En het is een mooie vrouw; ik weet wat ik uitzoek! Maar ik moet nu echt afscheid nemen, het is weer tijd om te kienen: in de zaal zitten honderd vrouwen op mij te wachten!'

Op 8-7-2002 is Louis Hellebrekers overleden.

'Ik ben twee keer bediend in het leven'

JOHANNA VAN SCHAICK
15-4-1898, AMSTERDAM, NOORD-HOLLAND

Klein, grijs en nuchter zit Johanna op de bovenste verdieping van de bejaardenflat. Ze is nog van de negentiende eeuw, de jaren staan in haar gezicht gegroefd, maar haar wipneus heeft iets vrolijks. Ver beneden haar ligt Amstelveen, een dorpje toen zij er kwam wonen, lang geleden. Als Johanna het inmiddels verstedelijkte landschap onder de weidse wolkenhemel overziet, rijmt ze graag wat voor zich uit: 'Tijd is zon, maan, storm en regen, tijd is gewoon een zegen...' Zij kan het weten, na ruim een eeuw. Johanna – 'zeg maar Jopie' – van Schaick schrijft gedichten. Sinds 1906. Dag in, dag uit is er inspiratie. Soms kijkt ze wat droevig, maar Jopie zegt blijmoediger te zijn dan de gemiddelde oude van dagen in de flat. Misschien door de lotgevallen in haar jeugd, die hard was – met bijna dickensiaanse trekjes. Daarna viel het leven mee.

'Met vijf jaar was ik al moederloos. Ik was het zesde kind, na mij kwamen nog twee broertjes, en in het kraambed van de negende stierf mijn moeder. Ik herinner me nog dat ik aan haar bed stond. Ze wist dat ze doodging, die lieve vrouw, en wilde afscheid van me nemen. Ze had altijd een glimlach om haar mond: "Dag Jopie," zei ze, "zal je braaf zijn?" Vader bleef met negen kinderen zitten. Een huishoudster kon hij niet vinden voor zo'n groot gezin. En de familie had het ook niet breed. Toen heeft opoe geregeld dat we naar de zusters van de Goddelijke Voorzienigheid konden. Daar ging ik, samen met Riek, een van mijn zusjes, naar het klooster in de Elandsstraat. Ik heb er tot mijn eenentwintigste jaar gezeten, je mag wel zeggen: opgesloten. Ik mocht vader nog maar eens in de maand zien, een paar uurtjes, om halfzes moest je weer binnen de muren van het gesticht zijn. En verder kwam je er nauwelijks uit. Mijn andere zusjes zijn naar de Zusters van Tilburg gebracht, op de Keizersgracht, en mijn broertjes gingen naar het Tehuis voor Onbehuisden – er was geen kloosterinrichting voor jongens. Het hele gezin werd uit elkaar gehaald.

Zusters van Liefde noemden ze zich. Maar liefde gaven ze je niet. Ze waren streng, van de vroege morgen tot de late avond. Dat was ik niet gewend, ik had van vader nog nooit één tik gehad. Die eerste dag bij de zusters werd ik al meteen kaalgeschoren: mijn mooie krullen moesten eraf. Tot mijn tiende ben ik kaal gebleven. Daarna mocht je het haar laten groeien, want op je elfde deed je de eerste Heilige Communie, maar die krullen zijn daarna nooit meer teruggekomen. Ik kreeg gestichtskleren aan. En in plaats van mijn mooie knoopschoentjes moest ik afgedragen schoenen van het klooster aan. Dat was ellendig voor een kind van vijf. Maar wat nog erger was: toen ik na die metamorfose naar mijn zus Riek toe wilde lopen, die tweeënhalf jaar ouder was, kreeg ik meteen een draai om mijn oren. "Je blijft hier!" riep een van de nonnen. "Met je zus heb je niks meer te maken." Ik zag haar alleen, van veraf, op de slaapzaal, waar negentig ledikantjes stonden: Riek lag helemaal achteraan en ik vooraan, omdat ik nog zo klein was. En in de kapel zag ik haar. Maar als ik even omkeek, kreeg ik weer een klets voor mijn kop. We konden alleen, stiekem, naar elkaar zwaaien. Of een keer: "Dag Riek!" en "Dag Jopie!" roepen. Dat is mijn jeugd geweest... Ik heb het er nóg moeilijk mee.

'S Morgens kregen we één sneetje brood, met een beetje boter erop. Een beker die halfvol zat met melk, de andere helft was water. En een lepel levertraan. Om twaalf uur – tegen die tijd was ik uitgehongerd! – was er de warme maaltijd in de refter. Daar zaten we op bankjes aan lange tafels, en dan kwam er een non binnen met een grote pot stamppot: dat aten we elke dag! Ze smeet wat op je tinnen bord en dat had je maar op te eten, met een houten vork met drie tanden. Geen vlees, geen jus, niks. Maar je at. Om de beurt mocht een van de kinderen de pan leegeten: dat was fijn, dan had je er haast een maaltijd bij. Want je kreeg altijd te weinig; één schep, nooit een tweede. Om halfzes kwam de avondboterham, met weer een glas melkwater. Maar nooit kreeg je eens iets tussendoor, ik had bijna altijd honger. En fruit? Ik wist niet eens wat dat was.

Tot mijn zevende jaar had ik het nog behoorlijk. Ik ging met gewone kinderen naar de kleuterschool. Pas om vier uur, als de school dichtging, was ik weer gestichtskind. Die uurtjes op school waren prettig; ik deed spelletjes met de stadskinderen, die me nog weleens wat lekkers gaven; hun moeders hadden medelijden met gestichtskinderen. In het gesticht heb ik nooit één koekje gezien! Maar vanaf mijn zevende was ik alleen nog maar in het klooster. Ik kreeg twee uurtjes les per dag. Alleen om te leren lezen en schrijven – rekenen of geschiedenis vonden de nonnen niet belangrijk. De rest van de dag zat ik te breien. Tot 's avonds zeven uur. Je dacht dat het gewoon was dat je de hele dag sokken moest breien voor Vroom & Dreesmann. Maar achteraf gezien vind ik het oneerlijk: ze verdienden gewoon aan ons! Ach ja, misschien moesten ze ook wel, met meer dan tweehonderd kinderen in het gesticht. Ondertussen zat je alsmaar heilige liedjes te zingen. Want praten mocht je niet, o, wee als je een woord wisselde onder het werk. Ik heb erge dingen meegemaakt in het gesticht, en ik vertel niet eens alles. Ik wil niet te veel natrappen.

Vriendinnetjes mocht je niet hebben. Je moest met iedereéén omgaan. En niks was van jou. Alles was van "ons": bezit was uit den boze. Als we met vader weggeweest waren, kregen we weleens wat mee. Ik weet nog dat ik mijn eerste popje kreeg... Dolblij kwam ik ermee terug in het gesticht. "Zal je er zuinig op zijn, meidlief?" vroeg vader nog; hij noemde mij altijd "meidlief", dat vónd ik toch fijn. "Ja, pa," zei ik, en ik hield de pop stevig vast. Maar de kloosterdeuren waren nog niet dicht, of het popje werd al uit mijn handen getrokken. "Het is van mij!" gilde ik. "Niks is van jou, alles is van ons," kreeg ik te horen. En hadden we eens een speeluurtje, dan kwam het in beslag genomen speelgoed te voorschijn; ook mijn popje. Maar als ik het pakte, werd het mij weer afgenomen. Ik mocht niets mijn eigendom noemen. En ik wilde zo graag iets voor mezelf.

Eigenlijk was ik een heel aanhankelijk kind, een beetje knuffelig. Maar die zusters gaven je heus geen aai over de bol! Dat mochten ze niet eens, dat was tegen de regels – nee, liefde heb ik er nooit gehad. Want was een non eens aardig tegen je, dan werd ze overgeplaatst. Wij mochten ons niet hechten, maar dat mochten zij ook niet. Ik kan het die nonnen daarom niet allemaal kwalijk nemen.

Mijn andere broertjes en zusjes zag ik maar eens in de maand, dus we raakten van elkaar vervreemd. Mijn broertjes, die niet bij nonnen zaten, hebben het veel beter gehad. Maar mijn zusjes hadden het bij de zusters van Tilburg al net zo slecht. Stien, de jongste, heeft zelfs amper op school gezeten. Ze moest meteen leren naaien: pure kinderarbeid. Ik begrijp nog steeds niet dat die nonnen tot zoiets in staat waren! Maar of ze het bewust deden weet ik niet, ze hadden zelf ook niets meer te vertellen nadat ze hun eeuwige gelofte hadden gedaan van gehoorzaamheid, kuisheid en armoede. Dat gehoorzame stond bovenaan, hoor! Maar wat ik de zusters toch wel kwalijk neem, is dat ik niks geleerd heb bij ze. Je moest dom blijven.

Vader was een verschrikkelijk lieve man, hij kon niet anders dan ons naar de zusters sturen – ik verwijt hem niets. Tenslotte had hij een eigen zaak: een behangerij en stoffeerderij. Hij was dus altijd druk. Aan schuine planken had hij allemaal rollen behangpapier hangen. Behang was toen nog iets deftigs. Bij de gewone man werd de muur hooguit wit gekalkt, als er al wat aan gedaan werd, maar de rijkelui lieten een behanger komen. Vader was een vakman tot in zijn vingertoppen. Het behang was veel dikker dan tegenwoordig: meer bekleed. Daardoor was het zo moeilijk te bewerken. Vader kon dat. Ik zie moeder bij ons thuis nog stijfsel koken voor vader om mee te nemen. En was hij weg, dan begon zij weer te koken, want pa kwam tussen de middag thuis voor nieuwe emmers plak.

Tot mijn eenentwintigste moest ik bij de zusters blijven, daar had pa voor getekend. Dat lijkt misschien lang, maar toen waren meisjes van eenentwintig nog groentjes. Wij wisten van niks. U moet dat niet vergelijken met nu, maar ik ben zó dankbaar dat ik deze tijd mee mag maken. Ik vind het heerlijk, die vrijheid voor de jeugd. Ik moest tot mijn uittreding breien, vloeren boenen tot ze glansden, of ik moest op twee zware pedalen orgeltrappen in de grote kapel, anders had zuster Innocentia – de organiste – geen geluid. Maar het meest was ik aan het werk in de hostiebakkerij. Hele rijen nonnen en gestichtskinderen werkten er. Ik stond bij de meelbuilmachine hostiemeel te ziften. Daar bakten de nonnen vijftig hosties van op elke plaat. In het midden zat een grote, voor de monstrans tijdens processies. We hadden een hoge productie; we bakten hosties voor het hele land. Vermoeiend, hoor! Want dat ziften was een precisiewerkje, en de nonnen waren nauwkeurig.

In de week voordat ik het gesticht uit zou gaan, hadden we veertigurengebed – dat deden we elk jaar. En tijdens die drie dagen bidden werd ik doodziek. Ik kreeg pleuris en longontsteking. Ik werd naar de ziekenzaal gebracht en het was zó erg met mij gesteld, dat de dokter tegen de ziekenzuster zei: "Ze moet bediend worden." Ik ontving de sacramenten van de stervende, en zou binnen enkele dagen doodgaan... Maar daar kwam niks van! Integendeel. Ik ben weer opgeknapt.

Daarna ging ik onder de mensen, de zusters zochten een betrekking voor je. Zo kwam ik als kinderjuf bij een Duits gezin terecht in de Valeriusstraat. Ze waren heel streng; ze gaven hun kinderen zelfs slaag met de zweep! Ik kwam van pissebed in kakkebed. Maar ik ben er niet lang gebleven, want nu was ik vrij om te gaan. Ik heb zelf een ander adres gevonden, in de Watergraafsmeer: een jong gezin, met één kindje en een tweede op komst. Bij de geboorte van het tweede kind klaagde ik tegen de kraamverpleegster: "Wat schreeuwt dat mens." "Het is toch niet zo gek dat ze schreeuwt?" reageerde de kraamverpleegster. "Het doet nogal pijn als je een kindje baart." "Een kind báárt?" vroeg ik. "Het wordt toch gebracht?" Verbijsterd keek ze me aan. Daarna heeft ze mij, in haar vrije uurtjes, verteld hoe of wat. En ze zei: "Je hebt een goed verstand. Als ik jou was, ging ik naar de vroedvrouwenschool in de Camperstraat." Dat heb ik ook gedaan. Eerst werd mij daar een test afgenomen, maar dat ging niet best: ik kon amper zeggen wat de tegenwoordige of de verleden tijd was in een taaloefening. Nooit geleerd in het gesticht, ik kon alleen lezen en schrijven. "U moet een klein examentje doen," zeiden ze. Ik moest wat schrijven, zomaar wat, en daar kwam ik gelukkig met glans doorheen, want schrijven kon ik wel. Met acht jaar schreef ik bij de nonnen al heel stiekem mijn eerste gedichtjes – dat mocht niet, je had de hele dag maar te gehoorzamen, maar als je in het geheim wat kon doen, dééd je het.

In de vroedvrouwenschool moest ik opnieuw intern, maar dat was voor mij geen punt: ik wist niet anders. In het begin van de opleiding kreeg je te horen hoe het vrouwelijk lichaam in elkaar zat en hoe een bevalling in zijn werk ging. En later leerde je hoe je een kind ter wereld bracht als er geen dokter in de buurt was. Zwangere vrouwen konden gratis bevallen bij ons; zo hadden wij een leerschool. We stonden er met ik weet niet hoeveel leerlingen omheen als er een kindje geboren werd; die arme vrouwen moesten zich alles maar laten welgevallen. Maar we zijn er goeie kraamzusters door geworden.

Na twee jaar had ik het onder de knie. Toen ben ik op kamers gaan wonen, bij een weduwnaar die verhuurde. Ik was voor het eerst op mezelf. En dat was een droom! Eindelijk een stek voor mij alleen. Ik vond het zalig om mijn eigen bed uit te gaan zoeken in de winkel. Bij Vroom & Dreesmann natuurlijk; je ging alleen naar goed roomse winkels, zo was je grootgebracht. Nu klinkt het belachelijk, maar zo wás het toen. En daar hield ik me maar aan. Van lieverlee veranderde dat, zoals de hele wereld veranderde.

Als kraamverpleegster kwam je op veel adressen. En het was heerlijk werk; wij kregen het warme kindje eerst in de armen, nu wordt het op de buik van de moeder gelegd. Als ik tien dagen bij iemand gewerkt had, kreeg ik mijn geld uitbetaald op het bureau van het Wit-gele Kruis. Je moest daar rekenschap afleggen hoe die tien dagen verlopen waren, en er kwamen pluimpjes of klachten binnen – al is er over mij nooit geklaagd! Op een dag werd ik op het bureau geroepen; of ik bereid was om tien dagen naar Amstelveen te gaan. Daar kwam ik bij een doodarm gezin terecht, de Annakerk betaalde mijn hulp. De man des huizes was niet helemaal toerekeningsvatbaar: hij was schillenboer en had een trap van zijn paard gekregen. Maar hij ging nog elke dag met zijn kar op weg. En wij moesten wachten tot hij met zijn schillenkar thuiskwam, om daar ons eten uit te halen! Toen ben ik naar de pastorie gestapt; afval eten vond ik smerig. En de pastoor – een reuzebaas – heeft gezorgd dat er negen dagen lang van alles van de slager, de bakker en de groenteman kwam.

"Zou u zich hier niet willen vestigen?" vroeg het bestuur van de Annakerk toen ik na tien dagen kwam afrekenen. "We kunnen maar niet aan een rooms-katholieke kraamverpleegster komen." Daar voelde ik eigenlijk niet voor, als rasechte Amsterdamse. Maar het kerkbestuur bewerkte het bestuur in Amsterdam, en ik werd weer op kantoor geroepen. Of ik me toch alsjeblieft in Amstelveen wilde vestigen. "Nee," zei ik, "ik blijf in Amsterdam." "Ach, ze zitten er zó mee dat ze geen roomse zuster hebben," zei het bestuur. Ik weet nog dat ik dacht: wat een gezeur. Maar ik zei: "Ik ga het drie maanden proberen. Bevalt het niet, dan kom ik terug."

Amstelveen was nog maar een dorp, met boerderijen; je had er maar één straat, met een paar zijstraatjes. En een nieuw randwijkje. Meer niet. Ik woonde, in mijn eentje, in een nieuwbouwhuis in de Middeldorpstraat – nog grotendeels onbebouwd. Na drie maanden begon ik een klein beetje te wennen. "En wat doe je?" vroeg de pastoor. Ik ging veel liever terug naar mijn eigen Amsterdam, maar ik heb gezegd: "Ik blijf." Want ik was nodig.

Ik was in die tijd lid van de Graal, de rooms-katholieke meisjesbeweging, en daar moesten we bidden: "Heer, laat uit mij groeien waar ik voor gemaakt ben." Bij elke baby die ik in mijn armen kreeg, zei ik dat regeltje op... Ik was verloofd. En toen constateerde de dokter dat ik een kankergezwel had aan de baarmoeder. Dus mijn baarmoeder moest eruit. Ik heb er een halfjaar mee gewacht, en ermee geworsteld. Toen heb ik het laten doen. Het moest wel. En omdat ik nu geen baby meer kon krijgen, heb ik mijn verloving uitgemaakt. Ik vond een huwelijk zonder kindjes niets – nu gaan ze samenwonen en of ze kinderen krijgen of niet maakt niet uit, maar dat wás toen niet. Een huwelijk zonder kinderen was eigenlijk geen huwelijk.

Niek heette hij, mijn verloofde. Hij vond het heel erg dat ik het uitmaakte. En ikzelf ook. Ik had me erop verheugd te gaan trouwen en had me voorgenomen mijn kinderen een goede jeugd te geven, want zelf heb ik geen jeugd gehád. Niek heeft nog geprotesteerd: "We kunnen er toch samen wat van maken?" Maar ik dacht: wat moet ik de hele dag in huis gaan zitten wachten op mijn man? En niks te doen hebben, zonder kinderen? Ik wilde mijn werk waar ik zoveel van hield niet opgeven. "Jij krijgt wel weer kennis," heb ik gezegd. Het was een zwaar offer, maar die baby'tjes trokken mij zo aan. Nu ik ze zelf niet kon krijgen, wilde ik mijn liefde overdragen aan de kinderen van een ander.

Op een dag kwam vader bij me, en vroeg: "Jij woont alleen in een heel huis. Zou je Stien niet bij je willen nemen?" Stien, mijn jongste zuster, was geen licht. Ze was niet achterlijk, maar ook weer niet slim genoeg om helemaal zelfstandig te zijn. "Ik ken Stien niet eens!" zei ik tegen vader. Ik was niet met haar grootgebracht, ze had in een ander gesticht gezeten, en die paar uurtjes dat ik haar eens in de maand had gezien. "Maar het blijft toch je zus," zei vader. Ja, in de mond, dacht ik. Toch heb ik maar toegegeven. Stien kwam bij mij wonen en ging ons huishouwentje doen. Tussen de middag kookte ze voor een vrijgezel, een man alleen, en dan had zij haar warme maaltijd; ik at bij de mensen waar ik hielp. Dat scheelde ons enorm. Maar als ik 's avonds thuiskwam – als ik al thuiskwam, je had toen nog veel verpleging voor dag en nacht – zat ze er altijd zo alleen. Ik heb haar maar een hondje gegeven, hoewel ik een bloedhekel heb aan beesten in huis. Maar dan kwam zij er ook eens uit.

Kinderen ter wereld brengen is mooi werk. Je voelt dat je niet gemist kunt worden. Ik heb het vijfenveertig jaar lang met plezier gedaan. Tot ik ziek werd. Ik kreeg een zwaar hartinfarct en heb drie maanden in het Onze-Lieve-Vrouwegasthuis gelegen. Het kwam van het harde werken. Tien dagen achter mekaar bij een gezin en meestal moest ik die tiende dag al direct weer door naar een nieuw adres. Je had nooit een moment voor jezelf. Ik was achtenzestig, en lag in coma. En toen werd ik alweer bediend, voor de tweede keer in mijn leven. Maar ik ben er toch dóórgekomen, heel gek, ik kikker telkens weer op. Toen ik thuiskwam, hebben ze tegen Stien gezegd: "Denk erom, je zus mag geen kopje meer verzetten." Dat was dom, want bij Stien was zoiets niet aan dovemansoren gezegd. Ik kreeg nergens nog kans voor. Ik zat maar te zitten, een beetje te schrijven en te dichten.

Twee jaar na mijn infarct wilde ik naar het bejaardenhuis. Het heette toen nog "pension voor bejaarde dames", en we hadden gehoord dat het er fijn was. Maar je moest indertijd gezond zijn om erin te mogen. De directrice kwam eerst bij ons thuis kijken wat voor dames we waren – ik lag net op bed te rusten. "Bent u soms ziek?" vroeg ze. "Want dan kunnen we u niet toelaten!" "Nee, ik rust alleen wat," zei ik. Maar mijn zus en ik moesten gekeurd worden door de medische dienst. En ik werd direct afgekeurd, de dokter hoefde mijn hart maar te beluisteren, of hij wist genoeg. De directrice vroeg me waarom ik niet had verteld van mijn infarct. "Daar loop je niet mee te koop," zei ik. "Toch mag u komen," zei ze toen. "Ik heb de dokter laten tekenen; onder dwang." Zo graag wilde ze ons hebben, die lieve directrice – ik had blijkbaar een goede indruk gemaakt. Terwijl de dokter tegen haar had gezegd: "Binnen drie maanden heb je een lijk."

Maar ik leef nóg! Ik zit hier nou alweer vijfendertig jaar. En ik vind het een paleisje! Mijn intrede hier in het bejaardenhuis was eigenlijk het mooiste moment van mijn leven – nee, ik overdrijf niet. Hier werd ik met liefde ontvangen, en liefde heb ik altijd moeten missen, behalve toen ik verloofd was, maar dat is eigenlijk maar heel kort geweest. Ik heb hier alles wat mijn hartje begeert. Pas geleden heb ik weer een nieuwe stoel gekregen die in allerlei standen kan. Op doktersadvies, want ik heb twee kunstheupen, en kunstknieëen. Ik ben erg actief in huis. Ik zit in allerlei commissies en ik ben voorzitter, secretaris én penningmeester van Lief en Leed, een fonds dat ik heb opgericht om bewoners af en toe eens een cadeau te geven – bij ziekte of verjaardagen. De gedichten die ik nog elke dag schrijf, staan ook in het Lief en Leed-blad. Dit gedichtje bijvoorbeeld schreef ik over de vuurwerkramp in Volendam:

Via het kille glas van de tv
Deelde de nieuwslezer het ons mee
Verschrikt, verstard en terneergeslagen
Begon ik mij af te vragen:
God waarom? Al die jonge mensen
Kinderen nog, vol dromen en toekomstwensen...

Ik kan niet stilzitten, ik móét wat om handen hebben. Want ik heb geen kinderen en kleinkinderen, helaas. En ik heb ook weleens behoefte aan een praatpaal, maar die vind je hier niet. Toch ben ik straalgelukkig! Veel mensen zitten hier in het huis te huilen op hun kamertje, en er wordt gemopperd tot en met. Ik doe dat niet, en heb het naar mijn zin. Ik krijg elke week een lijst waarop ik mag aanstrepen wat ik eten wil: ik kan kiezen uit drie menu's en het smaakt me meestal goed. Ik heb televisie en video. En een directe verbinding met de Heilige Geestkerk: ik volg alle diensten live, en kan de kerktoren zien vanuit mijn raam. Ik leef als een God in Frankrijk, hier in het bejaardenhuis in Amstelveen. Laatst heeft het personeel nog voor me geregeld dat ik op televisie kon, bij het spelletjesprogramma *Get the picture*. Ik heb nog gewonnen ook; van een lerares die twee jaar jonger was dan ik. Dat vond ik prachtig, want wat heb ik nou geleerd bij de nonnen? Niks toch!

Kijk, ik mankéér ook weleens wat – o, jee... Maar daar praat ik niet over. Je moet het tóch alleen dragen. En wat heb een ander d'r an? Dat is het voordeel van bij nonnen grootgebracht zijn. Je mocht nooit klagen als je wat mankeerde. Je ging wel naar de dokter toe als er echt wat was, maar je droeg je ziekte in stilte. Toch wel hard voor een kind.

Even, heel even maar, heeft het er nog op geleken dat ik het gesticht uit mocht – toen vader kennis kreeg en hertrouwde. Hij had gehoopt dat alle kinderen weer thuis zouden komen. Maar zij zei: "Ik heb jou getrouwd, niet je kinderen." Mijn stiefmoeder had één dochter, die wel bij haar in mocht wonen. Ze heette ook Johanna, en ze werd ook Jopie genoemd. Ze kreeg alles wat haar hartje begeerde. Mooie kleren uit de Bijenkorf. Nou, die was toen duur, hoor! Ze leefde als een prinsesje, die Jopie. Ze zat zelfs op pianoles! Jaloers was ik niet – dat is zo'n flauwekul, dat heb ik wel afgeleerd. Maar onrechtvaardig vond ik het wel. Ik zeg nog altijd tegen de pastoor: "Als ik mijn stiefmoeder tegenkom in de hemel, loop ík er weer uit." "Welnee!" roept hij dan, "Vraag gewoon of ze ergens anders kan gaan zitten." Als er een hemel ís... Dat moet ik nog zien. Ik zie alleen maar sterren als ik omhoog kijk. Daarom geniet ik hier, op aarde.

Bejaarden kunnen nu toch gaan en staan waar ze willen? Ze zeggen weleens: "De mensen hebben geen respect meer voor ouderen," maar dat hadden ze vroeger zeker niet. Toen was het: "Moet je dat oude mens zien!" Je werd voorbij gekeken. De bejaarden waren van hun kinderen afhankelijk. En ze hadden geen zakcenten want "Drees" bestond nog niet; het belangrijkste wat ons deze eeuw is overkomen, geloof me! Ik heb van alles zien komen en gaan – ik heb Schiphol zien bouwen, de eerste vliegtuigen gezien. Mijn vader was al zeer oud toen hij voor het eerst die drieënhalve gulden in de week kreeg. De man was er doodgelukkig mee. Kijk, rijk was hij natuurlijk nooit geweest, met zijn zaakie. Na de oorlog begonnen de mensen zelf te behangen. Ze kochten nog wel rollen behang, maar plakten het voortaan zelf aan de muur. Dus de steun van Drees was een vetpot voor pa. "Kijk eens, meidlief," zei hij, "dat heb ik zómaar gekregen – van Drees!" "Dat is niet van Drees, pa," zei ik, "dat is van de regering." "Ja maar dat is Dréés!" Drees wás de regering.

Gelukkig is vader oud geworden, net als ik. Negenentachtig. Dat vonden wij toen héél oud. Hij woonde bij zijn stiefdochter Jopie in, en daar heeft hij het erg goed gehad, want haar man had een banketbakkerij – nee, hij kwam niks te kort. Die laatste middag moet hij een kopje thee hebben gedronken, met twéé theebeschuitjes erbij, die heeft hij nog lekker opgepeuzeld. En toen zei hij tegen mijn stiefzus: "Ga jij de strijk maar doen, ik ga slapen." Hij deed z'n ogen dicht, en is vertrokken; een mooie dood. Maar mijn stiefzus was nogal een kouwe kikker; net zoals mijn stiefmoeder. Ze belde me plompverloren op: "Je vader is dood." Mijn zwager was nog meer aangedaan dan zij.

Eenentwintig jaar geleden overleed Stien. Ook zomaar ineens. Ik viel in een diep gat; zij zorgde voor mij. Iets te veel eigenlijk, maar om de lieve vredes wille heb ik haar maar laten begaan. Ze wilde hier ook per se met mij op één kamer. Eigenlijk wilde ik dat niet, maar dat kon zij niet verkroppen. Dus ik gaf weer toe – dat heb ik vaak gedaan, ja. Omdat ik regelmatig ziek was, was het ook wel fijn dat ze er was. Ik heb tien operaties gehad, mijn galblaas is eruit en mijn blindedarm, en ik heb nieuwe ogen, ook al kunst dus, al zie je er niets van. Ik mankeer eigenlijk van alles, maar ik lééf maar door.

Na Stiens dood verhuisde ik binnen het huis. Ik kwam naast een enige vent te wonen, ook een Amsterdammer, meneer Ginjaar. En meneer Ginjaar heeft me weer uit de put gehaald. Hij heeft nog in het verzet gezeten, die schat. Dat zat ik ook, een beetje dan. Want ik heb als kraamverpleegster illegale krantjes meegenomen als ik 's nachts geroepen werd. De moffen hadden een aantal huizen in beslag genomen aan de Molenweg en daar moest ik altijd langs. Dan werd er een geweer op me gericht: "Ausweis!" Op mijn Ausweis zagen ze dat ik *Krankenschwester* was, en dus 's nachts op pad mocht zijn. Ik moest m'n koffer weleens opendoen, maar dan zagen ze alleen m'n werkgerei: een spuit, een verlostang. Ik had de krantjes eronder zitten, je kon ze er zo uithalen, maar dat hebben ze nooit gedaan. Met de loop van hun geweer wezen ze me dan dat ik weg mocht. Er kon nooit een "goeienacht" van af! Maar er was één Duitser bij die nogal gesteld was op mij, wat natuurlijk niet slecht uitkwam met die krantjes in mijn tas. "Kijk daarmee uit!" waarschuwden mijn kennissen. "Ik hou hem wel op een afstand, wees maar niet bang," zei ik. Op een nacht zei hij: "Ik zou u zó mee willen nemen naar Duitsland, u bent een heerlijke vrouw!" Ik wist wat me te doen stond: "Ik ben geen vrouw meer," zei ik, "ik heb een operatie moeten ondergaan..." Toen was het over. Niks geen last meer van hem gehad. Hij bleef wel vriendelijk. Ik denk dat het een goeie Duitser is geweest, die waren er ook.

Ik gooide de krantjes snel in de bus en belde drie keer aan, zodat de mensen ze direct van de mat konden rapen. Maar meer heb ik niet gedaan, hoor! Ik kon geen levens in de waagschaal stellen: de mensen waar ik hielp zouden ook last krijgen als ik gepakt werd. Het was toch al vrij riskant. Maar bang was ik niet.

Ik heb het volgehouden tot ik ziek werd: ik kreeg tbc. Gevoeligheid voor tbc zat bij ons in de familie, vier van mijn zusjes en een broer zijn eraan overleden. Ik begon hevig te hoesten en op te geven. Toen moest ik in een tent van de Kruisvereniging gaan liggen, in de tuin. Daar lag ik de hele dag te lezen en te puzzelen. En 's nachts sliep ik er, van de kou had ik geen last. De dokter had in grote letters TBC op de tent laten zetten en als er Duitsers kwamen controleren of we geen onderduikers in huis hadden, waren ze wég zodra ze dat woord zagen staan! Zelf zat ik er niet over in dat ik ziek was. Ik vrees de dood nou eenmaal niet. Je leeft en je gaat dood, zo simpel is het; dat moet je accepteren. Bovendien had ik al eerder tbc gehad, toen ik nog in het gesticht zat – op het eind van de oorlog kwam het even terug. Die eerste keer had ik in Berg en Bos gelegen, eigenlijk was ik toen blij dat ik even weg was uit het gesticht.

M'n jeugd hebben ze van me afgegapt, die nonnen. De enige lichtpuntjes in mijn jonge jaren waren de uitstapjes met vader. Als hij mij en al mijn broers en zussen ophaalde uit de verschillende gestichten waarin we zaten, was het feest. We gingen naar de opoes, en naar de Witte Bioscoop; die was speciaal voor katholieken. Er werden brave natuurfilms vertoond, nooit films met vrijpartijtjes. En daarna gingen we uit eten. In de volksgaarkeuken in de Spuistraat, dat was veel beter dan bij de nonnen! Je mocht zelf uitzoeken wat je wilde eten; dat vonden wij reuze bijzonder. Laatst, op mijn verjaardag, ben ik weer in die volksgaarkeuken geweest. We zagen er nogal chic uit vergeleken met het volk dat er zat, dus vroegen ze wat we te vieren hadden. "Tante is vandaag honderddrie geworden," zei mijn neef. Dat wilde niemand geloven! We liepen tussen al die Amsterdammers met lang haar en in spijkerbroeken, naar ons tafeltje. Toen riep er een: "Zeg dame, je bedondert de kluit!" Het was er weer vreselijk gezellig.'

Op 28-10-2005 is Johanna van Schaick overleden.

'Wat mot je verdien'n?'

HENDRIK JAN FREDERIKS
6-6-1901, WINDESHEIM, OVERIJSSEL

Het kasteel is er niet meer, en de baron is verhuisd. Alleen de bijgebouwen staan nog trots achter het goud-zwarte hek. Er kronkelt een smal weggetje langs, met allemaal dezelfde arbeidershuisjes, die allemaal eendere luiken hebben. De schamele twee-onder-een-kappers van toen zijn nu monument. Op nummer 33 bleef het een beetje bij het oude; daar woont nog de timmerman van baron De Vos van Steenwijk, genaamd Van Essen. Die timmerman heet gewoon Hendrik Jan. Hij spreekt de baron aan met 'jonker' wanneer die op de koffie komt: een in vroeger tijden ondenkbaar evenement. De jonker is zo jong niet meer, al in de tachtig, maar Frederiks heeft de adellijke heer nog als klein kereltje gekend – vandaar.

Hendrik Jan Frederiks, met witte kuif en nimmer wijkende glimlach, zit ontspannen onder de walnotenboom. Soms valt er een noot, maar nooit belandt er een op zijn hoofd. Alles om Frederiks heen is groen, en stil. Het bos, de bongerd, zelfs zijn huis dat bijna verslonden is door klimop. Maar de meeste rust gaat uit van de timmerman zelf. Behalve als hij het schuurtje betreedt, waar de slechtziende eeuweling vogelhuisjes fabriceert met behulp van een gierende cirkelzaag. Hij is zelf waarschijnlijk de enige die daar kalm onder blijft: 'Mijn ogen worden er niet beter op, maar vogelkooitjes maak ik blindelings. En wie stil zit, verpietert maar.'

'Op het landgoed van de baron ben ik geboren. En op mien oude dag zit ik hier nog. In mijn vroegste herinnering zie ik de oude baron door onze tuin lopen. Hij is in 1905 overleden. Maar de gestalte kan ik nog zien: hij was kreupel, dat maakt indruk op een kind. De oude baron wandelde regelmatig door onze bongerd en over ons erf. Dat was iets vanzelfsprekends, het was tenslotte allemaal van hem. Het huisje waarin ik nu woon, aan dezelfde Windesheimerweg, is ook nog van de baron, al zijn we inmiddels twee baronnen verder.

Als jongen kwam ik al in het kasteel over de vloer om de dienstbodes met karweitjes te helpen. Dat mocht ik omdat mijn vader er stalknecht was. Hij verzorgde de paarden en ging met de baron uut rijd'n. De stalknecht woonde natuurlijk op het landgoed, in een eenvoudige arbeiderswoning. En deed je niet wat de baron wilde, dan kon je ophoepelen. Er was niks geen pardon bij! Zo was het vroeger nou eenmaal met de baron. Alles moest voor hem buigen. Boog je niet, dan kreeg je het te horen ook! Voor iets hogers neigde je het hoofd toch al snel: kwam je de schoolmeester tegen, dan deed je direct het petje af en begon je uitgebreid te groeten. Dus laat staan als je meneer de baron tegenkwam. We waren allemaal afhankelijk van hem. De Windesheimers die op het kasteel werkten voorop, maar ook de boeren die bij de baron pachtten. De middenstand van Windesheim wilde ook wat verdienen, en het geld zat op het kasteel. De adel had het hier gewoon voor het zeggen. Je wist niet beter in die tied.

Ik had acht broers en zusters, maar we hebben nooit allemaal tegelijkertijd thuis gewoond. Zodra er een de deur uit kon, moest-ie ook weg; deze arbeidershuisjes zijn veel te klein voor een gezin van elf. Vader en moeder waren blij als er weer een uit de kost was. Met twaalf jaar ging ik naar de boer. Het was in het voorjaar van 1914, ik vergeet het nooit. Je had daar niks over te zeggen: je ging gewoon. Het is nu moeilijk voor te stellen dat een kind zo jong wordt weggestuurd door zijn ouders. Ik was nog maar een kleine jongen... En ik heb ze gemist, hoor! Maar langzaamaan raakte ik er wel aan gewend. Ik kwam terecht bij boer Snel, hier op het dorp. Hij was meer een heerboer dan een gewone boer; hij boerde voor het plezier en had geld genoeg. Ik had er een mooi leventje. Een jongen van twaalf heeft daar trouwens ook recht op, vind ik, die hoort nog niet te zwoegen.

’s Morgens mocht ik vaak uutslap’n, en ’s avonds hoefde ik pas om negen uur naar bed. De boer had me eigenlijk meer voor het gezelschap dan voor het werk. Hij had zelf een zoon gehad, maar die was jong gestorven. Daar was Snel zo kapot van dat hij een plaatsvervanger zocht: dat was ik. Ik hoefde maar vier koeien te melken. Er was nog een dienstbode in huis die mij daarbij hielp ook. Hooien deden we niet: het droge hooi kwam kant en klaar aan bij die luxeboer. Vijftig gulden verdiende ik – in het jaar. En ik leerde het vak.

Later kwam ik bij een heel ander slag boeren terecht. Die hadden mij voor het werk, en nergens anders voor! Al het boerenwerk moest ik doen. Het was nog allemaal handwerk; dus flink aanpakken. Maar daar groeide je langzamerhand ook weer in. Ik begon ’s morgens om halfvijf te melken: een stuk of vijfentwintig koeien, want het waren meestal grote boeren. Dan mocht ik om acht uur de broodmaaltijd eten, om daarna naar het bouwland te gaan. Want elke boer had er landbouwgrond bij in die tijd, zo had-ie ook meteen z’n koeienvoer. Om twaalf uur was het warm eten, en dan weer aan het werk tot het donker werd. In de zomerdag zat ik ’s avonds om tien uur nog in het hooi. En de volgende dag toch weer om halfvijf beginnen: want ze hadden je voor het werk en nergens anders voor. Niet dat ze onaardig waren, het was gewoon zo. Maar als grote knecht verdiende ik wel vierhonderd gulden in het jaar, met kost en inwoning vrij. Dat was veel geld in die dagen, en eigenlijk ook de enige reden waarom ik bij die goede boer Snel was vertrokken. Een boer uit Mastenbroek had mij bij Snel aan het werk gezien, en wilde mij wel hebben. “Wat mot je verdien’n?” vroeg hij. Ik wilde niet weg uit Windesheim, dus ik dacht: ik vraag hem zoveel dat hij schrikt. “Vierhonderd gulden!” heb ik geroepen: dat ving geen enkele knecht in deze omgeving. Maar die boer uit Mastenbroek zei: “Dat ken je bij mij wel kriegen.” Ik stond versteld, en wou dat ik het nooit had gezegd. Nou moest ik wel, want terugkrabbelen, dat is niks gedaan. Maar ach, ik heb er door het harde werken veel bijgeleerd.

Tijdens de Eerste Wereldoorlog bleef ik boerenknecht. En toen heb ik gelachen, hoor! De boeren moesten alles inleveren in die distributietijd. Maar dat deden ze niet! Ze drukten zoveel mogelijk achterover. De politie zat erachteraan natuurlijk. Maar die hebben we goed bij de benen genomen. Je kon niet zomaar een koe uit de wei halen, want de politie stond op de bruggen te controleren. Stiekem slachten was dus lastig. Maar niet als we de koe halverwege het weiland, tussen twee bruggen in, dwars door de wetering trokken. Dan hadden we d'r meteen achter de boerderij. Eer de politie dat door had, was ze al lang en breed geslacht! En dan kreeg je als knecht een lekker stukje vlees.

Ik heb ook meegedaan met het smokkelen. In die tijd reed ik de melk van het buurtschap Harksen naar de melkfabriek in Heino. Verschillende boeren gaven mij een fooi als ik een bus met vlees op mijn kar zette. Ik deed alsof ik van niets wist en leverde zo'n bus weer af op een ander adres: zonder dat er maar één druppeltje melk in zat! Op de terugweg bracht ik stiekem meel van de molen naar de boer: allemaal met de melkwagen. Daar heb ik nu nog schik in, ja. Geen mens kraaide ernaar, en ik verdiende eraan! Een kleinigheidje, natuurlijk. Het was een mooie tijd, spannend ook. In de zenuwen zat ik niet. Ik heb in mien leven alles nogal nuchter naast me neergelegd en maakte me niet gauw ergens naar over.

Ik ging van de ene boer naar de andere, tot ik op mijn tweeëntwintigste getrouwd ben. Margje was een zuster van een andere boerenknecht. Die had gevraagd of ik niet eens met hem mee naar het huisje van zijn ouders wilde gaan, hier in Windesheim. En daar stond ze, in de keuken... Ik heb nooit een ander meisje gehad, en nog: ik had ook geen ander willen hebben! Vier jaar hadden Margje en ik verkering. Je lag heus niet elke dag bij mekander zoals nu. Eens in de veertien dagen zagen we elkaar, want we dienden allebei bij een andere boer. Vrijen onder één dak is een groot gemak, zeiden ze in die tijd: maar samen dienen bij één en dezelfde boer, dat ging niet in die dagen. Dat was toen al te gek! Eens in de maand was je een zondag vrij, dus op mijn vrije zondag bezocht ik haar, of zij kwam bij mij op haar vrije dag.

Margje deed huishoudelijk werk, maar ze hielp ook mee op het land. Tot ze ziek werd, toen ging het niet meer. Eenmaal beter had ze geen schik meer in het werk. Toen zijn we maar getrouwd. Met paard en wagen gingen we naar Zwolle, naar het gemeentehuis. En daarna meteen weerom naar Windesheim. 's Avonds hadden we een klein feestje bij vader en moeder in de keuken. We hebben nog een dansje gemaakt, en dat was het: we maakten er niet zo'n kabaal van als op die trouwerijen van teg'nwoordig. Mijn moeder had lekker gekookt. En we dronken een glaasje jenever, dat was al feestelijk genoeg.

Op donderdag zijn we getrouwd, en op zaterdag ben ik als arbeider naar het landgoed Rechteren gegaan, bij Dalfsen. Ik kon gaan werken voor de graaf van Rechteren, op wiens landgoed we ook weer een huisje konden huren. Eerst heb ik een poosje in zijn bos gewerkt. Maar toen de graaf zag hoe handig ik een kippenhok in mekaar timmerde, vroeg hij of ik bij de timmerlui wilde komen. Daar had ik eigenlijk geen zin in, het beviel me wel met de jongens in het bos: lekker dennen omzagen. Maar ja, ik verdiende daar maar twee dubbeltjes in het uur, en bij de timmerlui kreeg ik vijf cent opslag. Dus ik heb het toch maar gedaan. Het onderhoud van de boerderijen van de graaf was onze hoofdtaak. Allemaal handwerk, tot vlak voor de oorlog de machinezaag opkwam: toen gíng het ineens vlot! We hebben ook nog een tennisbaan aangelegd bij het kasteel. Dat was héél bijzonder in die dagen, zo ver voor de oorlog. De kinderen van de graaf moesten en zouden een tennisbaan hebben, dus kregen ze er ook een van mevrouw de gravin. Tennis was echt iets voor de adel. Gewone mensen hadden wel wat anders te doen! Ik heb nog nooit zo'n tennisracket in mien hand gehad.

De graaf van Rechteren was niet slecht voor zijn arbeiders. We verdienden bijna niks, maar zo ging het nou eenmaal in die tijd. Met twintig cent in het uur was het natuurlijk armoe, want in de winterdagen kon je geen overuren maken in het bos. Als het donker werd, hield het op. Bij de timmerlui kon ik dat gelukkig wel: er hing een grote lamp in de werkplaats, dus we werkten maar door en maakten vaak dik zestig uur in de week. Dat moest ook wel, wilde je rondkomen. Maar ik klaagde niet. Dat had geen zin. Niemand protesteerde. Er was ook geen vakbond voor arbeiders die bij particulieren werkten. Van de andere kant moest de graaf er wel voor zorgen dat zijn arbeiders het hele jaar werk hadden. Dus ook in de winter! Dat bespaarde ons de nodige zorgen. Het fijne van voor de graaf werken was ook dat je zelfstandig was. Ik kreeg een opdracht en die werkte ik vervolgens zelf uit. Er stond geen uutvoerder over mijn schouder mee te kijken. En in de oorlog begon het loon toch nog een beetje op te lopen; tot vijfendertig cent in het uur. Toen werd het voor ons wat beter. Maar we bleven op de centen passen. De huur, het gas en het licht moesten betaald worden, en veel hield je daarna niet over – o, nee!

Maar wat ook zo leuk was: we hadden al heel vroeg elektriciteit op het landgoed. Het kasteel had zijn eigen installatie en de huisjes die er kortbij stonden, werden er ook op aangesloten – dat vonden wij toen prachtig! In een groot vertrek in het kasteel stonden allemaal batterijen, die elke week werden opgeladen met een petroleummotor waarop een grote dynamo was aangesloten. Als het zoutzuur in de glazen accubakken begon te borrelen, waren de koperen elementen volgeladen met stroom. Het was een kunstig geheel om te zien. Je moest wel een speciaal wollen pak aan als je tussen de rijen met batterijen liep om de boel te controleren. Anders spetterde er een gat in je kleren; in wollen goed had je daar minder last van. Na een dag opladen had het kasteel weer voor een week stroom. Maar als de petroleummotor weer eens niet op gang wilde komen, kostte het veel méér tied. Ik heb zo vaak staan knutselen aan die oude motor. Tot het kasteel het elektrisch direct uit Zwolle kreeg. Toen verdwenen de batterijen en onze 125-voltapparaten werden weggegooid, die deden het niet op 220 volt.

Kijk, vroeger dacht je dat het zo hoorde. Sommigen waren van adel, anderen waren maar doodgewone mensen. Je was blij dat er adel wás waar je voor kon werken, anders was je nergens, dacht je. Maar achteraf, nu de adel niet zoveel meer in de melk te brokkelen heeft, denk ik: dit is toch een stuk vrijer! De afhankelijkheid was zo groot destijds. Ze konden met je doen wat ze wilden... Als je bij de baron werkte, en je woonde hier onder de baron, dan had je niet het recht om bij de steenfabriek te gaan werken als er op het kasteel even wat minder werk voor je was. Niet dat de arbeiders dat nou zo graag wilden; op de fabriek was het ook slavenarbeid en al verdiende je er wat meer, je lichaam had daar ook meer te lijden. Maar het kon niet eens als de baron je niet liet gaan, want hij had ook weer geld zitten in de fabriek en de fabrieksbaas danste naar zijn pijpen. Een mens wordt niet graag gedwongen. Iedereen wil een vrij leven. Maar wij hadden niet zoveel keus in die tijd. Toen het kasteel werd opgeruimd – het was helemaal uitgebrand in de oorlog – heb ik de vorige baron nog tegen de aannemer horen zeggen: "Je moet je arbeiders arm en dom houden, dan kun je ermee werken. Zodra ze iets leren lukt dat niet meer." Mij verbaasde het niks dat hij zoiets zei. En eigenlijk was het nog waar ook! Later hebben we die opmerking nog vaak herhaald, en er hard om gelachen. Uiteindelijk zijn we allemaal maar mensen en maakt je afkomst niks uit. Maar vroeger maakte het alles uit en leefde je naar rang en stand. Wij arbeiders mochten nog geen boerenmeisje als vrouw nemen; dat kreeg je nooit gedaan! Je trouwde met een arbeidersdochter. En boeren trouwden onder boeren. Ik dorst nog niet naar een boerendochter te kieken! En zelfs een boerenzoon ging eerst bij een boer tellen hoeveel koeien hij molk, voor hij zijn dochter durfde te vragen. Dat was bij de arbeiders gelukkig anders! We waren allemaal hetzelfde: allemaal arbeider.

Toch wil ik de adel ook weer niet te veel afvallen. Met de graaf van Rechteren kon ik prima overweg. Met de oude baron, in Windesheim, weer stukken minder. Die was meer baron, als u begrijpt wat ik bedoel. Maar met de jonker, de jongste baron, kan ik het weer wel goed vinden. Hij komt hier gewoon op de koffie tegenwoordig. Maar de graaf van Rechteren kon werkelijk sympathiek zijn. Kwam hij een woonwagenbewoner met zijn paard en wagen tegen, dan nam de graaf zijn hoed eerder af dan die man hem kon groeten. Dat was bijzonder! En tijdens de oorlogsjaren was de graaf erg goed voor zijn arbeiders. Als hij je helpen kon met het een of ander, dan deed hij dat. We zaten daar goed in die tijd, want op Rechteren stonden veel boerderijen waarop graan, gerst en tarwe verbouwd werden. Als wij timmerlui werkzaamheden verrichtten op een boerderij van de graaf, en er werd net gedorst, dan schoof de boer vaak een zakje graan op onze wagen. En werd er weer stiekem een varkentje geslacht, dan kregen wij ook wat; net als in de eerste oorlog.

Ik kan me het moment nog zo goed herinneren waarop de Duitsers ons land binnenvielen. Ik woonde op Rechteren, in een huisje langs de spoorlijn. Toen ik 's morgens om een uur of zes opstond, zag ik de Hollandse soldaten al lopen langs het spoor. Ik was daar eerst nogal verbaasd over, maar toen ik vanuit de verte het geknal hoorde – van de bruggen die werden opgeblazen – begreep ik het meteen: ze waren zich aan het terugtrekken en maakten dat ze wegkwamen, met hun geweren en plunjezakken op de nek. En nog geen uur later trokken de Duitsers al aan ons huis voorbij: we zaten in oorlog en waren bezet eer we er erg in hadden! De brug van Dalfsen was wel opgeblazen, en er waren bomen op de weg naar Ommen gelegd: maar die versperringen waren kinderwerk. Achteraf bekeken moet ik er wel een beetje om lachen: alsof de oprukkende mof zich daardoor liet tegenhouden! Die bomen trokken ze gewoon aan de kant. De Duitsers liepen erg dicht langs ons huisje, maar ze zeiden of deden verder niks – hoe eerder ze weg waren, hoe liever ik het had. Want je dacht toch wel even: wat gaat er in hemelsnaam met ons gebeuren? Uiteindelijk is er niet eens zoveel gebeurd: de Duitsers trokken door naar de steden. Vijf jaar later zagen we de Canadezen komen, en moesten ze er weer uut! Toen ging het de andere kant op.

De Duitsers hebben natuurlijk van alles weggehaald: onze fietsen, onze wagens, onze paarden. Maar verder viel de oorlog mee, er gingen dagen voorbij dat we geen Duitser zagen hier op het platteland. En honger hebben we nooit gehad. Mensen uit het westen, die hier in de hongerwinter langs de deuren kwamen om eten, kon ik nog weleens iets meegeven. Meestal maar een beetje, ik had zelf niet veel. Maar ze sprongen al in de lucht van blijdschap als ik een klein zakje bruine bonen gaf. Ik zie ze nog op die oude fietsen zonder banden door de hoge sneeuw schuiven... Ze waren eigenlijk te mager om de reis te maken. Veel boeren gaven grote zakken graan, of rogge. Maar ze zijn er vooral zelf beter van geworden, het was heus geen liefdadigheid. Sommige boeren lieten die hongerlijers hun trouwring nog afdoen voor wat eten. De westerlingen overnachtten in de school, waar ze wat te eten en te drinken kregen. En 's anderendaags moesten ze de IJssel weer over. Op gammele bootjes. Dan werd hun voedselbuit nogal eens ingepikt door de Duitsers. Die arme westerlingen...

Na de oorlog wilde Margje weg van het landgoed Rechteren, waar we sinds ons trouwen woonden, omdat we er in een nogal afgelegen huisje in het bos zaten. In Windesheim kwam een arbeiderswoning van de baron vrij. Daar wilde de vrouwe graag naar toe. Toen de baron een keer bij de graaf op bezoek kwam, hebben ze het samen doorgepraat. De graaf liet mij gaan en zo kwam ik weer – als timmerman – terug bij de baron, voor wie mijn vader ook altijd had gewerkt. Toen zijn we in dit huisje gekomen, precies eender aan dat waarin ik geboren ben, een paar nummers verderop. Ik heb er wat aan vertimmerd, zodat we niet meer in de bedstee hoefden te slapen, maar in een gewone slaapkamer. En het is prachtig hier, je kunt geen mooier plekje kriegen!

Zo gezond als ik nu ben, kan ik niet lang meer blijven; een mens is genegen om te sterven, en als je honderd bent, ben je er korter bij dan op je twintigste. Maar zorgen maak ik me niet. Nooit gedaan ook. Ik leef nogal gemoedelijk. Misschien ben ik daarom zo oud geworden. Wat kun je met zorgen maken winnen? Of je nou twee of drie dagen, of een hele week zit te piekeren: het wordt er niks anders van. Niks! Toch prakkeseren veel mensen zich suf; dat kan ik maar niet begrijpen. Mijn moeder maakte zich ook nergens druk om. Wat was ze er wijzer van geworden? We woonden nou eenmaal klein en we hadden een groot gezin... Dat zorgeloze heb ik een beetje van haar meegekregen: ik aanvaard het zoals het komt. Dat heeft ook met mijn geloof te maken. Ik ben Nederlands hervormd, en daar hou ik me vrij streng aan. Ik ga niet meer naar de kerk, maar krijg wel elke week de preek op een bandje. Daar heb ik werkelijk steun aan. Niks is toeval, leert het geloof, en daar ben ik steeds meer van overtuigd geraakt. Het is allemaal voorbeslist. Dus waar heb je nou willen van? Je moet maar afwachten welke gunsten Onze-Lieve-Heer voor je in petto heeft. In de krant stond laatst een berichtje: een jongen en een meisje schuilen voor de bliksem. Hij staat onder een boom die misschien wel honderd jaar oud is, zij doet dat niet. Alleen hij wordt getroffen door de bliksem en sterft. Zij leeft door. Hoe hard het ook klinkt: dat is geen toeval. Wat Gods bedoeling daarvan is, dat weet ik niet. Als ik dat wist, was ik bijna net zo wijs als Hij. En dat ben ik lange niet... Waarom sterven er kleine kinderen en worden oude mensen honderd, of honderdtien? Het is ons niet gegeven om dat te weten. We leven zolang het ons gegund is.

Het leven houdt hier op, maar straks in de hemel gaat het weer door. Ik heb alle vertrouwen in Onze-Lieve-Heer. Hij doet niks liever dan je vergeven en je voorthelpen. Hij zal je niet snel afstoten. Waar liefde woont, gebiedt de Heer zijn zegen, daar woont Hij zelf, daar wordt zijn heil verkregen, en leven tot in eeuwigheid. Hoe het zal zijn, die eeuwigheid, daar heb ik geen flauw idee van. Dat is onbegriepelijk voor een mens. En ik geloof ook niet dat mensen zoveel hóéven te weten.

Ik voel mij, met mijn hoge leeftijd, begunstigd. Daar heb ik zelf geen aandeel in, dat heeft alleen Hij. En toch heb ik armoede gekend, en narigheid. Want ik heb de vrouwe wel vijftien keer naar het ziekenhuis moeten brengen, en ze is zeven keer geopereerd: aan de maag, de longen, de darmen... Door de genade zijn we erdoor gekomen. Maar op een keer houdt het op. Daar is zo'n oud kerkliedje over dat ik soms zing als ik in de tuin werk:

"Gelijk het gras, is ons kortstondig leven
Gelijk een bloem, die op het veld verheven
Wel sierlijk pronkt, maar kracht'loos is en teer
Wanneer de wind zich over het land laat horen
Dan knakt haar steel, haar schoonheid gaat verloren
Men kent en vindt haar standplaats zelfs niet meer..."

Wat heeft een grassprietje, hier op mijn gazon, nou voor bestaan? Het groeit vandaag, en straks wordt het alweer opgegraasd, of weggemaaid. Precies zo is een mens'nleven. Ik ben dan honderd jaar geworden, maar zelfs dat is een fractie op de eeuwigheid. Onze-Lieve-Heer kent geen tijd. En zo praten we maar voort... Maar nu moet er een eind aan komen: de mens kent wel tijd, en ik wil nog maaien in de bongerd. Er gaan weer een hoop grassprietjes tegen de vlakte. Toen ik honderd werd, heb ik mezelf een zitmaaier gekocht, nu kan ik er lekker bij gaan zitten. Maar het gazon maai ik nog lopend.'

Op 21-10-2003 is Hendrik Jan Frederiks overleden.

'Het betere leven went snel'

NEL GOGARN-DIRKER
22-6-1899, ROTTERDAM, ZUID-HOLLAND

Een clubje bejaarden lepelt taartjes naar binnen. Een beetje onhandig, want op jaren, maar met zilveren bestek. Nel Gogarn voert, met scherpe stem, het hoogste woord op het Haagse theekransje in de verzorgingsflat. De rest luistert ietwat gedwee toe. Een twintig jaar jongere heer flirt met Nel. Het valt haar niet eens meer op, ze heeft zoveel bewonderaars gehad. Het witte haar in de krul, de parels om de hals: Nel Gogarn is oud, maar onberispelijk – en gehuld in zijde. Toch is het theekransje niet meer wat het was: 'De Beatles en de oorlog hebben alles veranderd.'

Als de bejaarden weer naar hun kamers schuifelen, schrijdt Nel het balkon op – kalmpjes aan, achter een blauw karretje met handremmen en een bel. Ze gaat zitten boven een tuin vol vogels, die luidruchtig de lente in de bol hebben. En ze nipt aan een portje als ze praat over haar vroege, ver voorbije jaren – waarin ze over nog doodstille wegen vloog, samen met haar miljonair: 'Kijk eens Nellie! We rijden zéstig kilometer per uur!'

'Ik was het pronkstuk van de familie. Als jongste van zeven kinderen werd ik flink verwend door mijn moeder. Ze was modiste en maakte voor mij de mooiste kleertjes. Daarin zag ik eruit zoals de rijke mensen waar ze voor naaide, zo had moeder het graag. Ik was koket in mijn jurkjes. Hele korte droeg ik, met witte sokjes en lakschoenen eronder. Het liefst had ik mijn geplooide matrozenjurken aan. 's Zondags een witte en in de week een blauwe. Een jurk die ik niet leuk vond, droeg ik niet. Ik had van dat engelachtig goudkleurige haar. Moeder zette er krulletjes in, met van die perkamentpapiertjes. Als je iets bij de slager of de bakker kocht, werd het in een soort van perkament verpakt, dus dat had je altijd in huis. 's Avonds draaide moeder de papiertjes rond mijn natte haarlokken, dan krulde de volgende dag je hele haar. Het is niet fijn om met zo'n kop vol papier te slapen, maar ik had het ervoor over; moeder was apetrots op mij. Omdat ik er zo schattig uitzag, was iedereen eigenlijk wel gek met me. Dat heb ik tot vandaag gehouden. Hier in het verzorgingstehuis spring ik er nog tussenuit. Ik denk dat ik daarom mijn leven lang ben verwend.

Moeder leerde mij en mijn zusters alles over het modevak. We hadden elk acht rechterhanden tegen de tijd dat we groot waren. Maar ik wilde de verpleging in. Op m'n dertiende kwam ik van school, maar om verpleegster te worden moest je twintig zijn. In de tussenjaren ging ik als borduurster werken bij Au Bon Marché in de Rotterdamse Passage. Die deftige zaak verkocht vooral Indische uitrustingen; pyjama's en kabaja's en dat soort luxe dingen. Ontzettend mooi goed. Ik kon al aardig borduren, maar bij Au Bon Marché leerde je het allerfijnste handwerk. Met garen nummer honderd en naaldjes nummer honderd. Toen kon ik nog ontzettend goed zien; honderd was de dunste naald die bestond. Nou kan ik niet eens meer een dikke beetpakken.

Mijn zuster en een vriendinnetje van me borduurden ook bij Au Bon Marché. We maakten vooral geborduurd ondergoed voor chique dames. Als je dat spul de hele dag ziet, wil je het maar wat graag hebben. Dus voor onszelf maakten we tussendoor ook deftige onderkleding. Het liefst hemdjes met geborduurde schoudertjes eraan. Die waren heel modern. Mijn moeder werd woedend als ze zag dat wij die hemdjes droegen. Dat was niet netjes meer. "Schande, dat jullie daarmee durven rondlopen!" riep ze als ze het ontdekte. En dan knipte ze de smalle schoudertjes eraf. Later naaiden wij ze er gewoon weer aan en droegen we het stiekem.

Al was het soms wat frivool, ik ben altijd modieus gekleed geweest. Ik droeg zelfs Franse broeken toen ze in de mode kwamen. Die broeken hadden iets wat nog ongekend was; een vooren een achterklep en ronde pijpen tot op de kuiten. Mijn moeder vond die blote kuiten onzedelijk. Maar we waren al jongedames, dus we deden ze toch aan. Het was best gewaagd want je droeg in die tijd eerst een degelijk hemd, dan een borstrok, dan een flanel, dan een onderlijfje en dan je jurk. En een korset natuurlijk: we regen ons goed in, zodat we lekker slank leken. Tot een jaar of tien geleden heb ik zulke korsetten gedragen. Hele dure, van zijde.

Bij ons thuis waren ze in de meubelen. Vader werkte als bediende in een Rotterdamse meubelzaak en toen m'n broers van school kwamen, moesten ze ook meteen een vak leren. Studeren was er niet bij, er moest geld binnenkomen. De een werd behanger, de ander stoffeerder. Later hebben ze stuk voor stuk een eigen zaak opgericht en zijn ze toch nog in goeden doen gekomen. We waren eigenlijk een doodeenvoudig middenstandsgezin. Maar we zijn allemaal bijzonder goed terechtgekomen. Vooral ik, want ik ben met een ontzettend rijke man getrouwd. Ik kende hem al vanaf m'n elfde. Meneer Dick Gogarn, zoals hij heette, was zestien jaar ouder. Als ik aan de hand van mijn vader naar de kerk liep, kwamen we hem tegen. "Dag Bertus!" riep hij altijd; om mij te plagen, gaf hij me een jongensnaam. "Ik heet geen Bertus! Ik ben Nellie," riep ik terug, en hij maar lachen. Dat vond ik leuk. "Wat heb je toch een mooie dochter," zei hij dan tegen vader. "Ik heb meneer Dick weer gezien!" riep ik als ik thuiskwam. Moeder werd er langzaamaan gek van: "Jij altijd met je eeuwige meneer Dick."

Maar ik werd ouder. Toen ik achttien jaar was, mocht ik naar het bal masqué in de sociëteit op de Coolsingel. Piekfijn ging ik erheen, het was mijn eerste bal. Ik zag meneer Dick al meteen zitten. Ik liep op hem af, aaide hem over z'n kalende hoofd en zei: "Dag, Googie!" Zo plaagde ik hem terug. We zijn met elkaar gaan souperen en toen vroeg die meneer Dick Gogarn me mee naar de bioscoop. Als je in die tijd naar de film of de schouwburg ging, nam je een zakje bonbons mee. Tijdens de voorstelling hoorde je dan overal bonbonpapiertjes knisperen. "Steek je hand maar in m'n zak," zei Dick. Zijn jaszak zat boordevol likeurbonbons. Maar ze waren gebroken, dus ik zat helemaal onder de kleverige massa. We moesten er allebei om lachen. En zo kwam het aan.

Zijn zusters hadden een heel andere vrouw voor hem op het oog. Een rijke, met zo'n diadeem vol briljanten in het haar. Maar Dick had liever een gewone vrolijke meid waar hij mee uit kon gaan. En dat was ik dus. We hadden altijd schik, maar erg trouwlustig was ik niet. Ik dacht dat zo'n rijke vent uiteindelijk toch niet met me zou trouwen. Ik kwam uit een nette familie, maar het was middenstand. En zijn vader was miljonair. Zijn familie beheerde grote, dure zaken: deftige slaapkamers verkochten ze. En ze hadden ook nog een zeegrasfabriek – met dat zeegras werden kussens en bedden opgevuld – waar wel honderdvijftig arbeiders werkten.

Maar we waren verliefd. We maakten alsmaar ritjes in zijn Opel. Een zevenpersoonswagen, met open dak. Voor we vertrokken, bond Dick een zijden sjaal om mijn hoed want je kon natuurlijk niet in je blote hoofd rond gaan rijden. Als Dick de maximumsnelheid bereikt had, riep hij: "Kijk eens Nellie! We rijden zéstig kilometer per uur!" Dat vonden we vreselijk snel. Je kwam in die tijd nog amper andere auto's tegen. Verkeersborden zag je al evenmin. En regels waren er ook niet. Wie voorrang had, daar heb ik me nooit in verdiept. Ik liet me rijden. 's Avonds toerden we ook nog dikwijls rond. Als de carbidlantaarns van de wagen uitgingen, moest je ze met wat vocht weer brandend zien te krijgen. Maar je stond weleens ergens in het pikkedonker en dan was er helemaal geen water in de buurt. Soms deed Dick er maar gewoon een plasje op. Daarna brandden de carbidlampen weer als de beste. Wat hadden we dan een plezier!

Eens in de maand gingen we met de club vrinden en vrindinnetjes van de sociëteit met de stoomtrein naar Brussel. Dansen in de chique zaken. Bij de grens in Essen werden we altijd flink gecontroleerd; er werd volop gesmokkeld. Maar bij de Duitse grens waren de controles nog erger. Met al die devaluaties in de jaren twintig zakte de mark steeds verder en gingen we regelmatig inkopen doen in Duitsland. Je kon er spotgoedkoop de mooiste kleding kopen. De mode liep daar twee jaar voor, wat dat betreft is er weinig veranderd. Er stond een keer een dik douanewijf bij de Duitse grens dat mij eens goed wilde onderzoeken. Ik had een leuk groen mantelkostuum aan. Er zat geen blouse onder, maar een vest met van achter een blote rug. Ik moest mee het hokje in. Toen ik m'n jas opendeed en zij mijn blote rug zag, schrok ze zich een ongeluk. Als je in die tijd ook maar iets bloots zag, was dat al vreselijk, laat staan zo'n hele rug. Ik moest mijn jas meteen weer aan. Dat mens was helemaal van streek. Mijn koffer heeft ze niet eens meer gecontroleerd. En daar hadden we heel wat in gepropt op de terugweg. Mooi bewerkte hemdjes en gekleurd ondergoed; dat mocht je niet zomaar invoeren.

Op zaterdagavond reden we naar de dure prettenten in Den Haag. Dick had op zulke avonden een eigen chauffeur. Maar dikwijls was de chauffeur dronken en Dick niet. Dan reed hij zelf maar weer. We ontsloegen die chauffeur nooit, want we hadden altijd lol met hem. Het was een rare snijboon. Als hij de Opel weer eens had gerepareerd, riep hij: "Ik rij 'm effe in." Dan trok hij eropuit met zijn vriendin en zagen we hem soms pas dagen later weer terug.

We dineerden meestal bij Saur of Royaal, en bleven er hangen om te borrelen. En dan werd er gedanst. Je had nog bijna overal danseurs in die tijd. Dat was heerlijk, want Dick kon alles, maar hij kon niet dansen. In smoking kwam zo'n danseur, meestal een mooie jongeman, naar je tafel en vroeg dan heel netjes: "Meneer, is het gepermitteerd dat ik even met uw dame dans?" Dan zwierde je fantastisch rond, en op het eind boog de danseur en bracht hij je weer terug naar je tafeltje. Naar de stand van de zaak betaalde Dick zo'n jongen dan een gulden of een rijksdaalder. Nu zie je nergens meer danseurs, terwijl het zo'n prachtig beroep is.

Dick ging weleens een weekje voor zaken naar Brussel en op een keer zei hij dat ik hem daar in het weekend maar eens moest opzoeken. Ik werkte toen op de Zuidwal, in het gemeenteziekenhuis. Mijn eerste verpleegstersdiploma had ik inmiddels gehaald. Met een grote, dure auto – die Dick van een zakenvrindje had geleend – kwam hij me afhalen van het station. Ik wist niet wat ik zag. Er stonden zelfs twee palfreniers aan weerszijden van die wagen. Ik kwam rechtstreeks van m'n werk in het ziekenhuis en had alleen maar een simpel rieten koffertje mee. Maar Dick zag dat niet eens en zei: "Ik weet een fijn hotel." Daar kregen we toen ook nog eens de bruidssuite, als ongetrouwd stel.

Het leven met Dick was vrij. We deden alles wat maar in ons opkwam. En Dick was nogal avontuurlijk aangelegd. Hij moest altijd wat anders. Er waren nog geen gewone passagiersvliegtuigen, maar toch heb ik toen al met hem gevlogen, in een oorlogsvliegtuigje dat hij had weten te huren. Dick had zijn contacten, hij zat als zakenman overal in. Wanneer het precies was weet ik niet meer, maar we zouden van Hamburg naar Berlijn vliegen. Het primitieve vliegtuigje was piepklein, er konden maar twee passagiers in. We zaten tegenover elkaar en in het midden stond de postzak; de brieven konden we zo lezen. Onderweg zakten we ineens een heel eind omlaag. De Duitse piloot keek naar binnen en wij zeiden: "Goh, wat leuk. Doet u dat nog eens." Van een luchtzak hadden we nog nooit gehoord. Voor we het wisten stonden we in een weiland. "Ik moet even wat nakijken," zei de piloot. De man wilde ons niet bang maken, maar dat toestel was natuurlijk helemaal niet in orde. Drie uur later dan gepland kwamen we aan in Berlijn. Daar werden we als vorsten ontvangen in ons hotel want onze vrinden, die niet mee hadden gedurfd, dachten dat we niet levend meer terug zouden keren. Een bevriende officier gooide direct de wc-deur voor mij open; hij dacht dat ik het in mijn broek zou doen van angst. "Wat een mooi toilet," heb ik gezegd, "doe die deur nou maar weer dicht." Ik was helemaal niet bang. Maar hetzelfde toestel waarmee we met horten en stoten in Berlijn aankwamen, is de volgende dag wel naar beneden gestort. De piloot verbrandde levend. Als wij een dag later waren gegaan, waren we ook dood geweest. Ik kom altijd goed weg.

Ik was behoorlijk ondeugend in die tijd en dat ben ik tot vandaag gebleven. In het ziekenhuis moesten we gestijfde rokken dragen tot op de schoenen. Van boven zaten we dichtgeknoopt tot aan onze stijve boordjes. Je kreeg je borsten amper in dat akelige kostuum gehesen. Alles moest bedekt zijn. Zelfs je armen. Maar ik was op een zondagmiddag vreselijk verbrand tijdens een uitje met Dick en de vrindenclub. We waren wezen roeien in een wherry waar flessen champagne aan hingen die we tijdens een wat al te zonnige picknick leeg hadden gedronken. De vellen hingen aan mijn armen. Ik werkte de volgende dag gewoon weer in het ziekenhuis, maar m'n huid deed zo'n pijn dat ik mijn lange mouwen omhoog moest stropen. Het werd een schandaal. "Doe die mouwen naar beneden voor je de mannenzaal opgaat!" snauwde de gechoqueerde hoofdverpleegster. De mensen waren zo bekrompen in die tijd.

Ik had altijd heibel over dat soort dingen. Dick vertegenwoordigde een heel andere wereld, een mondaine, en hij vond dat ik voor gek liep in die lange ziekenhuisrok. Dus ik knipte thuis de zoom eraf, zodat hij net boven mijn enkels viel; dat was tenminste een beetje modern. Maar elke keer als de directrice me zag, maakte ze er opmerkingen over. "Daar hebben we zuster Dirker weer, ik zie het al aan haar rokken." Of ze zei: "Ik schááám mij als u zo langs de portier loopt!" Alleen omdat die rok wat korter was. Toen ik op een zaterdag naar kraamverplegingscursus ging in het ziekenhuis, deed ik met opzet mijn mantelkostuum aan. De rok van dat mantelpakje was nog een stuk korter. Ik had genoeg van dat preutse gedoe. Het was rotweer, dus ik droeg er een lange regenjas overheen. De directrice had me direct in de gaten. "Waar gaat u heen?" vroeg ze. "Gewoon, naar cursus." "Zo, zo," zei ze. "U heeft het lef om daar in zo'n korte rok naar toe te gaan!" Dat had ik aan zien komen. "Op cursus hoef ik mijn dienstkleren niet aan en mijn eigen kleren mag ik dragen zoals ik het zelf wil," heb ik toen gezegd. Ze werd witheet. "Je houdt je jas aan," siste ze "en ik kom dadelijk controleren of je hem niet uittrekt." Dat gesprek had mij wat opgehouden dus ik kwam te laat op cursus. Het was muisstil toen ik binnenkwam. Ik liep naar voren en ging met mijn jas aan op de eerste rij zitten, daar zat ik altijd. Dat was nogal uitgekookt. Op de eerste rij zaten de meisjes die alles wisten; als je daartussen zat, vroegen ze je nooit wat. Maar nu vroeg de dokter mij wel waar ik zo laat vandaan kwam. "En waarom heeft u uw jas nog aan?" "Dat moet van de directrice," zei ik, "want anders kunt u mijn dikke kuiten zien." Iedereen in rep en roer! Ik had ze aan het lachen gekregen. Dat ik zoiets had durven zeggen! Er was geen lesgeven meer aan.

Twee maanden voor mijn eindexamen kraamverpleging werd ik plotseling toch nog ten huwelijk gevraagd. Ik had toen al tien jaar verkering met Dick. M'n kraamverplegingsdiploma heb ik niet meer gehaald. Als je ging trouwen, stopte je met je opleiding. Dick had een hele staf personeel in huis; ik moest nu leren omgaan met al die mensen. Maar dat was geen probleem. Het betere leven went snel! Er was een dienstbode voor dag en nacht, een werkster en een linnenjuffrouw. Dan had je nog een klokkenopwinder, een pianostemmer en een kleermaker, die elke week langskwamen. En we hadden een keukenmeid. Dick wilde niet hebben dat ik in de keuken stond; ik mocht er nog niet in de buurt komen. Dat was niet chic. Terwijl ik juist graag kookte. In het ziekenhuis had ik ook regelmatig keukendiensten. Ik kon alles en dat vond Dick heel bijzonder. Want zijn zusters, die ook in de villa op de Heemraadsingel woonden, konden niets. Alleen een beetje pianospelen. Zijn zusters waren nooit op school geweest. Ze hadden altijd een juf gehad die les gaf aan huis, zoals dat bij rijke families gebruikelijk was. Een Franse juf en een Engelse juf; dat was deftig.

Nu ik getrouwd was met een rijke man, moest ik me vier keer per dag verkleden. 's Ochtends had je een eenvoudige jurk aan. Om elf uur kreeg je visite, daar moest je je voor omkleden. Voor de lunch ook weer. 's Middags bij de thee had je alweer wat anders aan. En als je 's avonds uitging, verkleedde je je natuurlijk nog een keer. Het was een heel gedoe. En we dronken wat af. Overal werden drankjes bij geschonken. 's Morgens dronk je al een glaasje port en 's middags kreeg je overal glaasjes wijn bij. Bij diners werden wel vijf soorten wijn en champagne geschonken. Bij elk hapje wat anders. Die hele etiquette moest ik leren; wat had je een hoop verschillende soorten bestek aan tafel, zeg!

Doordat Dick zo ondernemend was, kreeg ik veel van de wereld te zien. We gingen zes weken op huwelijksreis naar Afrika. Een groot nieuw schip, de Indrapoera, maakte een van zijn eerste reizen naar Indië. Tot Port Said kon je voor je genoegen meevaren. In Tanger gingen we van boord. Op een ezeltje werden we van de boot gehaald. We sjokten over ongeplaveide straten langs lemen huisjes waarin de mensen op kleedjes lagen te slapen. Het was een sprookje. 's Morgens lag er voor het hotel een kameel waarop je naar de Sahara ging. Daar maakte je dan een fijne wandeling. We zijn nog verder door Afrika getrokken, maar waarheen weet ik niet meer – je kunt niet alles onthouden. Zo'n reis was excentriek, hoor. Alleen de echte rijken deden zoiets. De gewone man had drie dagen vakantie in het jaar, die ging hooguit een dagje naar Scheveningen. Maar wij kwamen overal. In Monte Carlo, in Annecy, in weet-ik-veel-waar. Mijn man was nogal rusteloos. Hij kon nooit lang op een plaats zitten. Alles moest hij zien en doen.

Dick had eigenlijk maar één zwakte: hij speculeerde. De een wordt alcoholist, de ander speculant. Het ging er grof toe, met honderden guldens tegelijk, of nog veel meer. Heel riskant. Maar meestal liep het goed af. Tot het "rampjaar" 1932: in veertien dagen was Dick zijn complete vermogen kwijt. Dat was hem al een keer eerder overkomen, in 1923, toen er ook een devaluatie was. Dick wilde zich toen voor de trein gooien. Met heel veel moeite heb ik hem die eerste keer tegen kunnen houden. Ik hielp hem er geestelijk weer bovenop, zijn familie deed dat financieel. Het duurde wel een paar jaar voor hij zijn kapitaal weer had opgebouwd. Maar het is precies als met dronken mensen: als ze eenmaal een borrel op hebben, blijven ze drinken. Zo ging het ook met die effecten. Toen Dick mij in 1928 wilde trouwen, zei ik: "Ik trouw alleen als je belooft nóóit meer te speculeren." Dick beloofde het, maar hij is er stiekem gewoon mee doorgegaan. In 1932 was mijn man geruïneerd. In alle opzichten. Mensen die zo ontzettend rijk geleefd hebben, kunnen niet meer tegen een gewoon bestaan. Hij wilde niet meer leven. Ik praat niet graag over zijn dood... Het was ook een snerttijd! Hij had nog genoeg geld uitgeleend, maar niemand kon het hem terugbetalen toen hij het nodig had.

Na de dood van mijn man kreeg ik nog rijke huwelijksaanzoeken genoeg. Maar ik had er geen zin meer in. De hele dag dat verkleden. Maar vooral mijn vrijheid wilde ik niet verliezen. Met Dick kon ik altijd mijn eigen gang gaan, we wilden allebei geen kinderen. Mijn vrije leventje durfde ik met een nieuw huwelijk niet op het spel te zetten. Ik was eraan gewend geraakt om 's middags met mijn vriendinnen op stap te gaan. Het was heerlijk als je zag dat alle andere mensen moesten werken, terwijl wij naar het thé dansant gingen. Lekker alleen doen waar je zin in hebt: dat was mijn lijfspreuk en ik heb me er lang aan kunnen houden. Het thé dansant, 's middags in Centraal, kostte een gulden. Je zag er altijd dezelfde Haagse chic, of wat daarvoor doorging. Op die middagen werd er zo veel lekkers rondgebracht, dat die dames 's avonds niet meer hoefden te koken. Want er kwam ook veel kouwe kak. Die werkte dan voor die ene gulden zowat een heel diner naar binnen. Je had die dames moeten zien graaien als er wat te eten langskwam op het thé dansant.

Later, toen alles al wat moderner begon te worden, mocht je ook in het Kurhaus dansen. In badpak. Maar dan wel een keurig badpak, met zo'n flinke broek eraan. Dat was zo bijzonder, daar moesten mijn vriendinnen en ik natuurlijk ook bij zijn. Maar er was veel jaloezie. Als er één een briljantje had dat net wat groter was dan dat van een ander, had je al herrie. En als ze een beetje een aantrekkelijke man hadden, dan zaten al die vriendinnen erachteraan. Dames zijn nog erger dan heren.

Ik had na de dood van mijn man geen zin meer om terug te gaan naar het ziekenhuis. Dus werd ik particulier verpleegster. Ik heb jarenlang een cavalerieofficier verzorgd die van zijn paard was gevallen. Een echte jonkheer, van zeer welgestelde komaf. Hij had een halfjaar in coma gelegen en kon zich daarna niet goed meer bewegen. Ik leerde zijn hele adellijke familie kennen. Die kwam regelmatig op visite en ik mocht er altijd bij blijven zitten. Er werd vroeger veel meer tegen een verpleegster opgekeken dan nu. Ik werd door die adellijke familie bijna als een gewone huisgenoot gezien – namen noem ik niet, dat vinden zulke mensen niet leuk. De jonkheer wilde elke dag naar de Haagse sociëteit De Witte gebracht worden, een ontzettend deftige tent in het bos, waar geen dames mochten komen. Het was alleen voor officieren en heren met een titel. De jonkheer kon nog amper lopen. Dus ik zette hem vlak voor de deur af. Dan kon hij daar de hele dag praten met zijn oude vrindjes. Ik mocht nooit mee naar binnen, behalve als er feesten waren. Dan moest je keurig in avondtoilet met lange handschoenen en alles erop en eraan. Zo zat ik toch nog een beetje in die deftige wereld, waar ik tijdens mijn huwelijk zo gewend aan was geraakt .

Op het moment dat de Tweede Wereldoorlog uitbrak was ik net heerlijk gelogeerd in Zutphen, op een prachtig landgoed van kennissen. 's Nachts zag ik de paardenwagens met lijken voorbijkomen. Een griezelig gezicht. Bruggen werden opgeblazen, dus het was moeilijk om weg te komen. En ondertussen werd mijn geboortestad Rotterdam gebombardeerd. Toen ik eindelijk weg kon uit Zutphen, na bijna twee weken, ben ik onmiddellijk naar Rotterdam gegaan. Ik trof een verwoeste stad aan: bijna alles was kapotgeschoten. Maar het westelijk gelegen deel van de stad, waar mijn familie woonde, was nagenoeg intact gebleven en er was niets met hen gebeurd.

De oorlogsjaren bracht ik door in Den Haag. Tot 1943 heb ik het er eigenlijk nog best gezellig gehad. Je paste je aan, dan liep alles wel door. Tot we moesten evacueren. Hele wijken werden door de Duitsers in beslag genomen en ontruimd om de Vesting Scheveningen aan te leggen, een onderdeel van de Duitse Atlantikwal. Om vervangende woonruimte te krijgen, moest ik me melden bij een smerige oude school. In de ergste plensregen ging ik erheen; ik was een verzopen kat, in mijn kletsnatte bontjas en bontmuts, bah! De huisvesting die voorhanden was, leek mij vreselijk armzalig. Toen hebben vrinden van me twee kamers geregeld op de Zeestraat, bij Plein 1813. Daar zat ik goed. Ik had een prachtig uitzicht op de mooie huizen die er stonden. De meeste evacués waren via het plaatsingsbureau ondergebracht in het Bezuidenhout. Ik zat als een van de weinigen niet op het Bezuidenhout, dat later per ongeluk werd gebombardeerd door de geallieerden. Al die mensen die er in kerken en andere grote gebouwen zaten, kwamen om. Kwam ik weer goed weg... Vanaf de Mauritskade heb ik de vliegtuigen gezien die de bommen lieten vallen die eigenlijk bedoeld waren voor het Haagse Bos, waar de lanceerwagens met V2-installaties onder de bomen stonden opgesteld. Ik geloof dat ze de kaart op zijn kop hadden bij dat vergissingsbombardement; het hele Bezuidenhout stond in lichterlaaie.

Na de oorlog was ik alles kwijt. Ik moest helemaal opnieuw beginnen. Mijn huis in de Paul Gabriëlstraat was flink beschadigd. Ik was voor de oorlog nogal chic ingericht, dus tijdens de evacuatie had ik al mijn spullen elders op moeten slaan. Op zolders en in kelders van vrinden en kennissen. Maar toen de oorlog voorbij was, kreeg ik haast niets meer terug. Bijna al mijn vrinden en kennissen waren NSB'er geweest, dus daar werd de boel na de oorlog ingepikt, mijn spullen incluis. Veel rijke mensen die ik kende werden NSB'er, maar ik heb ze er nooit lelijk op aangekeken. Ieder moet zelf maar weten wat hij doet. Een kennis van me heeft nog zes jaar gevangengezeten in Scheveningen, in het interneringskamp voor NSB'ers. Hij kwam er doodongelukkig vandaan. De meeste mensen van wie alles werd afgenomen waren zo van streek dat ze totaal veranderden. Je kende ze niet meer terug na zo'n strafperiode. Nu wordt er op NSB'ers neergekeken, maar die mensen hadden ook goeie ideeën voor de werkman. Precies weet ik het allemaal niet meer, het is alweer even geleden. Maar Dick zou nooit NSB'er geworden zijn, daar was hij veel te koningsgezind voor. Net als ik.

Vlak na de oorlog kreeg ik alweer een rijk huwelijksaanzoek. Maar ik nam het niet aan, want dan moest ik voor de kinderen van die kerel gaan zorgen. Daar had ik geen trek in. Wie kinderen heeft, komt niet meer aan zichzelf toe. Dat heb ik wel bij mijn moeder gezien, die altijd met mij en mijn zes broers en zussen in de weer was. Dus toen moest ik kamers gaan verhuren. Ik had geen flauw idee hoe ik dat aan moest pakken. "Je kunt maar het beste een officierenkwartier beginnen," zeiden m'n kennissen. "Die officieren gaan in het weekend naar huis. Dan heb je je kamers weer voor jezelf." Dat heb ik toen maar gedaan. Ik kreeg twee officieren in huis die de lijken moesten identificeren van soldaten die in de oorlog waren omgekomen. Een macabere klus, want die soldaten moesten worden opgegraven. De meesten lagen op de Waalsdorpervlakte. Omdat de lijken in verregaande staat van ontbinding waren, hing in het hele huis een lijkengeur. De officieren moesten elke dag flink wat jenever en minimaal één fles melk drinken om weerstand te kweken; het was natuurlijk niet gezond om de hele dag tussen de doden bezig te zijn. Ze mochten officieel geen foto's rond laten slingeren. Maar de identificatiefoto's lagen door het hele huis. Gruwelijke beelden. Soms konden ze nog alleen aan de tanden zien wie iemand was.

Niets was meer hetzelfde na de oorlog. De auto's van voor de oorlog vond je nu maar raar. Er kwamen modernere apparaten en machines op. Alles van voor die tijd was ineens ouderwets. Maar de grootste veranderingen zijn met de Beatles gekomen. Die muziek maakte alles los. Het leven werd steeds vlotter. Maar het sloeg te ver door: als mensen eenmaal iets mogen, dan zijn ze niet meer in de hand te houden. Ik luisterde niet naar die afschuwelijke muziek! Ik hield van klassieke concerten. De Beatles en de oorlog hebben alles veranderd. En toen die seks kwam, werd het nog erger. Dat had je vroeger niet, al dat seksgedoe van nu. Er waren toen ook wel mannen die kinderen verkrachtten, maar daar las je niks over. Als er iemand onder de elektrische tram kwam – dat gebeurde nogal eens toen die er net was – stonden alle kranten daarmee vol. Dat was toen het nieuws. Nu lees je over veel méér ellende en je ziet niets dan vechten op tv. Of overstromingen. Vroeger was er ook wel narigheid, maar je zág het niet voortdurend.

Toch is het leven ook wel makkelijk geworden. Vroeger deed iedereen zo moeilijk... Als de dokter op bezoek kwam, kwam hij in zijn rijtuig aan. Hij had zijn hoge hoed op, zijn smoking aan. En als er iemand begraven werd, moest er een hele stoet paarden overdekt worden met rouwkleden. Ook zo'n gedoe. Overal werd aangebeld en gevraagd of je de gordijnen naar beneden wilde doen. Pas als het begraven afgelopen was, mocht je ze weer omhoog halen – dan moest wéér overal worden aangebeld. Nu is alles luxueus. Met stofzuigers en wasmachines. Iedereen is rijk. De gewoonste mensen gaan al op vakantie naar Turkije. Vroeger hadden ze niks. Volkszangers stonden met een centenbakkie op straat. Nu wonen die zangers in paleizen!

En het westelijke deel van Rotterdam was maar een weiland met koeien toen ik er opgroeide, het was nog in opbouw. Nu is het er armoedig, maar toen was het best een nette buurt. Ik weet nog dat ze de grond aan het opspuiten waren met zandwagentjes. Ik spijbelde nogal eens van school en dan ging ik lekker achter zo'n wagentje hangen. Er reden wel twintig van die halfronde zandbakken achter mekaar, met een heel klein locomotiefje ervoor. Van de Middellandstraat tot Beukelsdijk reed ik mee, langs de weilanden met boerderijtjes, alsof je met een echte trein op reis was! Zo'n dagje spijbelen deed ik meestal in m'n uppie, want lang niet al mijn vriendinnen spijbelden; ik was altijd al ondeugender dan de rest. Ik sprong over slootjes en kocht een glas karnemelk bij de boer voor een halve cent. De werkmannen vonden het best dat ik achter die zandwagentjes hing. Maar als ik op het slepertje sprong dat bij ons door de straat kwam, kreeg ik weleens een klap met de zweep. Als ik een eind moest lopen om boodschappen te doen – er waren nog amper winkels bij ons in de buurt – sprong ik soms toch achter op die wagen. Of ik rende achter de ijswagen aan, waar van die grote palen ijs op lagen. "Baas, krijg ik ook een stukkie?" vroeg ik dan. Want de ijsman hakte z'n ijsblokken nog op maat af als hij langs de deuren ging. Koelkasten had je niet. Bij het hakken vielen er weleens brokken af, die ik mocht aflikken; het smaakte nergens naar, maar het was zo lekker koel.

Dat ik zo oud ben geworden, dank ik aan mijn hondjes. Elke keer als ik verdriet had, kwamen ze mijn tranen weglikken. Ook toen Dick overleed. Ze sprongen tegen me op en dan was ik weer helemaal afgeleid. Hondjes geven zo veel vreugde. Ik heb er acht gehad, niet allemaal tegelijkertijd natuurlijk. Het liefst haalde ik er een uit het asiel; zo'n verwaarloosde. Ik had er schik in om zo'n beestje weer helemaal op te knappen. Ik liet ze kaalscheren, wassen en nakijken. En dan kon ik het hondje opvoeden. Je hebt geen idee hoe dankbaar zo'n beest is. Hier in het bejaardenhuis zitten ze op te scheppen over kinderen en kleinkinderen. Hondjes vinden ze vies. Maar ik heb er geen centje spijt van dat ik geen kinderen heb gehad. Eerst loop je negen maanden voor schut met zo'n dikke buik. Bah! En dan die luiers. Geef mij maar hondjes. Maar het mag hier niet meer.

Het is wel gek om je aan een eenvoudig leventje in een bejaardenhuis aan te passen als je lange tijd zo'n rijk bestaan hebt gehad. Het kost moeite om alles weer compleet anders te doen. Als de theekopjes werden neergezet, stond het oortje altijd precies in een bepaalde stand. Ik dronk thee uit eierschaalkopjes, het allerfijnste porselein. En alles ging volgens de etiquette. Zelfs de manier waarop je lepeltje op het schoteltje moest liggen. Je moest opletten dat je geen verkeerd woord zei, in die betere kringen. Maar dat hoeft nu allemaal niet meer. En nou zit ik hier weer uit dikke koppen te drinken. Ik eet gewoon met m'n bord op schoot. Je moet je kunnen schikken, want het loopt niet altijd zoals je wilt – en dat was ik niet gewend. Soms heb je ineens zin in een lekkere paling. "Houd je mond over paling!" roepen ze dan, want dan krijgen de andere bejaarden er ook zin in. Die paling is er op zo'n moment gewoon niet. En zelf kun je hem niet effetjes gaan halen.'

Op 22-12-2002 is Nel Gogarn-Dirker overleden.

'Het pullevaren was mooi, maar zwaar'

PIETER SCHOONEWILLE
20-7-1901, NOORDSCHESCHUT, DRENTHE

Aan de muur pronkt een wazige foto die een knappe jongeman toont naast een boot vol melkbussen, 'pullen' op z'n Drents. En onder die foto zit hij nog; de laatste der pullevaarders, Pieter Schoonewille: 'Er is nog één andere pullevaarder in leven. Maar die weet niks meer.' Schoonewille wel. En vrij precies. Hij is nog altijd mooi, de melkvaarder met de keurige scheiding in het donkergrijze haar. Zijn wat weggezakte linkeroog lijkt de grootste concessie aan de tand des tijds. Maar met het hedendaagse heeft hij niet veel op. Met vroeger des te meer, al was het sober toen. De oude Drent praat er graag over, zachtjes en een beetje binnensmonds. Soms valt hij even stil om weemoedig het hoofd te schudden.

'Mijn vader was een keuterboer. In Noordscheschut, bij Hoogeveen. Hij had drie koeien en een beetje land. Verdienen deed vader niet veel, maar dat hoefde ook nergens voor. Want we waren in mijn jeugdjaren helemaal op zelfvoorziening ingesteld. Melk, kaas en boter hadden we zelf. We verbouwden bonen, bieten, wortels en aardappelen. En een enkele keer slachtten we een varken. Alleen voor rijst, zout en koffie moesten we naar de winkel. Ons eigen spul was heerlijk, heel anders dan het middagprakje dat ik hier in het bejaardenhuis krijg. Het vlees smaakt tegenwoordig toch nergens meer naar? En je weet niet wat er allemaal in is gestopt.

Grote boeren zaten er niet bij ons in de omgeving. Het waren allemaal keuterboeren. Op gepachte boerderijtjes. Die zie je nu nergens meer... Een oom van mij had twintig appel- en perenbomen staan. Hij gaf ze zelf namen, voor ze de markt op gingen: "zijden hemdjes" bijvoorbeeld. Ik herinner me nog een najaar waarin mijn oom naar de appel- en perenmarkt in Hoogeveen ging: toen heeft hij een boot van vier ton afgeladen. In één keer had hij de pacht voor een heel jaar bij mekaar! Dat overkwam een keuterboer niet vaak, vandaar dat ik het nog weet.

Zodra ik het kon, hielp ik thuis met melken. Ik begon met de geitjes, die hadden we ook een paar. Ik moest toch zo lachen om die beesten! Ze kropen altijd weg. Maar de koeien konden trappen! En kreeg je daar een stomp van, dan lag je zo in de sloot.

Toen ik wat ouder was, moest ik onder dienst: bij de huzaren. O, wat zag ik daar tegen op! Ik was opgegroeid aan het water. Er waren alleen maar sloten en vaarten in onze omgeving, en nagenoeg geen wegen. Al het vervoer ging per punter, of per bootje. Als ik mest naar de wei moest brengen, of de aardappeloogst binnenhaalde, deed ik het over water. En in dienst moest ik ineens met paarden omgaan. Maar achteraf ben ik daar erg blij om. Het vervoer van melkbussen kon in strenge winters niet over water en toen heb ik nog van mijn paardenkennis geprofiteerd. Bij de huzaren leer je paarden pas kennen. En dan merk je dat ze lang niet allemaal zo makkelijk zijn. Ik weet nog dat er soms een bordje hing: bij paard nummer 100 bijvoorbeeld stond er LEVENSGEVAARLIJK op. Het beest sloeg niet vaak, maar het sloeg nooit mis! Die felle paarden deden ze niet weg, het waren de lekkerste paarden om op te rijden.

De beste les kreeg ik toen mijn slaapje kreupele paarden voor moest leiden bij de paardenarts. Een nogal wild exemplaar kwam voor het eerst sinds lange tijd buiten. Het was in zijn nopjes en begon te springen en te trekken, en toen liet mijn maat de teugel los. Dat moet je nooit doen! Al ga je mee de lucht in: blijf het paard vasthouden. Want het eerste wat ze doen is zich omdraaien en een klap uitdelen. Mijn arme slaapje kreeg een ram tegen zijn borstkas en viel buiten westen op de grond. Als door een wonder heeft hij het overleefd, maar de hoef stond in zijn borst gedrukt.

Toen wij later op onze boerderij een werkschimmel kregen, kon ik er met mijn huzarenervaring prima mee overweg. Het beest was eenjarig, dus ik heb het helemaal zelf kunnen beleren. Het bleek een beste schimmel: zelfs als er een tochtige merrie in de buurt was, ploegde hij door. We hebben wat afgeploegd, samen... De kunst van het ploegen? Met de linkerhand het paard mennen en rechts toch de ploeg goed blijven sturen: alleen dan maak je rechte voren. Je moet wel een brave schimmel én een goeie ploeg hebben, anders kun je het vergeten. En in die dagen waren er nog veel aftandse ploegjes in omloop.

Om een beetje rond te kunnen komen, hadden zowat alle keuterboeren er werk bij. Mijn vader was pullevaarder, en dat werd ik ook weer. We huurden een melkbootje, een "bok" – er zelf een kopen was te duur –, waarmee we melkbussen van de boerderijen naar de coöperatieve stoomzuivelfabriek Erica Twee brachten. Er konden precies honderd pullen op het bootje van vier ton, maar dan moesten ze niet te vol zijn, anders zonkie. Het pullevaren was mooi, maar zwaar werk. Je duwde de bok vanaf de wal met een grote vaarboom vooruit, "wrieken" noemden wij dat; de sloten, wijken en vaarten door. Onderweg moest je de bussen oppakken en ze op de boot zetten. Lastig in het begin, maar je wordt er handig in. Net als in het bruggenwerk. In Hoogeveen lagen alleen al in de hoofdstraat – toen nog water – acht bruggen, bruggetjes en trambruggen, waar je onderdoor moest manoeuvreren. Je moest de boot dan zó sturen dat-ie recht vooruit bleef gaan als je de stok eruit trok. Dat doe je zomaar niet! Maar kun je het eenmaal, dan doe je het slapende.

Het was vier uur wrieken heen, en vier uur terug naar de Erica Twee. Zes dagen in de week, op maandag met een dubbele lading. De terugweg duurde vaak zelfs wel vijf of zes uur. Want je probeerde zoveel mogelijk andere vracht mee te krijgen. Daar moest je je loon mee aanvullen: de melkfabriek betaalde maar acht gulden in de week. Dat was lang niet genoeg, dat wisten ze op de fabriek donders goed! Maar daar dachten ze: we gaan die pullevaarders niet te veel betalen, ze zien maar dat ze wat bijverdienen. De boeren klaagden weleens dat hun pullen zo vuil werden, want als er geen ruimte meer was, gooide ik de vrachtjes er gewoon overheen. Van alles nam ik mee: kunstmest, veevoer, meubelen. Tot ledikanten toe. En die boeren maar mopperen...

Ik ben één keer bijna verdronken: ik stapte mis toen ik een melkpul op de bok wou zetten. De boer heeft me gelukkig opgevist, want ik kon niet zwemmen. Dat konden er wel meer niet in die dagen, ik was heus geen uitzondering. Maar ik had het ook nooit kunnen leren, al had ik het gewild; mijn arm is ooit verbrijzeld tijdens een stoeipartijtje met ruwe boerenjongens. Ik was een jaar of zes en schreeuwde als een mager varken. Gips was er niet, anders was het wel weer goed gekomen. Je kreeg alleen wat verband om met daaroverheen een soort kippengaas. Mijn leven lang heb ik er last van gehouden. Vooral met het dorsen: mijn arm deed flink pijn als ik met de vlegel in de weer was! Ach ja, het werk moest gedaan worden... en het pullevaren ging wel. Maar in het voorjaar voelde ik het toch wel; als de koeien na het afkalven nieuwmelks waren, dan had ik veel meer melk in de boot! Bij zestig kleine boertjes haalde ik de melk op. Meestal hadden ze maar één of twee koeien, dus de bussen zaten gelukkig nooit vol. Tegenwoordig komt de melk van een kleiner aantal grote boeren, maar er is een tijd geweest – de mijne – dat de Erica Twee achttienhonderddrieëntwintig leveranciertjes had.

Als pullevaarder was je altijd in de buitenlucht. Je had in die dagen nog geen regenkleding. Soms was ik nog geen halfuur van huis en al kletsnat. Maar met een beetje geluk brak 's middags de zon door, en met wat wind erbij kwam ik 's avonds dan toch weer kurkdroog thuis. Ik kan me niet herinneren dat ik ooit ziek ben geweest. Door het werk dat je deed – duwen en sjouwen – kreeg je het nooit koud: je bloed bleef stromen. Als de stok wit was uitgeslagen van de vrieskou, wreef ik de handen eens goed warm en begon ik. Soms was ik nog geen tien meter verder, en waren de handen alweer koud. Maar als ik ze dan nog eens goed warm wreef, dan kreeg ik ze niet meer koud, al had ik het gewild. Tussendoor ijsberen hielp ook altijd. Handschoenen heb ik nooit gedragen. Ik weet nog dat ik een keer bij een boer kwam toen het vroor, die riep: "Heb je nou nóg geen wanten aan?" "Jij hebt de handen kouder dan ik!" riep ik terug. Hij begon te lachen, kwam de stal uit en gaf me een hand: de mijne bleek het warmst. De boer kon het niet geloven, maar de damp sloeg me gewoon van de handen af. Ik was aan kou gewoon.

De oorlogsjaren van '40-'45 waren niet slecht voor mij: alleen ik had toestemming om de pullen te vervoeren van de boeren naar de fabriek. Het gebeurde nog weleens dat Duitse soldaten mij aanhielden om melk. Dat mocht eigenlijk niet, maar wat kon ik ertegen beginnen? De boer had er geen hinder van. Ik vertelde bij de fabriek precies hoeveel liter de Duitsers hadden opgedronken, en die melk werd dan keurig uitbetaald. Een hoog loon had ik toen ook nog niet. Maar werkte je aan de fabriek, dan had je de karnemelk voor het drinken! En het was geen karnemelk zoals we die nu hebben, het was roomkarnemelk: die was zoet, ongelofelijk lekker!

Ik heb het vijfentwintig jaar gedaan: pullevaren. Eerst met mijn vader, later met mijn broer. En toen wij ermee ophielden, is het hele pullevaren gestopt. Pullevaarders zijn er eigenlijk niet meer: er is nog één andere melkvaarder in leven. Maar die weet niks meer. Ik ben er best trots op ja, de laatste te zijn die nog weet wat pullevaren is. Mag ik? De meeste kanalen en wijken rondom Hoogeveen zijn gedempt, en er kwamen vrachtwagens. Maar nu gaan er weer stemmen op voor het water: de wegen raken overvol.

De mensen vragen mij weleens waar ik mijn lange leven aan te danken heb. Die vraag kaats ik terug: wat doe je het meest, en waar denk je het minst bij na? Ademhalen. Verder doe ik er niks bijzonders voor. Maar ik heb mijn leeftijd misschien toch ook te danken aan het vele buiten zijn, in alle weer en wind, sneeuw en ijs... Ik ben min of meer met de natuur vergroeid. Ik geloof dat het in de winter van 1929 was, dat het bijna twintig graden vroor. Om halfzeven stond ik buiten, maar ik kon de kou niet lijden in mijn gezicht, terwijl ik toch wel wat gewend was. Toen heb ik hele stukken achterstevoren gelopen... Zo ging het wel. En als je weer een paar melkbussen op de kar hebt gegooid, ben je in beweging en word je wel warm. Maar koud dat het was! Toen ik aankwam op de fabriek moest alles ontdooid worden. De melk was één grote bonk ijs. Met kokend water hebben ze de bussen bespoten en met ijzeren staven de melk los gewrikt. De hele voormiddag kwam er damp uit de fabriek.

Na lang sparen en zuinig leven, heb ik een eigen boerderijtje laten bouwen. Dat was rond 1930. Ik kon de centen maar nauwelijks bij mekaar krijgen, en moest nog vijfhonderd gulden lenen ook – dat deed ik niet graag. En ik ben ook toen pas, op mijn negenentwintigste, getrouwd: ik kon de rechte eerst niet vinden. Klaasje heette ze, mijn meisje. Een uit duizenden! Onze eerste ontmoeting vergeet ik nooit. Ik reed met mijn kameraad achter op de fiets wat rond door Hoogeveen, op een zondagmiddag. En daar zat ze, op de leuning van een bruggetje, met haar vriendinnen te kletsen. We stapten af want dat was leuk, een paar meisjes van onze leeftijd. Mijn kameraad was altijd sneller, en hij vroeg Klaasje: “Ga jij met mij een eindje wandelen?” “Daar heb ik geen zin in,” zei ze. Hij was misschien sneller, maar ik had meestal meer succes: “En met mij dan?” vroeg ik. “Met jou wil ik het wel proberen,” zei ze. Het was meteen aan. Van beide kanten. Gek is dat... Ik was nog nooit zo verliefd geweest. En zij ook niet. Later vertelde ze mij wat ze had gedacht toen ze me voor het eerst zag: “Dat is hem!” Voor mij was het niet anders, en het is altijd zo gebleven ook.

Ik was er laat bij, maar ik had al vele kansen gehad. Dat zeg ik niet om mezelf te prijzen, het was gewoon zo. Ik heb een jaar op stijldansen gezeten. Ik was er een baas in, al zeg ik het zelf. Ze vochten bijna om met mij te dansen. Dat was minder leuk. Maar het was heerlijk bewegen op die harmoniummuziek. Op mijn oude dag ben ik nog steeds gezien bij de vrouwen. Toen ik op mijn zeventigste jaar weduwnaar werd, kreeg ik weer een vriendin. Maar dat duurde niet lang, want ik had al snel in de gaten dat het haar alleen ging om de seks. Op je dertigste ben je heet, maar dat was ik toen echt niet meer.

Vijf kinderen hebben we gekregen, Klaasje en ik. Een is betrekkelijk vroeg en ongetrouwd overleden. De andere vier leven nog en hebben ook weer kinderen en kleinkinderen. Maar eigenlijk denk ik tegenwoordig: zet geen kinderen meer op deze wereld. Ik zie de toekomst heel donker in. Ik hoop maar dat ik ongelijk krijg. Waarom zo somber? Dat heeft met de voeding te maken om te beginnen. Vroeger wist je precies wat je binnenkreeg: iedereen boerde, of kende boeren. Mensen zijn nu vervreemd van hun voedsel. Supermarkten zijn rampzalig; mooi opgepoetst spul lijkt het, maar er wordt een hoop rotzooi verkocht. Alles is al kant en klaar, dus de mensen koken niet degelijk meer. En nog zoiets: wat is heden ten dage het verschil tussen mannen- en vrouwenkleren? Alles gaat op elkaar lijken. Geef mij maar een vrouw in een rok. Ik kan me nog herinneren, als jongetje, dat de vrouwen wel twaalf rokken over elkaar droegen. Op weg naar de kerk zag ik soms vrouwen in het gras zitten: die kregen hoge nood. De rokken liepen nog tot op de grond, dus het was geen probleem om ongezien wat kwijt te raken. En ze waren zo sierlijk... Ik vind een vrouw in een broek nog steeds geen gezicht.

Ze hebben het hier in het bejaardenhuis vaak over de goeie ouwe tijd; die wordt verheerlijkt, dat snap ik ook wel, maar tot op zekere hoogte hebben de ouderen toch gelijk. De mensen hadden overal tijd voor, eertijds; geloof het of niet. "Lukt het vandaag niet, dan morgen of overmorgen wel" – zo dacht praktisch iedereen. En omdat niemand haast had, liep dat ook prima. Een enkele keer kon je niet wachten, als er een koe moest kalven bijvoorbeeld. Dan had je weleens geen tijd om je op je gemak te scheren, maar anders wel. Nu laten ze de baarden maar groeien, uit tijdsbesparing.

Het was natuurlijk niet zo overdadig vroeger, maar ik heb het destijds nooit als armoede ervaren. Je kende de rijkdom van tegenwoordig niet, dus je miste er ook niks aan. Er waren geen auto's in Noordscheschut, daar verlangde je dan ook niet naar. Fietsen kwamen nog maar net op. Pas op mijn twintigste had ik een fiets bij elkaar gespaard. Je liep gewoon, net als iedereen. Alles was op een laag tempo afgestemd. En het was lekker rustig op straat. Winkels had je hier amper. De levensmiddelen werden aan huis bezorgd, met paard en wagen.

De omgang tussen de mensen was ook volstrekt anders dan tegenwoordig. Wij woonden na ons trouwen in Oostermaat, een buurschap van zeventien boerderijtjes en arbeiderswoninkjes. Alles deden we samen: van geboorte tot dood. Ik heb zelfs pasgeboren kinderen moeten begraven. Die dingen dééd je voor elkaar. Lijkkistje maken, de overledene in de kist leggen, en dan op de kar naar het graf. Ik heb letterlijk met één been in het graf gestaan, om er een kistje met een baby in te zetten: we waren de touwen vergeten. Zo'n begrafenis gaat je niet in de koude kleren zitten. Eén keer ben ik bijna van mijn stokje gegaan. Toen moest ik een boer met longkanker in de kist helpen. Ze stonden allemaal pijp te roken bij zijn bed. Dat vond ik niet erg gepast. Maar ik kwam er al snel achter waarom ze dat deden: toen ik bij het hoofdeinde kwam om de boer op te tillen, viel ik zowat achterover van de stank... Er kwam een lucht uit die man! Rotte eieren waren er niets bij. Maar je hield je aan je buurplicht. Was er bijvoorbeeld geen vroedvrouw in de buurt, of kwam ze te laat, dat was nogal eens het geval, dan hielpen de buurvrouwen elkaar: dan moeten je handen niet verkeerd staan! De vrouwen waren toen sterk. Mijn vrouw heeft regelmatig geholpen bij bevallingen. Dat vond ik heel knap, want er ging nog weleens wat mis. Leefde je nog wat verder achteraf, dan had een vrouw soms helemaal geen hulp. Een kameraad van mij liep eens langs een afgelegen boerderijtje waarin een vrouw woonde die plotseling moest bevallen. Er was niemand in de buurt, de kinderen kwamen met bange gezichtjes naar hem toe. Toen heeft die kameraad van mij maar geassisteerd... Had ík nooit gedurfd. Want ik heb nog nooit een naakte vrouw gezien in levenden lijve: al heb ik vijf kinderen. Ik heb vaak genoeg met mijn vrouw geslapen, maar bloot heb ik haar nooit of te nimmer gezien. Dat vindt u nu misschien gek, maar dat was het toen niet. Baden, in een halve ton, deden we ook apart. Waarom? Uit schaamte misschien. Ik weet het eigenlijk niet. Maar ik heb er niks geen spijt van! Later heb ik weleens een naakte vrouw gezien natuurlijk, die zijn nu gewoon op televisie. Dat was ondenkbaar indertijd, al moeten er toen ook wel uitspattingen zijn geweest. Zelfs in Oostermaat is mij weleens een vrouw aangeboden. Ik stond turf droog te zetten met de buurman, en ineens zei hij: "Zullen we voor de lol eens ruilen van vrouw?" Het antwoord moet ik hem nog geven... Dat is toch niks gedaan? Ik ben Klaasje altijd trouw gebleven. Dat had ik beloofd in de kerk. "Bekent gij hier voor God in deze heilige gemeente, dat gij genomen hebt en neemt: Klaasje..." Ik heb me eraan gehouden.

Ik was hervormd, maar niet te fanatiek. Ik las wel elke dag een hoofdstuk uit de bijbel: ik heb hem zeker vier keer van A tot Z gelezen. Maar mijn kinderen volgen dat niet meer na. Ze zeggen dat het poppenkast is. Daar zal ik me verder maar niet over uitlaten... Er is wel degelijk iets in het heelal, dat weet ik zeker. Of er ook een hemel is, daar zet ik weleens een vraagteken bij. Maar ís er een, dan kom ik daar wel terecht. Ik heb altijd geprobeerd goed te leven. Dat is belangrijk. Van welk geloof je bent, maakt niet uit. Daar moet je niet te kleingeestig in zijn. Ik ken nu nog gereformeerden die niet met ons, hervormden, om wensen te gaan. Eén keer heb ik daar een twistgesprek over gehad. Een gereformeerde vrouw wilde toen niet naar de pedicure omdat die toevallig hervormd was. Wat een dommigheid! Ik heb tegen haar gezegd: "Straks komen we mekaar in de hemel tóch wel tegen, of blijft u dan ook weg?"'

Op 7-4-2006 is Pieter Schoonewille overleden.

'Sterven moeten we allemaal, maar híer?'

GREE HOOGENBOOM-MOLENBERG
23-3-1901, GRONINGEN, GRONINGEN

Eén hoog in de Baarsjes, Amsterdam-West. Achter de deur klinkt het gerinkel van een bos sleutels. Onder zacht gemopper – 'Jeetje, welke was het nou toch?' – wordt steeds weer een nieuwe sleutel in het slot gestoken. Na een minuut of vijf heeft Gree Hoogenboom toch de juiste te pakken. De deur gaat krakend open, en een frêle verschijning schudt onverwacht stevig de hand. Ze is mooi, met haar zachte ogen en bijna doorschijnend lichte huid.

Haar magere benen in ruim vallende pantalon begeven zich wankel richting bankstel. Daar laat ze zichzelf – 'Gewoon gaan zitten is moeilijker' – achterovervallen: precies zo dat ze terechtkomt in haar vaste hoekje, dat in de loop van decennia een kuil in het zwartlederen meubel is geworden. Daar blijft Gree Hoogenboom zitten. Om uren achtereen te praten, onvermoeibaar, zonder iets te willen eten of een slokje te drinken. Eerst luchtig, over de jeugd en haar eerste oorlog. Daarna ineens doodernstig, over de eerste man en haar tweede oorlog.

'Tijdens de Eerste Wereldoorlog zat ik aan de koffiekant. Op het Groningse distributiekantoor waar ik werkte, waren ook speciale afdelingen voor vlees en thee. De mensen kwamen met hun legitimatiebewijzen bij mij om koffiebonnen te halen. Een kind kreeg pas een bon als het dertien jaar was. Maar er kwam een keer een vrouw die per se koffie wilde voor haar kind van twaalf, dat zag ik op de legitimatie. Dus ik mocht haar geen bon geven. De vrouw begon te zeuren: haar kind was toch zó dol op koffie. En wij hadden net allemaal een bakje gekregen, achter ons bureau. "Mien wicht geen koffie?" riep ze toen op z'n Gronings. "Dan jullie snotneuzen óók geen koffie!" En daar vlogen onze kopjes over het bureau!

Het waren schaarse tijden. Maar er werd regelmatig wat bij een boer in beslag genomen. Hele partijen lekkere worst herinner ik mij. Een boer kon daar verschrikkelijk veel geld voor krijgen als hij die zwart verkocht, begrijpelijk dat hij iets achterhield. Het mocht alleen niet: alles moest in die oorlogsjaren in de distributie. Maar wie kreeg er wat als bij een controle toch vlees werd gevonden? Onze directeur! Die smulde ervan, hoor. En wij kregen ook weleens een worstje toegestopt. Daar was mijn moeder, met haar tien kinderen, zeer gelukkig mee: kon ze ieder een plakje geven.

Ik was nog jong en een beetje naïef in de tijd dat ik op het distributiekantoor zat. Geen wonder dat een nogal vreemde man regelmatig een praatje met me wilde maken. Hij wilde weten of ik broertjes en zusjes had. Die had ik genoeg, vertelde ik hem, heel onbevangen. De man vroeg waar ik woonde en zei dat hij langs zou komen om al die kinderen snoepjes te brengen. Zo wilde hij mij bewerken om bonnen voor hem te stelen! Thuis had ik over hem verteld, want ik vond de man wel wat raar. En toen hij bij ons kwam, hebben mijn ouders de politie gewaarschuwd. Zo is hij gepakt. Dat voorval kwam deze week ineens weer bij me op. Was ik jarenlang vergeten.

Zo viel mij laatst ook ineens in wat moeder meer dan negentig jaar geleden in mijn poëziealbum schreef: "In uw album iets te schrijven wat een ander heeft gedicht, doe ik niet gaarne. Ik noem het stelen. Het is dus eigenlijk mijn plicht om zelf iets te bedenken. Maar daartoe ben ik niet bekwaam. Ik geef u dus als souvenir alleen mijn meisjesnaam, Pietertje Rijskamp." Is het niet enig dat je zoiets nog weet? Eigenlijk is dat een wonder. Wat er gisteren gebeurde ben ik misschien vergeten, ik weet nog veel van vroeger. Maar ik moet maar aannemen dat het allemaal klopt: ik heb niemand meer die ik het kan navragen. Ik denk weleens: dát zou ik nog weleens willen vragen, want hoe zat het ook weer? Maar het kan niet. Ik ben de enige van de tien kinderen die over is.

Ik heb zeker geen vervelende jeugd gehad. Alleen mocht ik niet veel. Ik was op dansles bij Frigge, het grote hotel-restaurant in de Herestraat. We hadden er ook wedstrijden, maar toen ik de tweede prijs kreeg, mocht ik niet door naar de landelijke wedstrijd. Die was in Amsterdam, en er was geen sprake van dat ik daarheen ging! Mijn vriendinnetje mocht wel. Zij had de vijfde prijs: toen hebben we onze prijzen maar verwisseld, zodat zij in mijn plaats kon. Er stonden toch geen namen op.

Met gymnastiek hadden we elk jaar uitvoering in de Harmoniezaal, met bal na. Een vriendje van gymnastiek vroeg mijn vader en moeder of ik mocht blijven voor het bal. Nee hoor! Mijn ouders gingen na de gymnastiekuitvoering naar huis en ik moest mee, klaar. Dan was je toch al een jaar of zestien. Maar wij wisten vroeger ook van niets: hoe wordt een vrouw zwanger? Geen idee. Dat zal wel hebben meegespeeld. Als er weer een kind werd geboren, hoorde je geschreeuw. "Wat is er met moeder?" riep je dan in paniek. "Niks aan de hand," zei de baker. "De ooievaar heeft een baby gebracht en hij heeft je moeder even gebeten." Dat geloofde je. Al beet die ooievaar wel vaak: ik begon het eigenaardig te vinden. Maar er werd niets verteld over hoe het leven ontstaat. En ik werd pas laat ongesteld: op mijn negentiende. "Ik geloof dat ik doodbloed!" riep ik tegen mijn zusje. Zij heeft me toen gerustgesteld. Ze was al eerder ongesteld geworden en was ook zo geschrokken. Toen had moeder haar enigszins in moeten lichten. Maar ze vertelde zo min mogelijk.

Wij mochten niks weten. Zo was het toen. Niet dat we thuis zo religieus waren. Mijn vader was in het weeshuis hervormd opgevoed, maar deed er niks meer aan. Mijn moeder wilde 's zondags weleens vrij hebben: dan moesten wij allemaal naar de kinderkerk, een beetje 'Nader mijn God tot U' zingen. Zo was moeder even van ons verlost, want het was een drukte in huis met tien kinderen. De oudste en de jongste schelen precies vijfentwintig jaar. En dat van één moeder! Ik kan het haar niet kwalijk nemen dat ze de kinderen 's avonds al om zes uur naar bed deed. Dat gaf mijn ouders wat rust. Vader draaide dag- en nachtdiensten. Hij had een baan als hoofdmachinist op de Elektrische Centrale van Groningen. Het was best een goede baan: hij was gemeenteambtenaar. Maar hij had ook tien kinderen die er altijd piekfijn uit moesten zien. En er was geen kinderbijslag. Mijn schoonzusje, de enige van mijn familie die nog in leven is, zegt altijd: "Jullie zagen er tot in de púntjes uit vroeger." Misschien kwam dat doordat vader zelf was opgegroeid in een eenvoudig weeshuis. Op zijn negende was hij alleen achtergebleven.

Als kind luisterde ik graag naar vaders verhalen. 's Avonds, als de deuren van de slaapzaal dichtgingen, spookten de wezen rond, vertelde hij. Dan staken ze een kaars aan en gingen ze naar een jongetje dat nieuw was. De nieuweling moest z'n bed uit en onder alle bedden doorkruipen: de andere weesjes gingen dan met z'n allen achter hem aan. En eenmaal in het jaar gingen de wezen met een janplezier naar het Paterswoldse Meer. Dat uitstapje moest door een familielid worden betaald. Maar mijn vader had helemaal niemand meer. Hij kon dus nooit mee. Dat is toch wreed? Gelukkig had vader een groot gevoel voor humor – als je dat onder die omstandigheden niet hebt, kom je niet ver. Ik heb het later ook nodig gehad.

Ik was de derde van de tien en het oudste meisje. Dus ik moest flink helpen thuis. Er was altijd wel een sok te stoppen. Automatisch ging ik naar de huishoudschool. Het eerste wat wij daar te horen kregen, van een lerares met een streng gezicht, was: "Wat ik jullie nu ga vertellen is zéér belangrijk in jullie latere leven: koken is koken!" Wij begrepen er eerst niets van. Maar het bleek te betekenen dat je het gas niet hoger hoefde te draaien als het water al kookte. Dat leer je toch vanzelf? Er waren nog geen stofzuigers. Daarom moesten we de vloer schoonmaken met theebladeren. De nog vochtige bladeren waar je thee van had gezet, strooide je over het kleed. De bladeren namen het stof op, en na een poosje kon je ze weer opvegen: dan was de kamer stofvrij. Het was ontzettend bewerkelijk. Misschien heb ik daardoor altijd zo'n hekel gehouden aan huishoudelijk werk.

Jongens mochten in die tijd leren, meisjes niet: die gingen toch trouwen. Dus ik heb nooit kansen gekregen, ook al had ik een behoorlijk verstand. Ik moest al vroeg werken en geld verdienen. Maar ik keek liever naar de sterren. Ik had veel interesse in het heelal. Het boeide me wat er allemaal boven ons is. De ruimte is zo groot. En onbekend. Daar had ik graag in door willen leren. Met volle maan zit ik nog altijd voor het raam naar boven te kijken. En dan heb ik mijn fantasieën. Ik zou naar de maan willen gaan en dan onderweg ergens in het heelal uitstappen. Dan blijf je misschien zweven. Je overleeft het niet, maar dat maakt mij niet uit. Zweven in het heelal, dat moet toch heerlijk zijn? Ik ging als kind ook graag op mijn eentje wandelen in het Groninger Stadspark. Daar liep op doordeweekse dagen niemand. Dat vond ik boeiend: een plek waar geen mens is, alleen maar ruimte. Nu heb ik helaas de arm van een vriend nodig als ik buiten kom. Ik maak nog weleens een autoritje met Piet en Anton, twee hartsvrienden die alles voor mij doen; zonder hen zat ik hier allang niet meer. Als ik dan onderweg een weiland zie, denk ik: leg me hier maar neer. Dan kan ik in mijn eigen ruimte zijn. Wat geeft dat nou? Ik ga binnenkort toch dood. En in al die soesa daaromheen heb ik geen zin. Mensen zijn nietig. En dit aardbolletje van ons is piepklein vanuit de ruimte gezien – die is zo eindeloos! Wat had ik graag astronomie gestudeerd, of in de ruimtevaart gezeten. Dan is de huishoudschool wel even wat anders.

Maar ik heb nog wel het fotografenvak geleerd, na de Eerste Wereldoorlog. Bij de bekende Groningse fotograaf Steenmeijer. Je begon in de winkel en beetje bij beetje leerde je het hele vak. Op het laatst deed ik alles: opnames maken, ontwikkelen en retoucheren. De dames wilden mooier lijken dan ze waren, dus moesten hun rimpeltjes weggewerkt worden. Dat was precisiewerk. We gebruikten geen films, maar glasplaten. Ik zat in een soort houten hokje, waar het glas in werd gezet, en dan ging ik met hele fijne pennetjes over de rimpels heen. Toen kon ik nog goed zien!

De firma Steenmeijer was een begrip. Het was een hele drukke zaak, en ik moest ook vaak 's zondags werken omdat de mensen uit al die dorpen in de wijde omtrek op hun vrije dag naar de stad kwamen voor een familiefoto. Er was altijd even heibel over wie waar ging staan als die grote families moesten poseren. Het was nogal stijfjes. Op de foto gaan was toen nog iets bijzonders, echt een evenement. We hadden verschillende achtergronden op papieren rollen. De een wilde een bos, de ander een deftige huiskamer. Het waren prachtige platen, lang niet zo nep als je bij andere zaken zag. Op mijn honderdste verjaardag moest ik op de foto, voor de krant. En de fotograaf wist niet wat hij hoorde toen ik vertelde dat ik tachtig jaar geleden Groningse families vastlegde en rimpels wegwerkte.

Het is geen verdienste om honderd jaar te worden. Het gaat vanzelf. Maar ik heb wel een sterke wil gehad om door te gaan, want ik heb tijdens de Tweede Wereldoorlog in een concentratiekamp gezeten. In Ravensbrück. Rondom mij heen zag ik mensen doodgaan, dat was daar heel gewoon. Ik ben er erg ziek geweest; er werd niks voor je gedaan. Je werd beter, of niet. Ik dacht: sterven moeten we allemaal, maar híer? Dat zal ze niet lukken! Zelfs dat is geen verdienste: ik heb het niet overleefd omdat ik zo dacht. Maar het is wel zo dat je een beetje moet vechten voor jezelf. Zeker daar, waar je werd vernederd tot in het diepst van je hart.

De andere Hollandse vrouwen met wie ik in het concentratiekamp was aangekomen, werden in een fabriek aan het werk gezet. Maar ik werd in mijn eentje bij de Russen gestopt. Ik groef loopgraven en bouwde bunkers met Russinnen. Er was een Duitse opzichter die ooit in Den Haag had gewerkt, hij kwam weleens een praatje met me maken als ik stond te zwoegen. En hij heeft me een keer goed gewaarschuwd... De *Aufseherin* had namelijk aan mij gevraagd: "Hat jeder Holländer Läuse?" – of alle Nederlanders onder de luizen zaten. "Nur in Deutschland, Frau Obermeister," had ik geantwoord. Toen kon ik mee naar beneden komen, een kelder in, en daar kreeg ik een paar rake klappen om mijn oren. Die Nederlandssprekende Duitser had het toevallig gezien. "Je maakt het jezelf moeilijk," zei hij later tegen mij. "Ik begrijp niet wat je bedoelt," antwoordde ik. "Je bleef gewoon rechtop staan toen ze je die klappen gaf," zei hij. "En je bleef haar aankijken." Ik zei: "Weet je wat ik had willen zeggen tijdens die klappen? 'Mens, bind mijn handen vast, want anders sla ik jóu in elkaar!'" "Maar dan had je hier niet meer gestaan," zei hij.

In de gevangenis in Amsterdam, waar ik heb gezeten voordat ik werd afgevoerd naar Ravensbrück, ontmoette ik de tekenares Atie Siegenbeek-van Heukelom. Atie heeft tekeningen gemaakt van ons leven in de gevangenis en die heeft ze mij meer dan een halve eeuw later gegeven, toen ik honderd werd. We mochten in de gevangenis maar eens in de veertien dagen onder de douche. En dan stond er altijd een preutse non bij. Wij moesten met z'n allen uit de kleren en dan ging die non met de rug naar ons toe en met haar hoofd omhoog staan: ze mocht geen bloot zien. Er zat een gaatje in de deur en de bewakers, veelal kerels, vonden het natuurlijk wél prachtig om naar binnen te kijken. Die lol zullen jullie niet hebben, dacht ik. En ik smeerde het gat dicht met zeep. Dat tafereel heeft mijn vriendin prachtig vastgelegd.

In werkelijkheid had ik maar een heel gewoon jurkje aan in de gevangenis, maar Atie tekende mij als een soort engel in een mooie avondjurk met sleep. Zo zag zij mij. Wij wisselden weleens briefjes uit, en dan heb je veel aan elkaar. De bewaakster die rondloerde als wij de koffie rondbrachten, tekende ze heel lelijk. Zo wás ze ook: we mochten niks tegen elkaar of tegen andere gevangenen zeggen. Dat deden we natuurlijk wel. Overdag werden de bedden op mekaar gezet, dan moesten we maar staan. Maar zo kwamen wel de kijkgaatjes bij de verwarmingsbuis vrij en kon je wat contact hebben met andere cellen. Via die buis kon je elkaar ook horen, we lagen er vaak tegenaan te seinen, al moest dat heel voorzichtig.

Het contact met de mannenafdeling ging via de houten emmer waar we onze behoefte op deden. Als je op die kubel zat, had je even een moment voor jezelf. Maar het was een smerig ding waar we állemaal op moesten. De vrouwen gaven de volle emmers aan de mannen, de lege kregen we weer terug. Daar zat dan weleens een briefje onder met een boodschap voor een van de gevangenen: waarschuwingen meestal, dat er niet te veel gepraat mocht worden.

Af en toe kregen we schoon goed van thuis. Daar keek ik naar uit, want het kwam in een grote tas met een smalle dubbele bodem: daar zaten briefjes in van mijn broer. Op een gegeven moment waren we bang dat ze het door hadden. Toen kreeg ik zijn laatste briefje: "We moeten hiermee ophouden." Hij schreef dingen die de Duitsers beslist niet mochten weten. Mijn broer zat in het verzet, en hij had joodse onderduikers in huis. Hij is later verraden, maar heeft kunnen vluchten. Ze hebben alleen zijn huis leeggehaald. Ik heb ook in het verzet gezeten... Ik begrijp wel dat u daar meer van wilt weten. Maar het was zo naar, ik kan daar nauwelijks over praten.

Ik heb zeker een jaar in de gevangenis in Amsterdam gezeten. Toen werden we met een hele groep in beestenwagens naar Vught gebracht. Daar kregen we nog wat brood van het Rode Kruis. Het was in de wagens gelegd waar wij letterlijk in werden gepropt: je kon er niet in staan en niet in liggen. Als ik me probeerde te bewegen, prikten die Duitse kerels, spelenderwijs, met een sabel door de wand. Die scherpe punt heb ik nog in mijn rug gekregen. Dat was niet geoorloofd, het mocht zelfs van die hogere bazen niet, maar het gebeurde.

In Ravensbrück hebben we zó hard moeten werken, het was onmenselijk. En toen er tegen het einde van de oorlog geen werk meer was, moesten we toch nog met grote ijzeren platen aan de slag. Die verplaatsten we van de ene naar de andere kant, al sloeg dat nergens op.

Toen ik roodvonk kreeg, werd ik met nog twee roodvonkpatiënten in één smal bed gelegd. De voeten van de andere zieken lagen bij je hoofd, en andersom. Toen er nog een vierde patiënt in datzelfde bed bij kwam, werden we naar de tyfusafdeling verplaatst. Daar kregen we ook nog tyfus... Dat is zo erg, daar wil ik niet te veel meer over nadenken. Misschien moet u het ook maar niet opschrijven. Ik heb het er nu nog moeilijk mee. Gelukkig krijg ik eens in de veertien dagen een maatschappelijk werkster van de Stichting '40-'45 over de vloer. Maar ik heb jarenlang niet over de oorlog kunnen praten. Tot er hier een paar mannen aan het werk waren vanwege een renovatie. Ik mopperde daar nogal over: "Die kerels lopen maar door mijn huis, ik heb geen privacy meer. Als ik naar de wc wil zit er net een op."

"Ik kan me niet voorstellen dat je je dáár nou dik over maakt," zei de maatschappelijk werkster, die al wel iets van mijn oorlogstijd wist, "je hebt zoveel meegemaakt." Toen hebben we samen gehuild. En daarna kon ik praten. Daarom lukt het nu ook een beetje. Maar er zijn nog veel dingen waar ik nachtmerries over heb, die ik niemand kan zeggen. Ik kan u ook niet alles vertellen. Vooral niet hoe ik in het verzet kwam: dat is echt het allermoeilijkst.

Na de oorlog heb ik eerst een jaar in het ziekenhuis gelegen, aan de Prinsengracht in Amsterdam. En toen nog een jaar in Davos. Want ik had ook tb opgelopen. Davos had genezing aangeboden aan mensen die in de oorlog ziek waren geworden, de Schweizer Spende noemden ze dat. Ik kwam in een prachtig sanatorium terecht, met allemaal hoge zuilen en veel goud. En ik heb daar, na alle ellende, een geweldige tijd gehad. De geneesheer-directeur kwam elke morgen langs met zijn staf. En hij noemde mij zijn moordgriet.

Ik werd optimaal verzorgd in dat luxeparadijs. Eerst lag ik met iemand op een kamer, maar ik wilde liever alleen liggen: dat werd meteen geregeld. De hele dag lag ik lekker op een rustbank op mijn balkon. 's Ochtends werd ik erop geholpen, tussen de middag at ik er zelfs op, en 's avonds ging ik pas weer naar binnen. Geen moment heb ik me verveeld. Ik had toch een schitterend uitzicht? Alleen maar bergen en wolken... Ik vond het heerlijk in mijn eentje in dat grootse landschap, alsof ik alleen in die ruimte lag: mijn ideaal, zoals u weet.

Later, toen ik al wat opknapte, mocht ik gaan wandelen door Davos. Zo heb ik mijn tweede man leren kennen: Jan Hoogenboom. Aan de rand van de tuinen, waar je een prachtig vergezicht had. Daar zaten we vaak samen. We kletsten wat. Maar daarna ging ieder weer naar zijn eigen kamer. Mijn kamer stond min of meer haaks op de zijne en door te knipperen met het nachtlampje konden we elkaar 's avonds toch nog even goeienacht wensen. Best romantisch, hè? Toch kwam de verliefdheid vooral van zijn kant. En ik? Ik had iemand nodig die mij nodig had. Want ik had niks meer. Jan was niet zo'n zelfstandige man. Hij kon soms een beetje grof zijn, daarna werd hij weer zo zoet als een kind. Dat mocht ik wel. En het houden-van kwam later vanzelf.

Toen ik genezen was, vroeg de geneesheer-directeur of ik een tijdje in de bibliotheek van het sanatorium wilde werken. Die was heel groot: er werd daar veel gelezen. Ik kreeg een kamer buiten Davos en ik verdiende wat. Het was net na de oorlog. In Nederland was nog niks te krijgen, maar ik kon daar van alles kopen.

Na een halfjaar kwam de nieuwe bibliothecaresse, en ik zou nu naar Nederland gaan. Maar Jan was nog niet genezen en hij vond het vreselijk dat ik weg moest. Ik had al schriftelijk contact gehad met zijn ouders, en aangezien ik toch niks of niemand meer had in Nederland, ben ik maar naar hen toe gegaan. Ze woonden in een groot huis in Rotterdam. Het waren rijke mensen geweest: voor de oorlog hadden ze een lucratief garagebedrijf, maar de moffen hadden alle auto's in beslag genomen.

Ik kreeg een kamertje beneden. Toen we gingen trouwen, kregen we de bovenverdieping. Gesluierd was ik niet, dat vind ik niet meer kunnen op je vijftigste. Ik droeg een zwart pluchen hoed en was helemaal donker gekleed. Jans moeder was nogal bazig en wilde per se dat ik een bontkraagje om mijn jurk zou dragen. Geen denken aan! Het moest eenvoudig zijn.

Mijn schoonmoeder bemoeide zich overal mee. Als Jan en ik het huis verlieten, keek ik weleens achterom en dan ging het gordijn snel opzij: ze wilde weten waar we naar toe gingen. Dat zijn dingen die je niet vergeet, al word je honderd. Als ik thuiskwam, kwam ze altijd net even toevallig van de zolder. Dan had ze gewoon in mijn keuken lopen snuffelen. Mij een beetje betuttelen. Ik had al een leven achter de rug!'

Gree Hoogenboom gaat rechtop zitten, op het puntje van de bank. Ze wordt even kwaad, haar gezicht betrekt. De zachte ogen kijken treurig: 'Ik ben altijd maar doorgegaan, maar u moest eens weten hoe erg het is wat ik heb meegemaakt. De manier waarop ik in het verzet terechtkwam, en daardoor in het kamp, was eigenlijk nog erger dan het kamp zelf. Het is pijnlijk voor mij. Maar ik probeer het u nu toch te vertellen. Heel kort. En zonder namen te noemen. Want dat zal ik wel nooit meer durven...

Het was oorlog. Ik zat in de tuin in ons huis in Amsterdam, en de deuren naar de kamer stonden open. Mijn eerste man was aan de telefoon. Ik hoorde hem praten, maar kon bijna niet geloven wat hij zei. Mijn eigen man gaf de namen door van verzetslui! Ik versteende in mijn stoel. Ik ging er juist van uit dat hij goed was, dat had hij mij ook altijd verzekerd. Maar nu ontdekte ik dat hij in het verzet zat om mensen aan te geven. Hij was fout, en niet zo'n beetje. Mijn liefde voor hem, die toch al niet groot was, verdween op slag. Stiekem doorzocht ik zijn spullen. Ik zocht de precieze namen van de mensen die hij verlinkte en hun telefoonnummers. En daarmee ging ik naar een openbare telefooncel, ik was natuurlijk niet zo dom om vanuit huis te bellen. Ik draaide de nummers en zei alleen de naam van mijn man, en dat hij fout was. Dan wisten ze genoeg.

Kort daarop hoorde ik dat mijn man een groep aangaf van achttien mensen die wilden onderduiken. Ik hoorde hem zeggen waar en wanneer dat zou gebeuren: nog diezelfde avond! Toen kon ik geen moment meer wachten, ik ben er onmiddellijk naar toe gegaan om ze te waarschuwen. Dat heeft ze gered. Maar een van die mensen is later toch nog opgepakt en heeft toen mijn naam genoemd, na veel gemartel waarschijnlijk. Zo ben ik verraden. En opgepakt.

Mijn eerste man was een charmeur. Daar was ik voor gevallen toen ik jong was en nog in Groningen woonde. Maar hij was ook bezitterig: ik was letterlijk van hem. Als een andere man mij maar aankeek, begon hij al ruzie te zoeken. Dan kon ik wel door de grond zakken. Na de oorlog ben ik van hem gescheiden. Hij werd ter dood veroordeeld, maar het vonnis is nooit voltrokken.

Op mijn honderdste verjaardag wilde ik geen cadeaus. Ik had liever geld, voor het Rode Kruis: omdat het voor brood heeft gezorgd toen we werden afgevoerd naar Ravensbrück. Maar toen ik het Rode Kruis belde, zei zo'n blikken stem dat het gesprek vijftig cent per minuut kostte – en ik werd almaar doorverbonden. Toen hoefde het niet meer voor mij.

Nu ben ik alweer een poosje honderd, maar ik doe daar niks voor. Ik ben al vrij lang hartpatiënt: ik heb heel wat cardiologen versleten met mijn onregelmatige hart. "Daar moet je mee leren leven," zeiden ze al meer dan dertig jaar terug. Ik eet elke dag maar één boterhammetje, met geitenkaas; met een half brood doe ik zeker een week. En 's middags neem ik alleen een kiwi. Daar zit veel in. Koken doe ik niet meer. Heel soms, als ik niet slapen kan 's nachts, eet ik een ijsje. Maar honger heb ik niet: mijn maag vraagt nooit, heel gek. Ik drink wel iedere avond een glaasje jenever en eet dan een paar plakjes worst erbij. Daarom hou ik het nog vol. Mijn cardioloog vindt het prima, zolang ik de jenever maar in één ruk achteroversla.

Moe? Ik ben helemaal niet moe van al dat gepraat. Ik vind het gezellig. Dagen achtereen zit ik alleen hier. Niet dat ik het erg vind, ik heb altijd goed alleen kunnen zijn. Maar wat mijn dokter zegt is ook waar: een dag telt vierentwintig uur. Dat is lang. Maar ach. Ik soes weleens weg, omdat ik 's nachts niet slaap. En ik heb mijn bandjes die ik kan draaien, daar staan prachtige boeken op. Dat is toch leuk? Of ik kijk even met de loep in de gids om te zien of er iets op televisie is. Soms kan ik het nog wel volgen. En ik ga vroeg naar bed. Marijke, een vriendin, belt me iedere avond op als ik al in bed lig en dan praten we nog lang. Bovendien heb ik Piet en Anton, die lieve jongens. Oude vriendjes van mijn jongste broer, de acteur Henk Molenberg. Na zijn dood werden het mijn vrienden. Ik heb helemaal geen gek leven eigenlijk, maar toch wil ik niet meer. Honderd is oud genoeg. En ik ben doodsbang om te vallen. Want soms wordt alles ineens duizelig. Dat is laatst nog gebeurd. Goddank heb ik niks gebroken. Mijn bed is nu mijn waardevolste bezit: als ik daarin lig, kan ik niet meer vallen.'

Op 23-3-2002 is Gree Hoogenboom-Molenberg overleden.

'Die wordt niet oud'

DOUWE VAN DER WIELEN
31-12-1899, BERGUM, FRIESLAND

Vanuit de serviceflat kijkt de dominee naar de wereld beneden, waar Renkumse bomen gelaten hun blad laten vallen in het laat seizoen. Douwe van der Wielen draagt een gigantische oranje zonnebril, het daglicht is hem te fel geworden. Zijn ogen gaan schuil onder de vele plooien die zijn huid in een eeuw heeft opgeworpen. De tengere kruidenierszoon ziet er breekbaar uit. Maar hij zit te stralen in zijn geruite jasje: 'Het is reuze makkelijk om een positieve aard te hebben.' Van der Wielen, een beroepsprater, weegt zijn woorden vlot doch nauwkeurig af, zoals hij het ook met de kruidenierswaren gedaan moet hebben – in 1910. 'Met wat optimisme,' vervolgt hij, 'gaan de dingen als vanzelf...' En het lijkt de oude Fries mee te zitten. Zelfs het kopje thee dat in zijn bevende handen balanceert – en dat bij elke slok dreigt om te kieperen – blijft rechtop, nog geen druppel valt ernaast. Ook zijn vrouw Hilda leeft nog, ze is al ver in de negentig, en schenkt hem voortdurend bij.

'Precies aan het eind van de voorvorige eeuw ben ik geboren; op 31 december 1899, om kwart voor twaalf 's avonds. Dus ik kreeg nog een kwartiertje mee van de negentiende eeuw. Is dat niet prachtig? Ik zie het leven als een godsgeschenk. Met al z'n verrassingen en teleurstellingen, goede en kwade dagen, vreugde en verdriet. Mijn leven was een mengeling daarvan, zoals bij iedereen. Die vormt je tot de mens die je wordt. Maar ik heb wel harde klappen gehad in mijn jeugd. Ik was nog geen jaar oud toen m'n moeder stierf. Op 31 december was ik ter wereld gekomen, de eerste kerstdag daarop verliet zij de wereld alweer. Ze was pas veertig, mijn vader was zesendertig. Met zes kinderen bleef hij achter. Ik was de jongste van tien, maar vier daarvan heb ik niet eens gekend... Toen mijn zuster Tetje overleed – zij was een tweede moeder voor mij – was ik dertien en zij nog geen twintig. Ze had tuberculose, net als moeder. Dat was de volksziekte, net als de kanker dat vandaag is. Maar een behandeling was er niet.

Omdat ze niet werken kon, had Tetje altijd tijd voor mij. We plukten samen bramen en zochten beukennootjes als het gestormd had. Acht jaar heeft haar ziekte geduurd. Ze is nog een tijdje in het christelijk sanatorium Sonnevanck geweest, helemaal in Harderwijk – dichterbij had je geen christelijk sanatorium. Haar brieven kende ik van buiten. Over heimwee gingen ze. Tetje schreef dat er in Sonnevanck ook een predikantsvrouw lag die haar een traantje had zien wegpinken. Die vrouw stond op van haar rustbed, liep naar Tetje toe en zei: “Het is de Heer die vreemdelingen met een wakend oog aanschouwt.” Dat maakte indruk; haar heimwee verdween een beetje. Maar ik bleef Tetje verschrikkelijk missen.

Op ons dorp stonden drie houten huisjes. Daar lagen de tbc-patiënten in. De huisjes konden gedraaid worden, zodat de zieken nooit op de wind lagen. In het laatste stadium moesten ze de hele dag in de buitenlucht liggen. Tetje heeft op het laatst ook in zo’n houten huisje gelegen, in de tuin achter ons huis. Ze wist dat ze nooit meer beter zou worden. In het begin had ze daar wel moeite mee. Want onze dominee had een stokoude schoonvader in huis, van in de tachtig jaar. En bij de koster woonde ook een oud mannetje. “Ik ben nog zo jong en moet sterven,” zei Tetje, “en die oude mensen leven maar door.” Het was een hele strijd voor ze daar vrede mee had. In elk van de drie houten huisjes lagen jonge mensen die ook allemaal gestorven zijn, dat was zó triest. Maar het gaf ook een enorme samenbinding, in ons gezin en in het hele dorp. Daarom denk ik toch met dankbaarheid aan mijn jeugd terug.

Bergum was een florissant dorpje. De buitenwegen waren nog niet verhard. Dwars door Bergum heen, bij ons voor de deur, reed de paardentram. Later werd dat de stoomtram. Op een dag had een rondtrekkende bioscoop z'n tent opgeslagen naast het plaatselijke restaurant. Buiten die tent hingen twee stralende bollen. Het was de eerste keer dat ik elektrisch licht zag en ik was verbijsterd. Ik weet nog dat ik erlangs rende en riep: "Ze branden!" Het dorp had nog geen elektriciteit, dus het was een klein wonder. De film die dat bioscoopje vertoonde heb ik niet eens gezien, de bollen waren al mooi genoeg.

We vermaakten ons vooral met het knikkerspel. Je trok een cirkel op de grond waar ieder vijf knikkers in moest leggen. Die probeerde je er met je ijzeren bal uit te rollen. Ik moest nogal eens aan de kant blijven staan. "Hij wint toch altijd," mopperden de andere jongens. Typelen, dat mocht ik ook graag doen. Schuin in de grond stond een plank met een gleuf erin, waar weer een klein stokje in lag, een pink. Met een grote stok moest je die pink eraf slaan, zo ver mogelijk de lucht in. En toernke bouwen: de beukennootjes die we vonden als het gestormd had, bewaarden we in een busje. Zoveel ogen als je met de dobbelstenen gooide, zoveel nootjes mocht je op een rij neerlegggen; wie het eerst zes rijtjes had, won. Het is negentig jaar geleden dat ik dat voor het laatst heb gedaan.

Ik zat op een christelijke lagere school. Elke maandagmorgen namen we schoolgeld mee. Dat was usance. Ik geloof dat het maar een paar dubbeltjes waren, maar dat was veel. De christelijke school werd niet door de staat bekostigd, zoals de openbare scholen. Wij moesten zorgen voor eigen gebouwen, eigen leermiddelen en eigen leraren. Die kregen ook lang niet het salaris dat de onderwijzers bij de openbare school verdienden. De Anti Revolutionaire Partij vocht voor een gelijke behandeling door de overheid van het christelijk onderwijs. Het was een van de belangrijkste kwesties in het politieke leven, herinner ik me. Pas jaren na mijn lagereschooltijd kwam de gelijkstelling. Maar mijn vader was er maar matig blij mee: "Zolang wij moesten offeren, hadden we ook hart voor de zaak," zei hij. "Nu alles vanzelf gaat, ebt de liefde weg." Hij heeft gelijk gekregen, vind ik. Wij hadden veel meer waardering voor het christelijk onderwijs toen we er nog voor moesten betalen.

In mijn vroegste herinnering – ik moet een jaar of vier geweest zijn – zie ik het beeld voor me, wat vaag, van de twee toonbanken in onze winkel. Het was een kruidenierszaak annex wolwinkel, we verkochten bijna alles. Er stonden twee weegschalen op de toonbank: alles moest nog afgewogen worden. Alleen de koffie en thee waren al verpakt. De duurste thee kostte 22 cent per ons, de beste koffie 36 cent per half pond, weet ik nog – je blijft kruidenier. De winkel hadden we erbij, hij vormde niet de belangrijkste bron van inkomsten in ons familiebedrijf: dat was het transport. Mijn vader was beurtschipper. Hij had een stoomboot die twee keer per week, op marktdag, van Bergum naar Groningen voer en drie keer naar Leeuwarden. Die stoomboot had vader laten bouwen bij de werf Hartelust in Leeuwarden toen ik een jaar of acht was. "De Vier Gebroeders" noemde hij hem, omdat vader vier zonen had. Daarvoor hadden we altijd een zeilschip gehad, dus vader ging wel met z'n tijd mee. Ik voer graag op De Vier Gebroeders. Voor de mensen die meegingen naar Leeuwarden heb ik onderweg heel wat koffie en thee geschonken. Veel vaart hadden we niet, dus daar was alle tijd voor. Het kostte onze stoomboot een dik uur om in Leeuwarden aan te komen. Als je hard fietste, was je er sneller.

Vader was kapitein op onze stoomboot. Mijn oudste broer was stuurman. De tweede broer was machinist. En de derde bracht de vracht af en aan. Omdat vader toch al de vracht van vijf winkels uit naburige dorpen leverde, dreven we meteen ook maar het kruideniers- en wolzaakje. En we hadden thuis ook nog een complete boerderij. Want de koeien die dinsdags van Groningen kwamen, gingen pas op vrijdag per boot naar de markt in Leeuwarden; drie dagen stonden ze 's zomers bij ons in de wei, en 's winters op stal. Wie maar voorhanden was, melkte de koeien tussen de bedrijven door – ons huis was net een duiventil, zo druk.

Ik kwam een keer thuis van school en zei tegen mijn vader: "Op de openbare school hebben ze van het jaar weer feest. Waarom vieren wij nou nooit eens een feestje?" "Zeg vanmiddag maar tegen het hoofd van de school dat ik deze zomer met alle kinderen een dag ga varen op de Friese meren," zei vader toen. Het schoolpersoneel, de kinderen, de ouders en het bestuur; het hele zaakje ging aan boord. Op een prachtige zomerse dag. Het leven op het Friese platteland was eenvoudig, dus zoiets was een spektakel. En omdat de christelijke school alles zelf moest betalen, kwam er van feestvieren anders nooit wat terecht.

Mijn vader wilde dat ik als vierde en jongste zoon wat langer op school zou blijven. Hij vond dat ik er het corpus niet voor had, maar ik wilde óók meedraaien in het familiebedrijf – dat was levendig en dat vond ik leuk. Na de lagere school moest ik nog een jaar naar de vervolgklas. In dat extra jaar kreeg je de vakken een beetje uitgebreider en leerde je Frans, daar probeerden ze me zoet mee te houden. Maar na de vervolgklas was het ook afgelopen. Ze konden me niet meer op school houden en ik ging volwaardig meedraaien in ons bedrijf. Voor een déél deed ik dat al, want als jongen van tien jaar had ik al een kleine klantenkring op het dorp – mijn vader was indertijd ook op zijn tiende begonnen. Vrijdagsmiddags na schooltijd ging ik in mijn kring vragen wat ze nodig hadden voor het weekeinde. 's Avonds woog ik alles af. En 's zaterdagsmorgens ging ik met het zaakje op stap. Op de bakfiets. Ik weet nog dat er op een vrijdag zes Edammer kaasjes in de winkel lagen. "Probeer jij die morgen maar eens aan de man te brengen," zei vader. Een test of ik wat kon. Zaterdagavond waren ze állemaal weg; zelfs de doek die ik over de kaasmand droeg, had ik nog verkocht. De opbrengst ging in "de grote pot van Egypte", zoals we onze gemeenschappelijke geldkas noemden.

Nu ik van school was, kon ik m'n klantenkringetje verder uitbreiden. "Je gaat maar naar Suawoude en Tietjerk," zei vader. "Daar ben ik ook begonnen. Als je zegt dat je een zoon bent van Sjoerd van der Wielen, gaan de deuren voor je open." En zo was het ook. Eén vrouw bij wie ik aanklopte zei: "Mijn zoon heeft hier een kruidenierswinkel, dus m'n boodschappen heb ik al. Maar als jij een zoon bent van Sjoerd van der Wielen, dan kom jij elke week maar bij mij voor een kop koffie." Kijk, je had banden onderling. Je voelde dat je lid was van een gemeenschap. Tegenwoordig zijn de mensen zo individualistisch. Dat vind ik de fout van deze tijd.

Op de melkwagen die elke dag naar de dorpen rondom Bergum reed om de bussen op te halen, ging voor mij altijd een mand met boodschappen mee. Het was te zwaar om alles op de bakfiets te doen. Ik fietste achter de melkwagen aan en vanaf de plek waar hij stilstond, ventte ik m'n kruidenierswaren verder uit. Dat vond ik geweldig leuk om te doen. Je kwam bij allerhande mensen over de vloer. Het was ons met de paplepel ingegoten om met iedereen om te gaan. Zakendoen is een vertrouwenskwestie. Als er geen vertrouwen is, kun je geen zaken doen. Niet met inkopen en niet met verkopen. Je moet jezelf waarmaken.

Dat heeft vader ons wel geleerd. Hij had een helder hoofd, een warm hart en een sterke wil. Als kinderen waren we allemaal dol op hem. Vader is nooit hertrouwd. "Sjoerd, je moet weer een vrouw zoeken," zeiden ze op het dorp. Maar vader zei: "Ik kan geen andere vrouw op die plaats verdragen." Na moeders dood is vader nooit meer op een feest geweest, dat kon hij niet meer. Op zulke dagen, evenals op zondagmiddag, bezocht hij oude en zieke mensen. Vader heeft ons ook het geloof bijgebracht, hij werd alsmaar religieuzer. De blijde boodschap: "Al zo lief heeft God de wereld gehad dat hij zijn enig geboren zoon gegeven heeft, opdat een ieder die in hem gelooft niet verloren gaat maar het eeuwige leven zal ontvangen." Het harde werken, het zakendoen en het geloof hóórden bij elkaar; daar leefde je uit, daar leefde je voor en daar leefde je naar toe. Het werk was een realiteit die je grijpen kon, waar je houvast aan had en plezier in vond. We kenden arbeidsvreugde; wat we deden, deden we met plezier.

Het was op 14 november 1915. In Veenwoudsterwal, een naburig dorp, werd een nieuwe predikant bevestigd. Ik had zoiets nog nooit meegemaakt – onze dominee stond al dertig jaar in Bergum. Toen ik de bevestigingsrede van die nieuwe predikant hoorde, dacht ik: wat zou het geweldig zijn als dat ook mijn levenswerk mocht worden. Maar ik durfde niet met die wens voor de dag te komen. Niemand van mijn broers en zusters had gestudeerd. Ik begroef mijn droom bij mezelf. Ik dacht dat het toch niet kon. Een tijdje later hoorden we iemand vertellen over een domineeszoon die in Kampen studeerde voor predikant. We stonden net klaar om naar de kerk te gaan, toen ik me liet ontvallen: "Ik wou dat ik bij hem zat." Verder niets. 's Avonds zat ik met vader alleen in de achterkamer, en hij zei: "Dat van vanmiddag, meende jij dat?" Het hoge woord kwam eruit. "Ja vader," zei ik, "maar het kan immers niet." De Eerste Wereldoorlog, die een jaar eerder was begonnen, leek het er ook niet makkelijker op te maken – ik was nodig in ons bedrijf. Maar vader zei: "Als dat jouw weg is, dan zal God die weg banen ook." Dat was een geweldig woord! Het ijs was gebroken. We konden er nu samen over praten. Daarna zochten we een predikant op om te vragen wat precies nodig was om het te worden. "Die jongen moet eerst zijn kennis van de lagere school eens goed ophalen," zei de predikant. Ik was bijna zestien en al jaren van school af. "Vervolgens moet hij het gymnasium doen en dan moet hij nog zes jaar theologie studeren." Dat was geen kleinigheid. Toen we terug naar huis fietsten, vroeg vader: "Denk je er nog precies zo over?" "Jazeker, vader," heb ik gezegd. Het leek mij machtig, die pastorale taak! "Dan zal ik er met je oudste broer over praten." Die kwam thuis met verlof – al mijn broers waren gemobiliseerd – en vader zei: "Douwe wil voor predikant studeren." Ik zat natuurlijk in spanning, zonder de goedkeuring van m'n oudste broer Jochem kon mijn plan niet doorgaan, want we leefden met z'n allen van één bedrijf. "Nou," zei Jochem, "als Douwe dat graag wil, dan staan wij erachter."

Ons familiebedrijf had het moeilijk nu al mijn broers onder militaire discipline waren. Ik weet nog dat een politieagent vroeg, toen onze boot op een dag aanlegde bij Suawoude: "Heb je dienstplichtigen aan boord?" Die hadden we: mijn broer Roelof moest meteen mee. Mijn broer Hendrik was al in dienst voordat de Eerste Wereldoorlog uitbrak. De dienstplicht was anderhalf jaar, maar voor het laatste halfjaar kon je tot die oorlog nog een plaatsvervanger nemen – die moest je daar natuurlijk wel voor betalen. Vader had gezegd: "Ik heb je broodnodig," dus had Hendrik een vervanger "gekocht". Hij zou dus thuiskomen, maar kwám niet thuis omdat hij vanwege de oorlog nog eens vier jaar in het leger moest blijven. Mijn broer Jochem had nummer 84 geloot; Tietjerkstradeel moest 83 rekruten leveren. Nummer 83 moest nog opkomen, Jochem was dus net vrij. Maar er stierf een jongen en zo moest ook mijn derde broer alsnog onder dienst. En ik ging in Kampen naar het gymnasium. Alle gebroeders waren nu weg van huis.

Toen loofde de Gereformeerde Kerk een beurs uit voor een jongeman die tot predikant opgeleid wilde worden. "Ik help je wel als je daarop wilt solliciteren," had de rector gezegd. Ik voelde me een beetje bezwaard dat ik in die moeilijke tijd ging studeren, dus opgelucht schreef ik naar huis: "Vader, ik kan solliciteren naar een beurs en de rector wil mij ondersteunen!" Met de kerende post kreeg ik een brief terug, waarin vader schreef: "Waar is jouw geloof?! Er is nog niemand van ons die één stukje beleg op de boterham minder heeft gehad omdat jij in Kampen zit. Die beurs laat je maar aan een arme jongen over." Dat schreef hij ondanks de oorlogsomstandigheden, het geloof van mijn vader zat diep. Met drie zonen in dienst, waar ze amper iets verdienden, moest vader vreemd personeel nemen. En dat had je niet voor het uitkiezen, want de bloem zat onder de wapenen en alleen het uitschot bleef over. Maar mijn vader vond altijd wel een geschikte knecht. "We werken met plezier bij je broers," zei dikke Jan, een van de personeelsleden, later, "maar bij je vader was ons werken spelen." Daaruit kon je merken wat voor soort man vader was – eenvoudig, maar wijs. Nog zie ik zijn pijpenrek voor me, naast de schouw in onze achterkamer. Lange Goudse kleipijpen staken daarin. Ze droegen de namen van al vaders vrienden. Wie op bezoek kwam, stapte naar het rek, zocht zijn eigen pijp uit en stopte hem vol tabak.

Toen ik in Kampen op het gymasium zat, zei ik op een dag tegen de rector: "Ik ga naar huis, want ik voel dat ik griep krijg.' Hij zei nog: "Denk erom dat je een dubbele borstrok aantrekt!" Toen ik doodziek thuiskwam, bleek pas dat ik de Spaanse griep had. Dat hadden heel veel jonge mensen bij ons op het dorp. Die griep heeft veel slachtoffers geëist. En velen zijn eraan gestorven. Er kon niet veel aan gedaan worden. De huisarts kwam en schreef een simpel drankje voor, maar of je beter werd of niet, was afwachten. Ik ben enkele weken behoorlijk ziek geweest, met zeer hoge koorts. Bang was ik niet, ik dacht er eigenlijk niet aan dat ik zou kunnen sterven; ik was ervan overtuigd dat het van voorbijgaande aard zou zijn. Hoe gevaarlijk het was geweest, drong eigenlijk pas later tot me door.

Vader heeft nog net meegemaakt dat de auto kwam. De stoomboot moest weg, die was nu ineens te traag. Onze eerste vrachtauto, een Opel, was veel sneller in Groningen. Toen kreeg vader maagkanker. Het werd een moeilijk jaar voor hem. Maar ik had er niets van willen missen, want het was ook een rijk gezegende tijd. De ziekte sloopte vader, maar in die zware dagen zei hij toch: "Wat heb ik een zegeningen genoten! En God gaf me het voorrecht dat ik ze nog zag ook." Vader verwonderde zich erover dat hij zo veel liefde kreeg. "Dat komt omdat u het altijd met handenvol om u heen hebt gestrooid," heb ik hem geantwoord, want zo was het.

Op een dag zei vader: "Je moet vragen of de dokter komt." O... dacht ik, nu gaat hij de dokter de vraag stellen of hij beter wordt, of dat dit zijn sterfbed is. En dat deed hij ook. Daar wilde ik niet bij wezen. Ik bleef beneden. De dokter kwam de trap af en zei: "Je vader is een man die je niet kunt misleiden. Ik heb hem moeten zeggen dat dit zijn sterfbed is." Ik ging naar boven en vader zei: "Jongen, we moeten bij elkaar vandaan. Ik zal alles financieel regelen, maar voor jou maak ik geen enkele bepaling. Dat laat ik aan je broers over." Daar had hij alle vertrouwen in. En mijn broers zeiden, toen vader er niet meer was: "Je deelt gewoon mee in onze winst. Dan kun je zelf de studie betalen en hoef je nooit dankjewel te zeggen" – heel tekenend voor onze gezinsband. Het was 1922. Een jaar later deed ik eindexamen gymnasium; toen moest ik nog aan m'n theologische studie beginnen.

Toen vader ziek was geworden, was net de nieuwe dominee Tonkens bij ons beroepen. De ouderlingen hadden gevraagd of hij meteen even bij vader op bezoek wilde gaan. Aan vaders ziekbed besprak Tonkens de 73ste psalm. En vader werd zijn eerste begrafenis op het dorp. Ik kon toen nog niet weten dat hij mijn schoonvader zou worden. Ook al studeerde ik in Kampen, ik kwam natuurlijk af en toe thuis. Wij woonden naast de pastorie, dus ik maakte al snel kennis met het gezin van de dominee. Ik weet nog dat zijn dochter Hilda op een dag thuiskwam nadat ze uit logeren was geweest in hun vorige gemeente. Ze stond daarover in de gang te vertellen, heel enthousiast, en toen zag ik wat een bijzonder leuk meisje zij was. Ik had het meteen te pakken! Maar het ging allemaal niet zo vlot, want mijn schoonvader vond dat ik geen geschikte jongen voor haar was. "Die wordt niet oud," zei hij, want ik was nogal tenger. Daar heeft hij zich dus in vergist! Maar Hilda dacht: eert uw vader en uw moeder – ik moet mijn ouders gehoorzamen. Ze zei niet tegen mij dat haar vader het niet wilde hebben, maar alleen: "Het gaat niet door." Dat was even slikken... Pas negen jaar later, toen Hilda's vader was overleden, zijn we getrouwd. Ik was al vijf jaar predikant en zij was ondertussen de verpleging in gegaan. We zagen elkaar al die jaren niet. Maar ik heb nooit naar een ander verlangd.

In de classis Drachten heb ik mijn kerkelijk examen gedaan. En in diezelfde classis trouwden we. Het huwelijk is bevestigd in Boornbergum, de gemeente waar ik zelf inmiddels predikant was – een uurtje fietsen van Bergum. Ik heb er vijftien jaar gestaan. Het merkwaardigste dat ik in al die tijd heb meegemaakt, was de kerkscheuring van 1944. Midden in een oorlog verlieten de vrijgemaakten de Gereformeerde Kerk, vreselijk vond ik dat. Een zekere professor Schilder was geschorst als hoogleraar in Kampen, dat was de aanleiding. Schilder had kritiek op de Gereformeerde Kerk. Om eerlijk te zijn: ik weet niet eens meer waar het meningsverschil precies over ging. Je geheugen krijgt natuurlijk toch een deuk. Ik was wel een bewonderaar van Schilder – hij schreef prachtige stukken over het lijden van Christus – maar een kerkscheuring vond ik iets afschuwelijks. Ik had maar één gedachte: de wereld ligt overhoop, dus de Kerk blijft bij elkaar! In Boornbergum, waar ik voorganger was, veranderde dus niets. Niemand ging weg uit onze Kerk, de mensen volgden hun voorganger in die tijd nog makkelijker dan nu. En dat was een troost voor mij in die moeilijke dagen. Aan de scheuring van 1944 kon je als plaatselijke Kerk helaas niets doen – die kwam van boven, van de synode. En het was oorlog, dus je had ook geen contacten.

We hebben in Boornbergum maar een paar dagen inkwartiering gehad. De manschappen lagen in het hooi bij de boeren en de Duitse officieren sliepen op onze slaapkamer, in ons bed. Ze wilden natuurlijk het beste bed in het beste huis, dus dat werd onze pastorie; ze namen er gewoon bezit van, of je het leuk vond of niet. Maar het waren keurig nette lui. Ze hebben zich behoorlijk gedragen. Slechts één keer hadden we een woordenwisseling: de officieren voerden een gesprek waarin ze het steeds over "die alte Madam" hadden. "Pardon?!" zei ik. "Hoe noemt u Wilhelmina?" Ik wilde de officieren, voor zover de situatie dat toeliet, toch even terechtwijzen. Beschroomd zeiden ze toen: "Entschuldigung, wir meinen: Ihre Königin."

Alleen de politie had telefoon op ons dorp. Op de morgen na Dolle Dinsdag, in september 1944, vertelde de agent mij dat hij zojuist een telefoontje had gekregen uit Noordbergum. Daar woonde mijn zuster Baukje. "Is mijn zuster dood?" vroeg ik meteen. Ze had het zelf al aangevoeld. Elke keer als ik bij haar op bezoek kwam, zei ze tegen mij: "Op het einde van de oorlog wordt het voor ons gevaarlijk, let maar op." Dat kon je haar niet uit het hoofd praten. Baukje vertelde dan waar ze haar waardevolle spullen had verstopt – bij een paal in het bos – en legde me uit hoe ik ze zou kunnen vinden. Wat was er nu gebeurd? NSB'ers vluchtten langs de grote straatweg van Harlingen richting Duitsland. Er kwam een vliegtuig over van de Royal Air Force en dat loste een salvo op de vluchtende NSB'ers. Maar de kogels kwamen op het huis van mijn zuster terecht. Baukje was op slag dood... De bevrijding hadden mijn zuster en haar man die avond al gevierd. Met een echte sigaar en een klein beetje oranjebitter. Boeren staan altijd vroeg op en gaan vroeg naar bed, maar dit keer was het laat geworden. Ik weet nog dat ik 's ochtends vroeg naar Noordbergum fietste en in de kamer kwam waar mijn getroffen zuster lag. Dat beeld staat voorgoed op mijn netvlies.

Na de oorlog kreeg ik meerdere beroepingen in het noorden. Maar ik wilde iets meer van de kerkelijke kaart van Nederland zien. Toen kwam Middenmeer, een dorpje in de Wieringermeerpolder. Daar was de toestand bijzonder triest. De Duitsers hadden zonder enig strategisch motief de dijk laten springen toen ze zich terugtrokken. Pure wraak. De bevolking moest snel het allernodigste meenemen en wegwezen. Binnen een halve dag stond alles onder. Het water nam razendsnel weer bezit van het gebied dat het oorspronkelijk had toebehoord, de Wieringermeer, die in 1930 was drooggepompt. Mijn vrouw en ik gingen er een kijkje nemen en ik wist het meteen: dit is mijn plaats. Ik zag het als mijn opdracht – van Godswege – om Middenmeer kerkelijk weer mee op te bouwen. En het was me een kale boel. De kerk was weg, de pastorie was verwoest. Het hele land moest opnieuw ontgonnen worden. Er moesten greppels, sloten en vaarten worden gemaakt.

Pasen 1947 gingen we er wonen. Toen stonden in Middenmeer nog maar een stuk of tien huizen. Het woninkje dat wij tijdelijk als pastorie in gebruik namen, was piepklein. Vanuit ons raam keken we uit op de spanten van de verwoeste boerderijen. De macht van water is niet te overschatten! Een ouderling, die wát blij was dat er weer een dominee kwam, zei tegen mij: "Met een jaar zit u in de herbouwde pastorie." Dat zal wel drie jaar worden, dacht ik nog – en we hebben twee jaar en negen maanden in dat kleine huis gezeten. Al was het in ons geval maar relatief klein; het huisje naast ons werd zelfs door twee gezinnen gedeeld. Het was voor mijn vrouw een moeilijke tijd. We hadden inmiddels vier kinderen en waren zo'n klein huis niet gewend. Pastorieën zijn altijd flinke panden.

Merkwaardig genoeg was in Middenmeer de hervormde kerk blijven staan, in Slootdorp het gereformeerde kerkgebouw, en in Wieringerwerf had de rooms-katholieke kerk als enige de watervloed overleefd. Wonderlijk, zoals in elk Wieringermeerdorp één van de Godshuizen overeind was gebleven. Dat is natuurlijk Zijn hand geweest. In toeval geloof ik niet. Van het begin tot het eind staat je leven onder Gods leiding. Met drie kerkgenootschappen waren we in Middenmeer teruggeworpen op het ene kerkgebouw dat was blijven staan. Ook de katholieken en de gereformeerden moesten in de hervormde kerk hun diensten houden. Een soort mini-oecumene. Uit noodzaak, ver voordat het oecumenisch besef tot de Kerk was doorgedrongen. Je overlegde met elkaar wanneer je een dienst deed. Ik dacht er maar niet te veel bij na dat ik in een hervormde kerk stond te preken... En dan ook nog een waarin je op schragen zat omdat al het houten meubilair was gestolen. Als de gereformeerde dienst maar door kon gaan! En ach, het had ook wel wat moois. Ieder bouwde ondertussen met alle macht aan zijn eigen kerkgebouw. Het onze, een prachtexemplaar, stond er na drie jaar.

In de begintijd heb ik ook veel buiten de polder gecatechiseerd, bij de geëvacueerde boeren die nog niet terug konden naar Middenmeer. Normaal doe je dat in een van de bijlokalen van de kerk. Nu kwamen de boeren met z'n allen bijeen in een van de boerderijen. Er hing een heel bijzondere sfeer als je op zo'n alternatieve plek catechisatie hield. De naoorlogse tijd was voor mij een feestelijke periode. Mensen die opnieuw wilden beginnen, ving je op. Het gewone predikantswerk kreeg daardoor een extra accent.

Langzamerhand kwamen de geëvacueerden terug naar Middenmeer. Sommigen trokken in een houten noodwoning. Anderen kwamen pas later weer terug, nadat hun boerderijen opgebouwd waren. Het waren met name jonge mensen die terugkeerden naar de polder. Mensen met moed. Toen de Wieringermeer in 1930 voor de eerste keer was drooggelegd, werden de boeren die zich daar mochten vestigen geselecteerd. Er was een groot contingent Friezen, Groningers, Haarlemmermeerders en Zeeuwen uitgekozen. "En wij zijn dubbelgeselecteerd," grapte ik vaak, "want dat selecte gezelschap boeren heeft ons weer uitgekozen voor het kerkwerk." Uitverkoren, mag ik wel zeggen – jazeker. Zodra de polder droog lag, was het werk op het land weer begonnen. En je zag het steeds beter worden. Alles was nieuw. Nieuwe huizen, kerken, boerderijen. Het was een levendige beweging. De bewoners spraken ook altijd over het oude land en het nieuwe land. Het oude land lag buiten de Zuiderzeepolder. Het nieuwe land, dat waren wij!

Tot 1966 ben ik predikant geweest. Daarna ging ik met emeritaat. Het kwam er net dat jaar door dat je op je vijfenzestigste mocht ophouden, daarvoor preekte je nog tot je zeventigste. Twee winters heb ik nog gecatechiseerd in Apeldoorn. Dat vond ik heerlijk om te doen. 's Middags om vier uur ging ik op pad en 's avonds om tien uur kwam ik pas terug. "Het is net een fris bad geweest," zei ik dan tegen mijn vrouw. In 1970 gingen we op vakantie naar Spanje. Een emerituszendeling had zich bij Málaga gevestigd, aan de Costa del Sol. Hij zocht een predikant die in Torremolinos wilde preken zolang hij daar op vakantie was. De zendeling kon op me rekenen. Daarna bleef ik in Torremolinos preken voor de overwinterende bejaarden uit Nederland. Ik zette de Nederlandse Evangelische Gemeente op. In die kerk kwam alles wat maar protestants was. Van gereformeerd tot hervormd. Weer een soort oecumene. Vrijwillig, niet uit noodzaak. Tot zo'n jaar of vijftien terug hebben we het vol weten te houden in dat verrukkelijke klimaat.

Al wat leeft, heeft voeding nodig. Dus de ontkerkelijking vind ik een grote fout. Ik zal niet zeggen dat de jeugd niet meer gelooft, dat denk ik helemaal niet, maar ze onderschat de waarde van een regelmatige kerkgang. De kerk uit mijn jeugd zal niet meer terugkeren. In welke vorm het wel zal wezen? Ik zal mij niet de profetenmantel omleggen. Maar Christus blijft met zijn kerkvergaderend werk bezig.Van het begin der wereld, tot aan het einde. Uit alle geslachten en talen, volken en naties. Dat staat gewoon vast.

Het is reuze makkelijk om een positieve aard te hebben – en ik heb hem. Met wat optimisme gaan de dingen vanzelf... Ik heb het leven altijd gezien als een geschenk. Maar de beperkingen doen zich gelden. Je kunt minder. Je gezichtsvermogen neemt af. Maar daar staat tegenover dat je toch uitzicht hebt – na de dood is het leven mij bereid, God neemt mij op in heerlijkheid. Dus die beperkingen zie ik als van tijdelijke aard. Ik denk nu meer aan de toekomst dan aan het verleden. Niemand zal nog zeggen: ik ben ziek. En God zal alle tranen drogen... Openbaring 21. De tijd van volmaaktheid is in zicht.'

Op 3-1-2001 is Douwe van der Wielen overleden.

'Suuker uut de glaassies'

HENDRIKJE VAN ANDEL-SCHIPPER
29-6-1890, SMILDE, DRENTHE

Ze heeft een jongensachtig gezicht, kort wit haar, en een nuchtere kijk op de wereld. 's Lands oudste is verrassend gewoon, op haar pantoffels en in de bloemetjesjurk die ze ooit zelf heeft gemaakt – decennia terug alweer, maar hij zit nog als gegoten. Na honderdelf jaar wordt Hendrikje van Andel-Schipper wat ongeduldig. Het gebloemde riempje van de jurk zwiept op en neer tussen haar handen; ze is eigenlijk een beweeglijk type, maar nu ze zo oud is verveelt ze zich. Kijkt mevrouw Van Andel uit het raam, dan ziet ze niet veel: 'Er zijn alleen nog donkere vlekken.' En bezoek moet hard in haar oor praten. 'Je hoeft niet zo te schreeuwen,' klinkt het vervolgens. Maar humeurig wil ze niet zijn. En ze is vastbesloten: 'Ik vertik het om chagrijnig te worden,' verklaart Van Andel in elk krantenstukje aan de muur, die is volgeplakt met berichten en foto's van toen ze honderd, honderdtwee, honderdvijf en honderdelf werd. Hendrikje met zoenende burgemeester, Hendrikje op een reusachtige bouwmachine die tehuis voor gehandicapten opent, Hendrikje met hup Holland hup-sjaaltje tijdens het EK. 'Ik hou wel van een beetje publiciteit,' verklaart ze droogjes. 'Ik zit hier toch maar in mijn stoel te niksen.' Hoogtepunt aan de wand: het verslag van haar bezoek aan de koningin. 's Avonds was ik op het journaal. Ik geloof dat ik een bekende Nederlander aan het worden ben.'

'Ik ben de oudste vrouw van het land. Dankzij mijn grootmoeder. Zonder haar zou ik niet langer hebben geleefd dan een paar maanden, hóóguit. Toen ik geboren werd, – veel te vroeg! – heeft ze mij vier weken lang in haar warme wollen schort op schoot gehad. Al die tijd is ze op de stoel bij het vuur blijven zitten; couveuses waren er niet. Ze ging niet eens naar bed en ze nam mij zelfs mee naar de wc omdat ze bang was dat ik koud werd, een lévende couveuse was ze! Ik zag helemaal blauw en woog drie pond. Hoeveel ik te vroeg geboren ben, dat weet ik niet. Nu schrijven ze het tot op de minuut precies op. Maar destijds namen ze daar nog niet zoveel notitie van.

Ik zat ook later vaak in het huis van mijn grootmoeder. Ze zette mij op een stoofje zo dicht mogelijk bij het vuur, zodat ik warm bleef – daar zorgde ze mijn eerste jaren voortdurend voor. Meestal gaf ze mij een kluwen garen en zei: "Dat muj aoverdoen want dat is zo slordig oppewunnen." En de volgende dag, als moeder mij weer naar grootmoeder bracht, kreeg ik hetzelfde kluwen opnieuw – moest ik het wéér overwinden. En het wás niet slordig gewonden, maar dan had ik wat te doen; de kinderopvang van die tijd. Ik moet een jaar of drie geweest zijn. Maar ik weet het nog.

Ik kom uit een familie van schoolmeesters. Mijn grootmoeder was de dochter van het hoofd van de school op Smilde, in Drenthe. Zij was de laatste dochter thuis en ze is ingetrouwd, zoals dat heette, met een van de schoolmeesters; mijn grootvader, die zo weer het nieuwe hoofd van de school kon worden. En mijn pa – Marinus Schipper, een geboren Zeeuw – was weer onderwijzer op de school van mijn grootvader; zo kwam hij aan mijn moeder, en zo bleef het vak in de familie. Hij werd ook schoolhoofd, op Hoogersmilde en later op Bovensmilde.

Het schoolhuis waar wij in woonden, had enorme ramen die ik altijd moest lappen. Er waren wel enkele rijke boeren die ook een groot stenen huis hadden, maar de meeste Smildenaren hadden dat niet. Op Hoogersmilde waren de dominee en de meester wat we noemden "de hoogsten" van het dorp. Mijn vader was liberaal en hij werd alom geëerd omdat hij verschillende jongens geholpen heeft om later ook onderwijzer te worden: pa zorgde ervoor dat een slimme jongen na de lagere school naar een middelbare school ging. Dat was iets uitzonderlijks, dus pa moest flink praten tegen de ouders van de knappe koppen. Meestal moesten ze toch meteen gaan werken natuurlijk.

’s Winters hield vader ook avondschool. Daar gingen grote jongens naar toe die eigenlijk nooit school hadden gegaan. De meeste kinderen waren helemaal niet naar school geweest of waren er al met tien jaar af. Dan gingen ze mee naar het land, of hielpen ze in de bakkerij. Het waren bomen van kerels die naar de avondschool gingen; sommigen waren al ver over de twintig. Ze wilden toch nog iets leren, dus deden ze erg hun best. Pa leerde ze brieven schrijven, rekenen en hij vertelde de jongens wat over de landbouwbeweging. Landbouw was op Smilde nog nauwelijks ontwikkeld, dus vader gaf les in de verkoop van landbouwproducten. En het kostte ze niks. Alleen de boeren die het goed betalen konden, droegen belasting af aan de gemeente. Daar werd het hoofd van de school van betaald.

De schoolstrijd heeft ook op Smilde gewoed, weet ik nog. De openbare school van mijn pa was de enige in het dorp. Een tweede, christelijke, school was niet nodig, vond hij. Mijn vader was als liberaal een voorstander van openbaar onderwijs dat voor iedereen hetzelfde diende te zijn. En zolang pa op Hoogersmilde was, kwam er ook geen christelijk onderwijs. Pa was voorzanger in de kerk, dus hij had op ons dorp veel in te brengen. “D’r komt hier geen gereformeerde schoele,” zeiden de Smildenaren, “zolange meester Schipper d’r is.” Maar wij verhuisden naar Bovensmilde en nog geen halfjaar later stond er al een gereformeerde school in Hoogersmilde. Het hoofd daarvan kwam op een avond bij ons thuis. Hij vroeg of hij niet een paar leerlingen van vaders school kon krijgen; want als dat gereformeerde schooltje te klein werd, moest er een onderwijzer weg. Maar pa zei: “Jullie gereformeerden hebben ons al zo veel afgetroggeld. Ik leen geen kinderen uit om jullie huid te redden.” En terecht.

In de tijd dat ik een jong meisje was, is de leerplicht gekomen. Maar ik heb nooit lagere school gehad omdat ik altijd ziek was. Doordat ik te vroeg geboren was en daardoor zwak was, moest ik van de dokter zoveel mogelijk zwerven in de buitenlucht, om weerstand te kweken. Ik was een ontzettend klein en mager kind. Als ik één dag naar school ging, was ik drie dagen ziek. Dan had ik hoofdpijn en buikpijn en lag ik weer in bed.

"Ze mag helemáál niet meer naar school," zei de dokter op een dag. Dat vond ik verschríkkelijk... Ik wilde zo graag. Maar mijn pa zei: "Als je nou maar veel stukjes uit de krant en uit boeken leest, dan leer je vanzelf zonder taalfouten schrijven." Mijn vader heeft mij het lezen en schrijven geleerd, maar verder niets. Elke dag moest ik een bladzij schoonschrift schrijven. "Arbeid adelt, maar adel arbeidt niet", "beter hard geblazen dan de mond gebrand," schreef ik honderden malen keurig op in mijn schrift; ik had een mooie hand van schrijven. Maar ik wéét bijna niks. Aan mij moet je niet vragen wanneer de Batavieren leefden, of de Romeinen.Van geschiedenis heb ik geen flauw benul. "Daar kun je wel buiten," zei vader altijd. En ach... ik ben ook heel best door de wereld gekomen.

Toen er herhalingsonderwijs kwam voor kinderen die van de lagere school kwamen en niet meer leerplichtig waren, ging ik er meteen heen; dit was mijn kans om nog wat te leren, dacht ik. Maar het was eigenlijk niet meer dan handwerkles voor een stuk of tien meisjes uit het dorp. En de lerares was een kreng van een vrouw. Ze liet me eerst een schort maken. Toen ik dat had geknipt en geregen, ging ze naar de burgemeester en vroeg: "Een kind dat nooit schoolgegaan heeft, moet ik dat op handwerkles toelaten?" "Dat moet je zelf weten," zei de burgemeester. Ze stuurde mij direct weg. "Het schort mag je meenemen," zei ze nog. "Barst maar met je schort!" riep ik. "Ik kóóp nog liever tien schorten dan dat ik er hier één krijg." Maar eenmaal thuis begon ik vreselijk te huilen omdat ik nu alweer van school moest. Pa stapte naar de burgemeester, die niet had geweten dat het om zijn dochter ging, anders had hij mij nóóit weg laten sturen. Maar nu wilde ik niet meer naar herhalingsschool. Die juf had mij toch maar getreiterd. Gelukkig was ik zelf nogal handig. De moeilijkste kleedjes haakte ik gewoon zelf. Zonder patroon. Later ben ik zelfs nog jarenlang handwerklerares geweest. Een akte was niet nodig. Het eerste jaar kreeg ik er vijfentwintig gulden voor, in het jaar. Op het laatst vijfenzeventig. En nu heb ik daar nog pensioen van: meer dan ik er ooit mee verdiende.

Al mocht ik dan niet naar school, toch had ik een fijne jeugd.

Bij vrouwen met kleine kinderen kon ik oppassen. Of ik ging eens met de boeren naar het land. Ik liep toch altijd maar over straat te slenteren, in de buitenlucht. Maar in de winter als het koud was, zat ik vaak in het café. Daar zaten de mannen te kaarten. Als er eentje vee moest verhandelen, gaf hij mij zijn kaarten en zei: "Speul ie maar even veur mijn." Zo kon ik met acht jaar al kruisjassen! En ik was dol op de suiker uit de glaasjes van de kerels die een borrel dronken bij het kaarten, die glaasjes mocht ik soms uitlikken. Als ik dan thuiskwam, riep mijn moeder: "Schipper, dat kiend stinkt naar draank!" En mij vroeg ze: "Wat hebbie'had?" "Suuker uut de glaassies!" gilde ik dan, een beetje dronken. Met een pak voor mijn bips werd ik naar bed gestuurd. Zonder eten. Mijn moeder was ontzettend streng. Vooral voor mij, voor mijn knappe zus niet; maar mij vond ze lelijk... Ik heb nooit met mijn moeder overweg gekund. Terwijl ik het met pa juist uitstekend kon vinden. Van pa heb ik nooit klappen gehad. Van moeder wel; soms kon ik een dag niet zitten van de pijn. Ik kreeg meestal slaag omdat ik slootje sprong met de grote jongens – dan sprong ik er wel 'ns in natuurlijk, ik kwam niet zo ver. Ik kreeg altijd natte benen en dan was mijn moeder weer woedend. Vooral op zondag moest ik zuinig aan doen. Ik ging naar de kerk en naar zondagsschool, want daar mocht ik wel naar toe. 's Middags kuierde je een eindje. Spelen was er dan niet bij, want je droeg je zondagse jurk met een schoon wit schort ervoor.

Wat ik het liefst deed als kind, was in de tuin werken met pa. We hadden een groentetuin, een siertuin en een aardappelhof. De grond werd omgespit door een arbeider, maar pa en ik zaaiden en wiedden. Soms kregen we knolletjes van een boer en die boer kreeg bij ons dan weer een maaltje slabonen, of iets anders dat hij zelf nog niet had – een vriendschapsdaad. Wij hadden een broeibak, dus wij oogstten veel eerder dan een ander. En we teelden meer gewassen. Snijbonen hadden we en sla, spinazie, bloemkool en postelein. De tuinzaden bestelde pa uit een boekje. Was er iets nieuws, dan wilde hij het hebben. Ook tomaten, die toen opkwamen, het was in ons land een nieuw gewas. Toen de eerste tomaatjes aan de plant zaten, zei moeder: "Dat spul eet ik niet, ut bint net pisappelties." Dat zijn de giftige bolletjes aan een uitgebloeide aardappelrank. De hele oogst tomaten heeft moeder op de mesthoop gegooid. Ze vertrouwde het niet. Maar later vrát ze tomaten.

Smilde was een langgerekte streek langs de Drentse Hoofdvaart; de meeste huizen stonden langs het kanaal. Enkele boerenwoningen en arbeidershuisjes lagen wat verder naar achter. En in het veld stonden twaalf plaggenhutten. Daar woonden de grote gezinnen die in het veen werkten, of bij de boer. Grond omspitten: het zwaarste werk dat er was. Dat werd die arme arbeiders op het hoofd gedrukt.

Ik heb ze weleens zo'n plaggenhut zien bouwen. Van grote vierkante stukken veen maakten ze lage muurtjes. Blokken van veertig bij veertig centimeter, die legden ze schuin over elkaar heen, zodat niet een hele rij in mekaar kon zakken. Het dak was een afgeplat heidestuk, waar het bentgras nog op stond; dat isoleerde. Dan bouwden ze nog een stenen voorgeveltje, voor de schoorsteen, en dat was het. Er zat maar één klein ruitje in, dus het was altijd pikkedonker in een plaggenhut. 's Zomers haalden ze gewoon de deur weg, dan kwam er iets meer licht binnen. Iedereen liep er dan zó in en uit.

Een plaggenhut bestond uit maar één kamer, waar die armelui met de hele familie in sliepen. Veel meubels hadden ze niet, meestal zaten ze op een stapeltje plaggen. Een enkele keer kreeg zo'n arme familie een oude stoel van een boer, of van mijn moeder. En een enkeling die handig was, timmerde zelf een stoeltje. Van losgetrokken roggezakken maakten ze een bed, met stro erin. De plaggenhutbewoners maakten ook dekens van jute door een paar zakken aan mekaar te naaien. Dat was niet erg warm, dus sliepen ze meestal met al hun kleren aan.

Ik vond het vreselijk dat ze het zo armoedig hadden. Als ik in een plaggenhut kwam, was ik méér dan welkom, want dan bracht ik altijd iets mee. Boterhammen met rookvlees vonden ze iets bijzonders. En als iemand ziek was, kookte mijn moeder soep. Dat kregen zij anders nooit. Die dagloners hadden lang niet altijd werk. En ze verdienden maar zestig centen per dag.

Daar kon een groot gezin niet veel meer voor kopen dan wat roggebrood. Ze aten eigenlijk alleen roggebrood en aardappelen, die ze zelf pootten. Geen groenten. Tot mijn vader ze bonen leerde poten en liet zien hoe je slaplanten moest zetten. Dat het gezond is om groenten te eten, heeft mijn vader er echt bij ze in moeten stampen, ze wilden het niet geloven. Een heleboel van die armelui spitten toen een stuk heide om en maakten een groentetuintje. Kool konden ze de hele winter bewaren, die bleef in de koude plaggenhutten wel goed.

De kinderen van de hutten groeiden ook weer op tot arme arbeiders. Een enkeling tekende als soldaat voor de Oost. Er kwam eens een meisje uit een van de plaggenhutten bij ons, dat een vriend had die soldaat was geworden. Ze had een brief van die jongen gekregen, die mijn vader haar voor moest lezen – een schoolbank had ze nooit gezien. En nu zou pa een brief schrijven aan haar soldaat. "Wat moet erin staan?" vroeg vader. Haar antwoord zal ik nooit vergeten: "O, zoete lief van herten, ik lijd om u veel smerten!" We hebben ons suf gelachen; waar háálde zo'n kind het vandaan? Het bleef daarna een spreekwoord bij ons; als er mot was, herhaalden we het altijd.

Drenthe was doodarm. Maar er waren ook lieden die dat achtergebleven gebied wilden ontwikkelen. In die tijd kwamen overal in de omgeving landbouwverenigingen op. Mijn vader richtte er een op in Smilde: Ons Belang. Pa wilde dat de boeren het wat beter kregen: "Een vereniging kan meer dan een boer alleen," zei hij altijd. De boeren van Ons Belang deden nu alles gezamenlijk: kunstmest inkopen en hun producten verkopen. En de vereniging kon zorgen voor betere landbouwwerktuigen en voor landontginning. De arbeiders die voor de boeren werkten en altijd slecht werden betaald, kregen nu ook wat meer loon.

Bijna alle boeren sloten zich aan bij Ons Belang. Kleine boertjes met twee koeien, maar ook de grote boer met wel twintig koeien. Of ze nou arm of rijk waren, ze hadden allemaal een stem. Als er landbouwvergadering was, eens in de maand, moest ik de briefjes met de agendapunten rondbrengen. "Zij doet toch niks," zeiden de boeren altijd, dat scheelde weer zoveel postzegels van een cent. Samen met de leden van Ons Belang richtte pa ook nog de boterfabriek op: Nooitgedacht. Voortaan konden de boeren melk leveren aan hun eigen fabriek. Al het schrijfwerk deed vader, dat konden die boeren niet. Het was allemaal avondwerk voor hem.

Pa zat nooit stil. Zelfs op zondag niet, want dan speelde hij op het orgel in de hervormde kerk. Prachtig galmde het door die holle ruimte. Er was ook nog een kleine, gereformeerde kerk, die we "De Houten Bellen" noemden. Op de schoorsteen van dat kerkje zat een houten plank waar bellen op afgebeeld stonden, een merkwaardig gezicht: de gereformeerden hadden niet genoeg geld voor échte klokken. Die "finen" gingen zonder strikken naar de kerk, en op zondag mochten ze nog geen krant lezen. Dat mochten de hervormden gelukkig wel. Wij lazen *De Telegraaf* – die toen nog twee keer per dag kwam – , de *Drentse Courant*, het *Nieuwsblad van het Noorden* en het blaadje van Smilde. We waren eigenlijk best goed op de hoogte. De kranten gingen naar de buren en die gaven ze dan weer verder door.

De boeren mochten dan zeggen dat ik niks te doen had, dat was toch niet helemaal waar. Elke maand ging ik met de trekschuit naar Assen om boodschappen te doen voor het hele dorp. Dan kreeg ik een lange brief mee. Voor de ene Smildense moest ik zes paar knoopjes meebrengen, voor een ander weer twee bosjes blauw lint. Tassen vol, alles bij elkaar. Ik stond om vijf uur op want om zes uur voer de trekschuit af. Bij het veerhuis mocht ik eerst nog een kopje koffie drinken voor een stuiver, daar at ik mijn boterham mee op. Onderweg ging de baas van de trekschuit alle kroegen af. En was de schuitevaarder dronken op de terugweg, dan mocht ik aan het roer staan. Ik kon de trekschuit zelfs door de brug sturen; daar was ik best trots op.

'S Winters als er ijs lag, voer de trekschuit niet. Dan kon ik dus geen boodschappen doen. Er reed wel een boerenwagen naar de stad, maar de mensen kregen dan lang niet alles wat ze nodig hadden. Die man had het te druk met de varkens die hij moest inladen voor Assen en met de kleine biggetjes voor de terugkeer. En voor de winkels op het dorp moest hij voorraad inslaan. Zakken meel, koffiebonen. En cichorei; daarvan werd altijd wat in de koffie gedaan, voor kleur en smaak. Hele arme mensen dronken alleen maar cichoreinat, twee schepjes cichorei met water.

Voor kleding hoefden de Smildenaren niet naar de stad. Er kwam regelmatig een reiziger langs de deur met stalen. De "man die met het pak loopt" noemden we hem. Eerst kwam hij te voet. Later had hij een soort koetsje. Voor mijn moeder zocht hij zijn mooiste stoffen uit; moeder was erg pronkzuchtig. Ze droeg prachtige mantels en las modebladen uit Parijs, waaruit ze de fraaiste jurken namaakte. En als moeder dan de aardigheid eraf had, maakte ze er voor mij een japonnetje van. De wollen broekjes die wij eronder droegen, breide ze ook. We hadden een dik pak kleren aan.

Mijn moeder was een van de eerste vrouwen in de hele Smildestreek die haar oorijzer afdeed. Ze kreeg hoofdpijn van het ding. Pa vond bovendien dat ze moderner was met een hoed. Haar haren liet ze lang groeien, ze was best mooi. Mijn grootmoeder vond het verschrikkelijk dat moeder haar ijzer vaarwel zei, want een béétje vrouw droeg op Smilde een gouden oorijzer. Maar later liet grootmoeder zich wel een keer ontvallen: "Wat bin ik bliede dat ie dat pannegie niet meer op oe kop doet." Het ronde oorijzer had inderdaad wat weg van een pannetje. Toch bleef grootmoeder zelf haar gouden ijzer tot haar laatste dag dragen.

De mooiste dag van het jaar vond ik Nieuwjaar. Dan ging het vloerkleed uit de kamer, want de "nieuwjaarwinners" kwamen eraan: jonge kerels die de meester, de dominee en de rijke boeren geluk wilden wensen. De nieuwjaarwinner die als eerste bij een van de "hoogsten van het dorp" gelukkig nieuwjaar kwam wensen, had het spel gewonnen. Maar ze kregen állemaal een borrel. Dus al snel waren al die kerels dronken. We zaten met nieuwjaarwinnen eens met een pot thee aan tafel, toen mijn moeder voor de grap vroeg: "Of hebbie misschien liever un koppie thee?" Tot onze stomme verbazing zei een van die jongens: "Ja, geef mijn maar un koppie van wat in dat pottie zit." Later vroeg mijn moeder: "Hebbie niet ook liever nog un borrel?"

"Nee," zei hij, "geef mijn nog maar wat uut dat pottie. Wat is me dát een lekker spul!" En dat was doodgewone thee, zoals wij hem elke dag dronken. Die jongen kwam uit een plaggenhut en had nog nooit zoiets geproefd.

Er is nog iets moois dat ik me herinner. Op een dag bestelden mijn vader en moeder, samen met de dominee van Dedemsvaart, zes zwarte fietsen uit Amerika – daar waren ze veel goedkoper dan bij de Fongers rijwielenfabriek in Groningen. Het fietsen was een heel nieuwe bezigheid, mijn ouders leerden het met veel moeite. Het zadel werd vastgehouden en ze werden zo hard geduwd dat het stof opwaaide van de weg. Het trok veel bekijks. Een van de boeren die toekeek, zei: "Wat de meister en de dominee kunt, dat kan ik ook." Hij bestelde een fiets bij Fongers en ging een week lang op en neer naar Groningen – 's morgens met de trekschuit heen en 's avonds weer terug – om in de stad het fietsen te leren.

Het was nog heerlijk rustig op de wegen. De eerste auto die ik ooit heb gezien was van een andere boer bij ons op het dorp. De boeren en de arbeiders kwamen op hun kousen van het land af om te kijken naar die "wagen-zonder-paard": ze waren zó nieuwsgierig dat ze het geduld niet meer hadden om eerst in hun klompen te schieten. De auto kwam ook voorbij ons huis en daarna zag ik hem nog een eindje doorpruttelen... En toen wou het ding ineens niet meer. Om de "wagen-zonder-paard" naar huis te trekken, moesten alsnóg paarden van stal worden gehaald – ze hebben zich krom gelachen. Maar ik vond de auto meteen al een fantastische uitvinding. Daar hebben de mensen iets aan. Al zou het nog lang duren voordat auto's gemeengoed zouden worden.

Ik moest dan ook vaak op de fiets met de dokter op pad, toen ik al wat ouder was. Er was maar één verpleegster en die kon onmogelijk die hele Smildestreek in haar eentje afrijden. Dat was drieënhalfuur op de fiets. Dus als er een gewonde was bij ons op het dorp, hielp ik de dokter maar. Ik weet nog dat hij me een keer kwam halen en zei: "Er is een boer die zich met een bijl in het been heeft geslagen. Maar hij heeft zulke smerige benen dat ik gezegd heb dat hij ze eerst maar moet wassen." Na een potje thee fietsten we naar die boer toe. “Nou heb je de benen nóg niet gewassen!” riep de dokter, hij verloor zijn geduld. Maar die boer zei: “Meneer de dokter, ik bin nou achtenzestig jaor en zolange als ik mij heugen kan, heb ik nog nóóit mien bienen wassen!” En dat been wás me toch zwart. Elke morgen moest ik het verbinden om er nieuwe zalf op te doen. De verbanden, die mijn moeder zelf maakte van repen oude lakens, raakten steeds zoek. “Waor laat ie ze toch?” vroeg ik die oude boer. “Je mut die verbanden niet weggooien, maar uutwassen!” Maar hij antwoordde: “Oen moeder kan ut goed betaalen!” en hij bleef ze weggooien.

Er waren in die tijd nog veel mensen die zich niet echt wasten. Alleen hun gezicht en handen hielden ze schoon. Omdat iedereen zo veel kleren om het lijf had, had je van stank niet zoveel last. Tandenpoetsen deed al helemaal geen mens. Als je je mond uitspoelde, was dat al heel wat. Dat deden wij thuis, maar de meeste Smildenaren kwamen niet eens op het idee. Mijn moeder was nogal voortvarend en toen tandenborstels in de mode kwamen, kocht ze er meteen een. We poetsten met tandpoeder dat smaakte naar pepermunt.

Tijdens de Eerste Wereldoorlog heb ik ontzettend veel plezier gehad. De kazernes van Assen zaten vol met mannen die opgeroepen waren voor de mobilisatie; ze hadden niets te doen, want de Duitsers vielen niet binnen. Dus moesten ze zo nu en dan vermaakt worden met een dansavondje in het Assense concerthuis. Daar konden ook burgers naar toe; wij hadden dan een reuzefeest. De zoon van een kennis van ons was kapitein. Als zijn verloofde niet kon, kwam hij mij ophalen. Achter op de fiets bracht hij me naar het concerthuis en dan openden wij het bal. Dat was een eer!

De eerste passen had moeder mij geleerd. En later leerde ik het dansen van de jongens die op les waren geweest. Ik had er erg de slag van. Tijdens een van die feestavondjes in het concerthuis zei een jongen tegen mij: “Straks gaot ze walsen um een pries, wol ie dat met mijn daansen?” Maar mijn zuster zei: “Ie kunt niet daansen met un vent uut de kroeg, ik wil ut niet hebben!" "Ik doe ut toch," heb ik toen gezegd. Die vent uit de kroeg heette Boele Geerts. Een knappe man. Maar hij was boer. Zijn vader was overleden en zijn moeder had in de Groningerstraat in Assen een café dat "de boerenherberg" werd genoemd. Overdag was hij op het land, 's avonds hielp hij in het café. Ik zal hem nooit vergeten... We begonnen die avond met driehonderd paren. Daarna mochten Boele en ik verder walsen met dertig paren en de jury haalde ons er wéér uit. De drie beste stellen walsten nog een keer en wij kregen de eerste prijs. Boele kreeg een doosje met sigaartjes, ik een met bonbons; ik was zo gelukkig! De ober kwam ons even later een fles advocaat brengen, met net zoveel glaasjes als er meisjes zaten om de tafel. Die fles kwam van Boele. Hij vroeg mij nogmaals ten dans en zei: "Oe zuster vindt ut niet goed dat ie met mij daanst, maor ze lust mien advocaat wel." Daar hebben we samen toen smakelijk om gelachen.

Een paar jaar na die Eerste Wereldoorlog mochten we voor het eerst gaan stemmen. Ik vond het gewéldig dat er eindelijk stemrecht voor vrouwen was gekomen! Pa zat op het stembureau in ons schoollokaal. En ik mocht als een van de eersten mijn stem uitbrengen. Pa was lid van de liberale kiesvereniging, dus daar heb ik op gestemd. Maar toen Drees, veel later, de ouderdomsrente erdoor had, heb ik op straat gedanst – zo blij was ik voor de arme mensen. Ze kregen drie gulden in de week. Vóór die tijd hadden ze maar één gulden vijftig van de kerk, of van de gemeente. Dat de arbeiders het beter kregen, is een grote omwenteling geweest. Ze hoefden geen honger meer te lijden en konden nu zelf eens een nieuwe jurk kopen. Ik vond Drees een fijne man. Maar ik heb nóóit op hem gestemd. Je stemde niet op een socialist, klaar. Toen ik later in Den Haag woonde, heb ik Drees nog vaak zien rondlopen. Hij ging altijd met zijn vrouw mee boodschappen doen. Dan droeg Drees een karbiesje dat van een oude broek was gemaakt, om de boodschapjes in te doen – dat doodeenvoudige vond ik zo mooi aan hem. Hij praatte gewoon met iedereen tijdens het boodschappen doen.

Ik was vierendertig toen mijn zuster in Den Haag ging wonen. Mijn moeder wilde dicht bij haar lievelingsdochter zijn en mijn vader was met pensioen en moest het schoolhuis uit. Dus verhuisden wij ook maar naar Den Haag. Ik ben altijd bij mijn moeder in huis gebleven om het huishouden te doen. Wat moest ik anders? Ik had nooit iets geleerd. Ik kón niets. En het was niet anders of je was verplicht om je ouders te verzorgen als je niet trouwde. Ik was moeders dienstmeisje, haar gezelschapsjuffrouw én boodschappenmeid. Zelf deed moeder niets. Ze zat graag stil met een beetje breiwerk of een krant. Voor dag en dauw moest ik opstaan om het huis te poetsen en moeder thee met een beschuit op bed te brengen. Tussen de slaapkamer van mijn ouders en die van mij was een koord gespannen met daaraan een bel; precies boven mijn bed, voor als ze me weer eens nodig had... Ik schrok me altijd een ongeluk als dat ding 's ochtends om zes uur begon te rinkelen.

Den Haag was verschrikkelijk. Als er kennissen op bezoek kwamen, namen ze alles van A tot Z op. Echt brutaal. "Je moet gauw eens bij ons op visite komen," zeiden ze dan. Maar wanneer je die mensen opzocht, deden ze het luikje van de voordeur open en zeiden: "Het past ons vandaag niet." Als ze dan de volgende keer bij ons aankwamen, maakte ik het luik los en zei ik: "Het schikt mij vandaag ook niet." Zoiets was in Drenthe ondenkbaar! Ik herinner mij niet dat er ooit iemand bij ons de deur uit is gegaan zonder dat-ie een kopje drinken had gehad.

Maar de Haagse nieuwsgierigheid is mij één keer goed van pas gekomen. Mijn moeder was iemand die iets altijd als eerste wilde hebben. Alleen een stofzuiger kocht ze niet toen die in de mode raakte. Een mevrouw waar ik weleens mee wandelde, kwam bij ons op bezoek en zei: "Ik heb van mijn man een stofzuiger gekregen voor mijn verjaardag. Wat hebben jullie voor een merk?" "Wij hebben geen stofzuiger nodig," zei mijn moeder, en ze wees naar mij: "Dáár zit mijn stofzuiger." Ik moest altijd de kleden kloppen en 's morgens vroeg de vloer schrobben. "Nou mevrouw Schipper," zei die kennis, "zegt u het maar eerlijk als u het niet betalen kunt." "Niet betalen?!" riep mijn moeder. "Wel tíen kan ik er betalen!" Dat was haar eer te na. De volgende morgen ging ze met pa een eindje wandelen en kwam ze terug met een Hoover, het duurste merk dat er was. En ik moest twee dagen naar een stofzuigerschool om goed te leren zuigen. De belangrijkste les was: "Niet rap heen en weer bewegen, maar zachtjes met het apparaat over de vloer gaan. Anders heeft het stof geen tijd om in de zuiger te komen." Ik moet er nu wel om lachen dat je voor zoiets in 1926 nog op les ging.

Tien jaar later – ik was al 46 – fietste ik van Den Haag naar Amsterdam. Om familie op te zoeken. Er reed een meneer voortdurend dan weer voor mij, dan weer achter mij. Dat begon me te vervelen. "Blijf nou óf voor mij, óf achter mij rijden," riep ik hem toe, "want dit zijn geen manieren!" Toen kwam hij naast mij fietsen, en ik was meteen verliefd. Hij ook. "Ik moet nog helemaal naar Haarlem." "Nou," zei ik, "ik hoef maar tot Amsterdam." Dat was nog eens achttien kilometer verder. "Dan kunnen we net zo goed samen opfietsen," zei hij toen. Zo is het aangekomen. Niet meteen natuurlijk. Daar ging nog een hoop gedoe aan vooraf. 's Ochtends kwam hij altijd langs ons huis gefietst, op weg naar zijn werk. Op een morgen was ik voor onze deur de stoep aan het vegen – ik had het erom gedaan – en toen vroeg hij eindelijk: "Wil je vanavond met mij gaan wandelen?" Dick van Andel, zo heette hij, vertelde mij die avond dat hij al negen jaar gescheiden was. Maar dat kon mij niet schelen, ik heb hem niet uit zijn gezin gehaald! We maakten samen veel lange wandel- en fietstochten. Maar moeder was woedend toen ze dat ontdekte: je stootte de familie de kroon van het hoofd als je met een gescheiden man omging. Dick wilde nog bij ons thuis komen praten, maar moeder werd zo furieus dat ze hem meteen de deur heeft uitgejaagd. Hij kwam er niet in.

Maar ik bleef met hem uitgaan. Om halftien 's avonds moest ik thuis zijn. Dan moest ik nog kaarten met mijn ouders. En dat deed ik altijd braaf. Maar op een avond zei mijn moeder: "Ga in 't vervolg maar direct deur naar oen kamer, want ie stinkt naar die kerel, ik kan die lucht niet verdragen!" "Dat doe ik niet," heb ik gezegd. "Dan gaot wíj wel weg!" riep mijn moeder. Ze ging die avond met vader naar mijn zuster, die vlakbij woonde. De volgende dag kwam mijn zus bij me en zei: "Deur oe mut die olde meinsen de deure nog uut. Wat doej ook met zo'n gescheiden kerel?" "Dat giet oe niks an!" riep ik. En ik werd zo woedend dat ik naar boven rende, twee koffers met goed inpakte en zei: "Hier hebbie de sleutel. Ik ga weg en ik kome nooit weer." Ik was 47 jaar oud en ik liep van huis weg... Dat was niet makkelijk. De eerste tijd heb ik geleefd van mijn spaarbankboekje. En daarna werd ik vertegenwoordigster in Engelse kant. Vier gulden in de week verdiende ik. Net genoeg om kostgeld te betalen voor het kamertje dat ik huurde.

Na drie jaar verkering nam Dick een ochtend vrij van kantoor. Om te gaan trouwen. In een eenvoudige Amsterdamse koffietent dronken we een kop koffie, voor een dubbeltje. Dat was spotgoedkoop, in een duur bakje hadden we geen trek. Dick ging weer naar kantoor en ik naar huis. Dat was het hele huwelijksfeest. Maar die koffie smaakte heerlijk. Voor een echt feest hadden we toch geen geld. Alles ging op aan de alimentatie voor Dicks gezin.

We namen vreemde getuigen voor ons huwelijk. Tien gulden hebben we daarvoor moeten betalen. Een kapitaal. Die getuigen waren achter ons aan gelopen, toen we gingen aantekenen. Ze hadden zich voor vijf gulden aangeboden, maar even later bij de trouwerij moesten ze ineens een tientje hebben. Dan kun je niet meer weigeren. Dus we zijn nog opgelicht ook, op onze huwelijksdag. Eigenlijk zijn we stom geweest, want een halfuur ná ons trouwde een hele groep mensen tegelijkertijd in die zaal. Dat drukte de prijs; niemand had het breed in 1939.

's Avonds schreven we m'n ouders dat we waren getrouwd. Bij mijn moeder mocht ik nu niet meer komen. Nog één keer heb ik haar gezien, op een verjaardagsfeestje van mijn broer. Toen ik binnenkwam, stak ze haar tong tegen mij uit. Pa vond het niet erg dat ik met een gescheiden man was getrouwd, maar tegen het verzet van mijn moeder viel niet op te boksen. Korte tijd na dat verjaardagsfeest hoorde ik via mijn tante dat vader op sterven lag. Ik wilde mijn lieve pa zo graag nog eens zien! Mijn tante zei: "Je gaat gewoon buiten het bezoekuur bij hem langs." Anders zou mijn moeder er zijn, of mijn zuster – die hadden mij nooit bij pa toegelaten. 's Ochtends vroeg ben ik het ziekenhuis binnengeslopen. Vader was zielsgelukkig mij te zien. "Je ogen staan vrolijk," zei hij. "Je hebt vast een goed leven." "Heel best," heb ik gezegd. Dat was ons laatste gesprek.

Na nog geen jaar huwelijk maakte ik voor de tweede keer een oorlog mee. Tijdens de eerste had ik gedanst, tijdens de tweede leed ik honger. Ik woog geen tachtig pond meer. Het halfje brood dat ik een keer bij Jamin in de winkel kon kopen, werd snel weggegrist op het moment dat ik het afrekende. Toch probeerde ik er wat van te maken. De tafel dekte ik chic met mijn mooiste borden, opgepoetste wijnglazen en een wijnfles waar enkel water in zat. Maar de honger bleef. Dick ging 's morgens naar kantoor en zag een keer twee kleine jongens met een handkar. "Hebben jullie eten gehaald in het Noorden?" vroeg Dick, die alleen nog aan voedsel kon denken. "Nee," zei een van die jochies, "onder dit kleed ligt onze dode moeder." Die brachten ze naar de kerk, waar massa's lijken werden begraven.

Kort daarna is mijn man een nacht opgepakt door de Duitsers. Hij bracht verboden krantjes rond met nieuws uit Engeland. Dick was 's middags niet thuisgekomen van kantoor en 's avonds kreeg ik een Duitser en een NSB'er over de vloer. Ze haalden de lakens van het bed, trokken de handdoeken uit de linnenkast en keken in de suikerpot. Die was natuurlijk leeg, er was allang geen suiker meer. "Maar natúúrlijk!" zei ik tegen de NSB'er, "ik bewaar krantjes in de suikerpot." Ik schrok van mezelf. "Als jij je bek niet houdt," riep hij, "dan sla ik hem dicht!" Ik heb mij verder maar stilgehouden. Ze vonden niets, we zorgden natuurlijk wel dat we nooit krantjes in huis hadden. Het beddengoed lag door mijn hele huis, het was een grote rotzooi. Ik heb de hele dag werk gehad om het weer een beetje voor mekaar te krijgen. Maar 's morgens vroeg kwam Dick gelukkig weer thuis. Hij heeft diezelfde dag nog overplaatsing aangevraagd naar Hoogeveen. En in Drenthe hebben we geen honger meer hoeven lijden. Ik kon er direct vijfentwintig kilo aardappelen krijgen, zonder bon. "Stuur die bon maar naar de stad," zei de boer.

In Hoogeveen hebben we tien maanden ingewoond bij een vrouw die alleen was. Haar man werkte in Duitsland, dus ze was blij dat er een vent in huis kwam. Maar ik ging elke week naar het spreekuur van de burgemeester om te vragen of hij ons niet aan een huis kon helpen. "U komt hier veel te vaak," zei hij. "Dat moet wel," zei ik, "want we hebben maar één kamertje en gebruik van keuken." Wat was ik blij toen we eindelijk een huisje vonden. Maar lang hebben we er niet in gewoond; dat hebben we trouwens nergens. Mijn man was kleine chef bij de belastingdienst en als hij weer ergens grotere chef kon worden, verhuisden we weer. Zo hebben we het hele land gezien.

Maar nu ben ik alweer veertig jaar alleen. Dick kreeg slokdarmkanker. Hij had een pijnlijk ziekbed en er waren nog lang niet zulke goede pijnstillers als tegenwoordig. Ik zit maar stil wat te kijken in dit tehuis. Het is best moeilijk om zo stokoud te zijn. Je kunt niks, je doet niks. 's Avonds ga ik even de gang op, dan zit ik daar een poosje met wat andere bejaarden. Maar ik heb er niets aan, want ik kan niet meepraten – ik versta ze niet meer. En dan bel ik de zuster maar weer, om mij de kousen uit te trekken. Toch vertik ik het om chagrijnig te worden. Ik vind het fijn als er bezoek komt. En ik denk nog vaak terug aan de voorbije tijd. Zo herinner ik mij nog die mooie dag waarop koningin Wilhelmina gekroond werd. Het was 1898. Alle kinderen kregen op Smilde een blad met liedjes. Die werden er zó goed ingestampt, dat ik er nu nog een uit het hoofd ken. Ik heb geen mooie stem, maar ik zing het met plezier voor u:

"Wilhelmina koninginne van het vrije Nederland,
u ter eer weerklinkt een juichkreet van de heide tot het strand
Van de Schelde tot de Dollard is uw naam in ieders mond,
van de jubeltonen davert heel de vaderlandse grond
Oranje boven, Oranje boven, leve Wilhelmien!
Wilhelmina koninginne van een klein maar dapper land,
dat reeds eeuwen aan Oranje al zijn liefde heeft verpand
Uwe naam o Wilhelmina, door het ganse volk bemind,
uwe naam o Wilhelmina, is de klank die allen bindt
Oranje boven, Oranje boven, leve Wilhelmien!"

Wat hebben we toen een plezier gehad! Maar het allergrootste feest hadden we toen Juliana werd geboren, in 1909. Er kwam een stoomcarrousel op Smilde en dat was iets verbázends! Het kostte een dubbeltje om daar in te gaan. Maar gelukkig had ik een vriendje die het gevaarte had helpen opzetten. Hij kreeg vrijkaartjes, dus we zaten de hele avond in dat draaiding.

Ik heb heel wat koninginnen meegemaakt. En Emma heb ik ook nog gekend. Die heb ik eens zien wandelen in de tuin, lang geleden. Daar fietste ik altijd langs in Den Haag, en daar liep ze... Emma was altijd in het lila gekleed en ze had een klein wit kanten mutsje op. Zo'n gek toefje. Net als bij een dienstbode, maar dan natuurlijk van hele fijne kant – toefjes van dienstmeisjes waren maar van gewoon katoen. Op Emma's begrafenis was alles lila, zelfs de kleden op de paarden.

Ik vind het Oranjehuis fantástisch. Ik ben echt een fan. Van Emma tot Beatrix. En ook van Willem-Alexander en Máxima. Dat ze zo'n kabaal maken om Máxima vind ik zo'n onzin. Wij – Dick en ik – hebben onze zin toch ook gedaan? Dat was ook omstreden. Ik ben blij dat Willem-Alexander z'n zin heeft gekregen. Aan die ellende in Argentinië heeft zij toch geen schuld? De kinderen van NSB'ers is óók alles vergeven. Máxima is een ontwikkelde vrouw, ze wordt vast een goeie koningin.

Beatrix zou naar Drenthe komen, op koninginnedag. Maar ze kwam niet, vanwege de mond- en klauwzeercrisis. Dat vond ik jammer. Toen heeft de burgemeester geregeld dat we naar háár toe konden. "De oudste van Nederland heeft zich er zó op verheugd de koningin de hand te schudden," had hij aan de koningin geschreven. En toen mochten we met een delegatie uit Meppel en Hoogeveen op theevisite in het paleis! Het hele spul ging mee: het Oranjecomité, de burgemeesters en natuurlijk meneer Mulder, van de verzorging. In een VIP-bus zijn we naar Den Haag gereden. Ik had wel tegen de reis opgezien, maar in die luxe bus met tafeltjes en stoeltjes voelde je niet eens dat je reed. Allerlei radio- en televisieploegen gingen mee. En ze wilden allemaal even met de oudste van Nederland praten.

Aan de achterkant zijn we het paleis ingegaan. Meneer Mulder duwde me eerst door een lange gang, een hoekje om, nog een hoekje om en weer door een lange gang. En ik heb wel gemerkt: er lagen géén lopers in die gangen. Het waren eigenlijk maar heel gewone gangen met tegels – dat viel een beetje tegen. Maar toen kwamen we in de groene zaal. Daar lag wel vloerbedekking, zei meneer Mulder. En daar gebeurde het: er kwam een schim op me af – ik ben bijna blind zoals u weet – met twee uitgestoken handen. Dus ik vroeg: "Wie bent u?" "Ik ben de koningin," zei ze. "Oudste van Nederland," sprak ze, "hoe gaat het met u? Hebt u een goede reis gehad?" "Majesteit," zei ik, "wat vind ik het fijn dat ik u ontmoet. U krijgt de groeten van de directeur van het bejaardenhuis, en van héél Hoogeveen." Toen begon ze te lachen. Ik heb er weer schik in als ik het vertel... Ik heb Beatrix niet zo goed gezien, maar ik heb haar wel gehoord en gevoeld. En ik kan u vertellen: de koningin heeft géén zachte, weke handjes die nooit wat doen. Ze heeft stevige handen die ook weleens wat aanpakken.

Er stonden grote ronde tafels in Huis ten Bosch. Maar er lagen geen kleden op: toch een beetje kaal, vond ik. Maar dat hoort misschien zo in een paleis. Ik mocht naast de koningin zitten. En ik kreeg thee met een gebakje. Maar dat gebakje bliefde ik niet: dat wordt zo'n kliederboel, dacht ik, omdat ik niet kan zien. Straks zit ik helemaal onder in het paleis... De koningin was erg vriendelijk en wat kán die vrouw praten! Ze moest voor iedereen tijd beschikbaar maken, dus erg lang heb ik niet met haar gesproken. Er was gezegd dat ik als oudste de belangrijkste was van de delegatie, maar de burgemeester was toch het meest aan het woord!

Meneer Mulder, van de verzorging, zei tegen mij: "Dankzij u zit ik ook vlak bij de koningin." Want hij zat achter mij aan de rolstoel. Het was mijn leukste dag sinds jaren. Wie overkomt dat: dat-ie naast de koningin thee zit te drinken in het paleis? En weet u hoe? Op mijn pantoffels. Ik heb een stel schoenen van wel zeshonderd gulden. Maar ik kan ze niet aan. Meneer Mulder had 's ochtends tegen mij gezegd: "Ik doe je die mooie schoenen aan." Maar ik zei: "Ik kom er niet in." "Wou je dan op je sloffen gaan?" "Ja," heb ik gezegd. "Als de koningin het niet goed vindt, stuurt ze mij maar weer terug."

"Doe de groeten aan Claus!" riep ik toen we vertrokken. Ik was helemaal niet vermoeid. Op de terugweg hebben we nog een diner gehad in Staphorst. De burgemeester vroeg wat ik wilde eten. En toen kondigde hij heel deftig aan: "Dames en heren, mevrouw Van Andel eet asperges met zalm." Maar de zalm was niet helemaal gaar, en de asperges ook al niet.

'S Avonds was ik op het journaal. Ik geloof dat ik een bekende Nederlander aan het worden ben. Ik krijg brieven en kaarten van mensen die ik nog nooit heb gezien. Laatst was het Algemeen Nederlands Persbureau hier, dat vond ik toch wel gewichtig. Wat er hier niet langskomt aan fotografen! Maar ik hou wel van een beetje publiciteit. Het brengt afleiding. Dan heb ik daarna weer wat om over na te denken, als ik weer alleen zit.'

Telefoongesprek, zomer 2004:
'Goeiemorgen, met Van Andel. Ik ben een oud vehikel, wat zegt u? – ik voel me lekker, ja. En ik word verwaand. Ik ben nu de alleroudste mens op aarde – een nog oudere dame uit Puerto Rico is zojuist overleden. In Tsjetsjenië, of weet ik waar, schijnt nog een vrouw te leven uit 1881; maar dat geloof ik niet – en ze heeft ook geen geboortebewijs. Nu heb ik de wereldpers gehaald! CNN, alle televisiezenders.Wie had dat gedacht; ik was een zwak kind. Het was de buitenlucht. Het rondzwerven – die oude dokter in Beilen, waar ik ooit met de trekschuit naartoe ging, ben ik dankbaar om zijn goede advies. En ik denk nog elke dag aan grootmoeder. Niet aan moeder. In 1899 hoorde ik haar tegen een kennis zeggen: "Dat kind is geen blijvertje, die haalt de achttien niet." Ha!, denk ik nu, ie kunt mij nog meer vertell'n.'

Op 30-8-2005 is Hendrikje van Andel-Schipper overleden.

'De diepte in!'

HAIJE TIGCHELAAR
8-12-1897, HARLINGEN, FRIESLAND

De Friese kaptein streek neer op een eiland en timmerde een bord op zijn huis: FLAMBOROUGH HEAD. 'Naar de kaap met de vuurtoren waar ik vroeger langsvoer.' Bij noodweer kon Tigchelaars schip schuilen in de baai aan de Engelse oostkust. 'En nu is dit huisje in Midsland mijn schuilplaats.' Het is er bloedheet, de kachel brandt op volle toeren – de kaptein heeft het koud gekregen op zijn oude dag – en de zon schijnt fel binnen. Als Haije Tigchelaar de luxaflex omlaag wil hebben, hoor je nog dat hij gewend was orders te geven: 'Helemáál dicht die luxaflex!' commandeert hij wanneer het plastic gordijn een centimeter boven de vensterbank blijft steken. Van halve maatregelen heeft de eigenzinnige zeeman nooit gehouden. Wie vraagt naar zijn gezondheid, krijgt te horen: 'Wil je met me knokken?'

Haije Tigchelaar staat misschien krom achter zijn rollator, hij kijkt nog met arendsblik de wereld in. Vanuit Flamborough Head overziet hij de Terschellinger weilanden. De Waddenzee, die daarachter ligt en waarop hij zijn eerste tochtje maakte, kan hij net niet meer zien – maar de golven zijn nabij. De oud-kaptein neemt traag plaats in het decor van zijn avonturen: in de stoel naast het scheepsmodel van de Midsland en onder het schilderij van de Ottoland in oorlogskonvooi, dat vlak voor het fatale moment nog werd vastgelegd. 'Roept u hier uw vragen maar in!' wijst Haije naar zijn rechteroor, 'het andere oor kun je vergeten.' Maar er valt niet veel te roepen, Tigchelaar begint meteen te vertellen en hij wordt niet graag in de rede gevallen. De sterkste verhalen rollen eruit – de kaptein lijkt niet te stoppen, net zoals vroeger op zee.

'Vader zat in de schelpdieren. Hij exporteerde oesters, wulken, mossels en kreukels. Als de vissers hun vangst uit de Zuiderzee of de Waddenzee binnenbrachten, kregen ze van vader order naar welke boot ze het spul moesten brengen. Vader hoefde dan nooit te gaan kijken of de balen schelpdieren er wel echt werden neergelegd. Dat gebeurde nou eenmaal, dat was het vertrouwen tussen koopman en visserman. 's Avonds kwamen de vissermannen hun centen ophalen, want het was geld bij de vis. In de winterdag kregen ze van moeder een kom chocolademelk en van vader een lekkere sigaar in hun hoofd. Ik had het ook niet slecht. Want als de commissionair onze schelpdieren in Engeland had verkocht, stuurde hij een cheque. "Ga er maar fijn mee naar de bank, jongen, en wissel hem in," zei vader dan. Dat deed ik graag: het koersverschil was mijn zakcentje.

Vader ging uiterst voorzichtig om met zijn kostbare handel. Want die wilde oesters, die nu zo'n beetje zijn uitgestorven, brachten veel op. Jongens uit het dorp visten lange stengels wier op, aan de dijk, en verkochten die aan mijn vader: het knobbelwier werd op de bodem van een vat gelegd, daar kwam een laagje oesters overheen, dan weer wier, enzovoort. Zo werden de hoge vaten gevuld en naar de boot gebracht, met de boodschap erbij dat de knechts ze niet mochten rollen; een oester die zijn water laat lopen, is niks meer waard. Tussen de vaten werden koelcilindertjes geplaatst, met ijsbrokken uit vaders eigen pakhuis. Als het in de winterdag goed hard vroor – en het vroor toen harder dan tegenwoordig – haalden onze knechts met lange zagen blokken ijs uit de vaart. Die blokken stapelden ze op in ons ijspakhuis aan de dijk, dat dubbele deuren had om de boel het hele jaar koud te houden. Was er ijs nodig, dan hakten de knechts een stuk uit zo'n blok en draaiden ze dat klein in een speciale molen: dat gaf een krakend geluid, weet ik nog.

Ik was een jaar of twaalf – ik had vakantie van school – toen ik een keer met de mosselvissers mee mocht naar Texel. We voeren de haven van Harlingen uit en gingen de blauwgrijze zee op. "Kun je sturen?" vroeg een van de Texelse vissers. Dat kon ik niet. "Maar ik wil het graag leren!" Hij deed het me één keer voor. Toen moest ik aan het roer. De vissermannen doken het vooronder in om hun middagmaal te eten en ik stond helemaal alleen te sturen! Ze lieten me een poos staan, zodat ze eens lekker konden uitrusten. Maar het ging me best af. Toen we weer thuiskwamen, zei een van de mosselvissers tegen vader: "Die jongen van u is een geboren zeeman." Dat wilde vader niet horen! Hij zag mij liever in de zaak. Maar ik heb altijd, van jongsaf aan, gezegd: "Ik word zeekaptein." Alsof het in mijn bloed zit... Als kind stond ik al in mijn matrozenpakje naar de boten te kijken, of ik liep regelrecht de zee in. Dan deed ik de badende hondjes na en riep: "Ik kan zwemmen!"

Eerst moest ik een jaar varen als lichtmatroos, op de Gamma van de Amsterdamse rederij Bothnia; een harde leerschool, maar ik heb er profijt van gehad. Daarna kon ik naar de nieuwe zeevaartschool in Harlingen. Een geweldige school! Als je op het platte dak ging staan, kon je de zeedijk zien liggen. Iedere leerling derde rang kreeg een sextant in handen om de hoek tussen de zon en de dijk te meten. Op zee heb je natuurlijk geen dijk maar een horizon. Maar zo leerde je uitstekend zon schieten, zodat je later midden op de oceaan zou kunnnen zien waar je was. We hadden een ontzettend strenge leraar, die je net zo lang liet oefenen tot je het héél goed kon.

Al vrij snel mocht ik voor mijn derderangsexamen naar Den Haag. Met zes jongens zaten we daar op een rijtje. De examinator stelde de ene listige vraag na de andere – het was net een quiz – en steeds was ik de eerste die kon antwoorden. Na afloop vroeg de examinator: "Hoe komt het toch, Tigchelaar, dat jij alles weet van scheepsbouw?" Dat kon ik hem wel uitleggen. Het schip waarop ik als lichtmatroos had gevaren, de Gamma, werd ontzettend streng schoon gehouden: elk kolenstofje moest eruit zijn voor er een lading hout in kwam. Ik had elk hoekje en gaatje tijdens het schoonmaken bestudeerd, dat leek mij nuttig, en wist dus precies hoe een schip in mekaar zat. De examinator gaf me mijn diploma "derde stuurman" en ook nog een soort prijs: mijn eerste sextant. Ik stond echt een beetje paf. En hij ook, toen hij zag dat ik direct met het instrument overweg kon: de examinator wist natuurlijk niets van ons platte oefendak. Hij zei dat er een grootse toekomst voor mij was weggelegd...

We zaten midden in de Eerste Wereldoorlog toen ik mijn derde rang kreeg. Toch wilde ik naar zee. Vader had het er niks op staan; hij had het druk, want mijn oudere broer was onder dienst geroepen. “Kom mij toch helpen in de zaak,” smeekte hij. Maar ik dacht alleen aan varen. “Ik ga ervandoor!” riep ik. En ik ben vertrokken. In Rotterdam kon ik meteen een schip op, als derde stuurman: de Eibergen maakte een verre reis van vijf maanden, op en neer naar Zuid-Amerika. Dat vond ik prachtig natuurlijk. Maar toen we met een lading graan terugkwamen uit Rosario ontvingen we de onheilstijding dat Nederlandse schepen waren getorpedeerd in het Engelse Kanaal, waar wij in volle vaart op afkoersten. Het was begin 1917: de verscherpte duikbotenoorlog was uitgebroken. “Om het roer!” riep onze kaptein, we moesten uitwijken naar Spanje. Vijf maanden hebben we in Vigo liggen wachten. Maar ik was zo vaarlustig, dat het vijf jaren leken.

Eindelijk gaven de Duitsers toestemming om op te stomen naar Rotterdam. Met een flinke omweg. Vanaf Vigo stoomden we eerst recht om de west, de oceaan in en toen benoorden Engeland en Schotland op tweeënzestig graden noorderbreedte richting Noorwegen. Vandaar werd koers gezet naar de twee vuurschepen bij de Doggersbank. Dat was spannend: buiten die oplichtende schepen lagen mijnenvelden. Die misten we gelukkig, maar die reis vergeet ik nooit meer – hij liep ook niet met een sisser af. We waren Rotterdam nog niet binnengevaren, of er kwam al een havenpolitieman aanzetten. “Ik zoek een deserteur en die moet hier aan boord zitten”, riep hij. “Wie kan dat nou zijn?” vroeg onze kaptein. “Tigchelaar, uw derde stuurman!” Ik moest op het matje komen. Maar verlegen was ik niet: “Ik ben geen deserteur,” heb ik heel kalmpjes tegen die politieman gezegd, “ik heb broederdienst.” Mijn oudere broer was al gemobiliseerd, dus hoefde ik niet. “Jij moet nu ook onder dienst; de regels zijn veranderd,” riep hij. “Daar wisten ze in Zuid-Amerika anders niets van!” heb ik teruggeroepen. Dat vond hij nogal ad rem, er kwam een lach op zijn gezicht. Bestraft werd ik niet, maar onder de dienstplicht kwam ik niet meer uit.

Met een hele troep mannen, vooral oudere boerenarbeiders die nu ook op moesten komen, werd ik naar de kazerne van Leeuwarden gebracht. Daar leidden ze ons op tot soldaat, of wat daarvoor doorging. En ik heb me rot gelachen in die dagen! Aan de ene kant van de kazerne zaten de Friezen en aan de andere kant de Groningers. Ze hadden continu herrie, om de stomste dingen. Zo beschuldigde een Fries een van de Groningers ervan dat hij de deken van zijn bed had gestolen. Die ruzie liep zo hoog op, dat steeds méér dienstplichtigen mekaar in de haren vlogen. Het zooitje moest buiten aantreden, maar niemand kwam opdagen want binnen was de strijd tussen de Friezen en de Groningers losgebarsten! Om een ouwe "tekken", die we nooit meer terugvonden.

Nadat we in Leeuwarden zo'n beetje getraind waren, moesten we naar het veldleger bij Ede. Wij, een groepje gemobiliseerde zeelui, werden alvast vooruit gestuurd om de boel schoon te maken, zodat de rest in een fatsoenlijke ligplaats terecht kon. Toen een paar dagen later dat stelletje soldaten aangemarcheerd kwam, lachten we ons een bult! Er waren erbij die nog geen been recht neer konden zetten. Sommigen waren letterlijk krom van het werken; van die doodarme landarbeiders, die veel te lang voorover gebogen hadden gezeten op het land. Daar stonden wij als zeelui van versteld. De luitenant kwam naar ons toe en vroeg of wij, de sterkeren, alstjeblíeft sergeant wilden worden. Daar hadden we geen trek in: "Zodra het vrede is gaan wij naar zee!" Daar ben je zeeman voor. Maar de luitenant zei: "Als jullie meewerken en leren voor sergeant, zorgen wij dat jullie weg kunnen zodra de oorlog voorbij is." Dat kon zelfs een zeeman niet afslaan.

We hebben gekke dingen beleefd onder dienst. Eens in de week moesten we allemaal onder de douche. In de deur zat een luikje waardoor gecontroleerd kon worden of alle soldaten wel echt douchten – en dat was nodig ook. Ik weet nog dat een dienstdoende luitenant door het luikje keek en tegen ons zeelui zei: "Moet je eens zien: die vent daar staat niet ónder de douche, hij staat ernáást!" Dat was zo'n landarbeider die niets van water wilde weten; hij vond het eng om onder de douche te gaan. We hebben die arme kerel de kleren van het lijf gescheurd en hem eronder gezet. Het werd de eerste grondige wasbeurt van zijn leven! Die arme arbeiders wasten zichzelf amper. Laat staan onder een douche; dat was nog echt iets vreemds in die tijd. Alleen de marine en het leger, en misschien enkele rijke mensen, hadden een douche.

Al waren we dan neutraal en is het in Nederland niet tot oorlog gekomen, het soldatenleven was zwaar. Veertig kilometer lopen, bepakt en bezakt. Of loopgraven maken. Ze hielden ons goed bezig. Om vijf uur 's avonds was je kapot – dat was natuurlijk de enige manier om de dienstplichtigen in toom te houden. Ze waren doodsbenauwd voor een opstand, want veel soldaten wilden weg. Ik kon natuurlijk niet varen en verdienen, maar had toch geen hekel aan de diensttijd – je kon wel mopperen, het was onontkoombaar. Maar voor de ouderen van dertig plus, die nu ook op moesten komen, was het heel iets anders. Ze vonden het ontzettend zwaar om weg te gaan uit hun omgeving. De meesten waren al getrouwd en hadden kinderen. Ik kon goed begrijpen dat ze na een paar maanden geen zin meer hadden.

Op een koude winteravond, het was laat, werd er op de hoorn geblazen. Gekleed en gewapend moesten we aantreden. De kolonel zat al op zijn paard en riep dat we moesten uitrukken naar de ligplaats op de vlasakkers. Daar waren dienstplichtige soldaten in opstand gekomen. Ze hadden een paar verblijfplaatsen in brand gestoken en er zou zelfs op de officieren zijn geschoten. Ede had opdracht de orde te herstellen. Er stond een soldaat vlak naast mij die iets mompelde, op z'n Fries. "Wat zegt die kerel?" vroeg de kolonel, die geen woord Fries verstond. "Als we daar naar toe moeten, schieten we het eerst op de sterren en strepen!" vertaalde iemand het in helder Hollands. De kolonel dacht even na, rechtte toen zijn rug, zodat hij mooi recht op zijn paard zat, en riep: "Ingerukt mars!" Het orde herstellen ging niet door, een geniale zet. Ik heb altijd bij mezelf gedacht: dat was de verstandigste kolonel van het hele Nederlandse leger. Had hij gedaan wat hem was opgedragen en de ene soldaat had op de andere moeten schieten, dan was er pas echt een revolutie gekomen. En nu bluste het vanzelf.

Ik mocht, zoals beloofd, meteen weg toen de wapenstilstand kwam. Mijn uniform – ik had het inmiddels tot sergeant geschopt – konden ze houden. Wat moet je daarmee op zee? Ik ging linea recta naar Rotterdam. Maar de maatschappij waar ik voor gevaren had, Hudig en Veder, had geen plaats meer voor mij. Dus moest ik verder zoeken. De stuurliedenvereniging wist alleen een schip dat een tweede stuurman zocht. Dat was ik nog niet, maar ik ging er toch maar op af – je wist maar nooit. De kaptein van dat schip, de Mont Cervin, vroeg me wie ik was en waar ik zoal gevaren had. Ik vertelde hem over mijn diensttijd en over mijn reis naar Zuid-Amerika. Al had ik dan geen papieren, hij nam me direct aan. Met dispensatie kon ik – een rang te hoog! – gaan varen. Toen ik voldoende vaartijd had, haalde ik m'n diploma "tweede stuurman grote stoomvaart" alsnog. Daarna ging het snel. Ik kwam thuis van het examen en vond op de mat een briefkaart van de Scheepvaart en Steenkolen Maatschappij: "Wij hebben een plaats voor u als eerste stuurman op het stoomschip de Oosterland. Met dispensatie." Ik mocht, met speciale toestemming, alwéér een rang hoger gaan varen.

Ik heb lang voor de Scheepvaart en Steenkolen Maatschappij gewerkt. De directie kocht kolen in Engeland – een half miljoen ton per jaar! – en die werden vervolgens met de eigen schepen vervoerd. We voeren op Denemarken, België en Frankrijk. Het mooie was dat je steeds in verschillende havens kwam, zo zag je nog eens wat. En toen ik kaptein op de Midsland werd, ik was net dertig, voeren we naar de nieuwe haven Gdynia om er de eerste Poolse kolen te halen die naar Holland gingen! Het duurde ontzettend lang voor ze in het ruim lagen, zo voorzichtig gingen de Polen te werk: ze waren doodsbang dat er breuk in kwam. Die eerste partij moest en zou perfect aankomen in Rotterdam, en ik mag wel zeggen: ik heb ze netjes afgeleverd. Later kwam er een enorme handel op Poolse kolen.

Op een dag voer ik met de Ottoland, een flink schip, op de Noordzee. We kwamen met kolen uit Engeland en koersten richting Rotterdam toen ik een onheilsbericht ontving: de oorlog was uitgebroken tussen Duitsland en Engeland. De moffen hadden mijnen gestrooid, dus varen werd riskant. Maar we haalden Rotterdam zonder schrammetje. De waterklerk kwam aan boord met geld voor de bemanning en een brief voor mij: ik moest de volgende dag alweer terug naar Engeland. Ditmaal op het kleinere schip de Midsland, waar ik vroeger op had gevaren. Er werd negenhonderd ton groenten uit het Westland aan boord gebracht; daar moesten we mee naar Londen.

'S Avonds om zeven uur vertrok ik uit Rotterdam. Ik voer de Waterweg uit en nam de gewone Kanaalroute naar Londen. De eerste stuurman had de wacht van twaalf tot vier. Midden in de nacht kwam hij mij roepen. Hij vertelde dat er net een Duitse onderzeeër voorbij was gekomen en dat de commandant had geroepen dat wij naar Oostende moesten uitwijken. Maar dat had ik helemáál niet in mijn hoofd! Ik zette mijn koers gewoon door naar Londen. De Duitse onderzeeër had dat in de gaten en kwam ons achterna. Hij zette groot licht op om aan te geven dat wij moesten stoppen. Dat moet je altijd doen, dat is niet anders. Hij mocht mij tot stoppen dwingen voor onderzoek naar contrabande, zo luidt de internationale wet. De duikboot kwam dichterbij en een Duitser riep dat ik de eerste stuurman met alle papieren naar hem toe moest sturen. Daar wist ik wel wat op. Ik gaf mijn eerste stuurman een handjevol oude connossementen van de lading. Niet allemaal, hoor! Daar had ik geen zin in. De eerste en de tweede stuurman roeiden met die papieren richting onderzeeër, en toen greep ik in. Ik draaide mijn schip vijfentachtig graden van koers; in plaats van náást, lagen we nu loodrecht óp die duikboot. De aandacht was op het roeibootje gericht, dus de moffen leken het niet op te merken... Toen ik zag dat mijn stuurman naar beneden was gegaan door het torentje van de onderzeeër, gaf ik de machine volle kracht vooruit. Ik voer regelrecht op de duikboot af, en sneed die mof in tweeën! De neus met de torpedobuizen lag eraf – zonder zijn neus was hij weerloos: ik had hem onschadelijk gemaakt! Hij kon niemand meer kwaad doen. En daar ging hij: de diepte in! Of ik die beslissing op eigen houtje nam? Ik moest wel. Holland was nog niet in oorlog, wij waren op dat moment neutraal. Maar het kon die moffen uiteindelijk niets schelen of je neutraal was of niet. Alles wat vracht op Engeland voer, ramden ze toch de grond in! Ik was dus op mijn hoede en dacht: mij krijg je niet te pakken!

Terwijl de Duitse onderzeeër naar beneden zonk, kwam de eerste stuurman weer op ons toe geroeid. "Jij zou die papieren toch afgeven?" vroeg ik hem, terwijl hij de brug opklom. "Ik heb tegen de tweede stuurman gezegd dat hij het maar moest doen, want die Duitsers wilden álle ladingspapieren en die hadden wij niet meegekregen," zei hij. En waarom had die Duitse kaptein nou alle papieren gewild? Omdat hij met die stukken een deel van onze lading kon krijgen. Maar dat is dus niet doorgegaan. En onze lading kwam in prima conditie aan in Engeland. Die groenten leverden een hoop op, op dat moment. Er viel een last van mijn schouders toen we Londen op tijd binnen voeren.

Op de terugweg naar Rotterdam riep een van de matrozen: "Kaptein, daar zit een vent op een vlotje!" Ik nam de kijker en zag tot mijn grote verbazing dat het de tweede stuurman was die naar ons zat te zwaaien. Hij was dus heelhuids weggekomen uit de onderzeeër! De Duitsers, dat was toch wel aardig van ze, hadden hem op een reddingsboei gezet en door de luchtsluis naar buiten gebracht. De tweede stuurman had inmiddels zo lang met zijn benen in het water gezeten dat hij er niet meer op kon staan toen we hem kwamen redden, een stevige matroos heeft hem aan dek moeten tillen. De man was kletsnat, uitgehongerd en doodop. "Blijf jij maar in bed liggen," heb ik gezegd. "Ik neem je dienst wel waar." Ik was dolblij dat we hem terug hadden gevonden. En we hebben de tweede stuurman die nacht zo goed ingestopt dat hij de volgende dag alweer kon lopen. Of hij kwaad was dat ik hem in die onderzeeër had achtergelaten? Het geeft níks als er eens iemand boos is! En eigenlijk weet ik niet eens of hij het mij kwalijk heeft genomen. Ik heb er nooit meer met hem over gesproken. Een ondergeschikte deed gewoon wat hem werd opgedragen, klaar. In discussie gaan was er niet bij – dat is nu wel anders.

Na de oorlog hoorde ik hoe het met de Duitse onderzeeër is afgelopen: er waren geen gaten in gekomen, de neus was er gááf van af, en de Duitse bemanning is gered en naar Bremen gesleept. En het leuke van de hele zaak is voor mij geweest dat de Duitsers nooit hebben gereclameerd bij de Nederlandse regering dat ik een van hun onderzeeërs doormidden heb gesneden, wat ik officieel niet had mogen doen. Niet dat ik er een momentje spijt van heb gehad... Toen ik met schade aan de steven in het droogdok kwam, heb ik niets verteld, maar de loods had ik het al wel gezegd. En zo lekte het toch uit; toen ik later, na een volgende reis, in Hoek van Holland aankwam, zag het er zwart van de mensen! Ze stonden mij allemaal toe te zwaaien, het was wonderbaarlijk. En toen ik weer in Engeland was, kwam er een Britse officier van de marine aan boord, die zei: "Thanks for the lesson you have given the Navy!" De Britten kunnen iets zo mooi in een grapje verpakken zonder hun mond voorbij te praten. Ik heb mijn verhaal over de Duitse duikboot nooit openbaar gemaakt, dat leek toch niet verstandig. Maar nu kan ik het wel vertellen, dacht ik zo.

Veilig terug in Rotterdam kreeg ik te horen dat we nog zo'n reis moesten maken. De tweede stuurman was aardig opgeknapt en ging ook weer mee. Als je niet voer, kreeg je geen geld, dus hij moest ook wel. Net als wij allemaal, gevaar of niet. Toen we buiten de Rotterdamse waterweg kwamen, het was al donker, zei ik tegen de tweede stuurman: "Doe alle lichten uit." "We zijn toch verplicht om navigatielicht te voeren?" vroeg hij. "De pot op met de regels!" heb ik geroepen. "Er mag niet één lichtje blijven branden." Ik voer met een geheime koers die ik van de Engelse consul had gekregen en wist dat we op die route geen andere schepen zouden tegenkomen waar we tegenaan konden botsen. Een aantal matrozen en de eerste stuurman hadden bezwaren, dus ik zei: "Hou je maar rustig, we varen heus veilig – of heb je de broek nou al volgescheten?" Toen hielden ze hun mond. In het duister voeren we naar Londen. Als je eenmaal aan de nacht gewend bent, kun je onder de sterrenhemel ook nog heel wat zien. Pas bij de boei nabij Londen deed ik de zijlichten aan om de loods binnen te halen. Het begon inmiddels al langzaam dag te worden en ik keek stomverbaasd naar bakboordzijde, en toen naar stuurboordzijde: aan beide kanten lagen Engelse torpedojagers! Zonder dat ik het wist hadden die ons beschermd; ze praten maar met één woord tegelijk in de oorlog! Ik wees de stuurman op de torpedojagers, en zei: "Heb je nou veilig gevaren of niet?" Daar wist hij, totaal verrast, niets op te zeggen.

In de haven stonden de mensen ervan versteld dat het mij wéér zo snel was gelukt het Kanaal heelhuids over te steken. "En nu maak ik van dit schip een majesteit," zei ik fier. "Ik zal hare majesteit een dansje voor jullie laten maken." Dansen met een schip? Dat geloofden die havenlui niet. Maar ik maakte de Midsland los en voer achteruit de kade af. Midden in de haven manoeuvreerde ik net zolang met het roer en de machine tot het schip sierlijk de rondte in ging. Zo bleef ik ronddraaien: ik oogstte een flink applaus.

Maar nog mooier was het moment waarop de inspecteur van het Ministry of Food in mijn ruimen kwam kijken. Hij voelde aan de lading en merkte dat de groenten koel waren gebleven. "Hoe kan die lading zo fris zijn?" vroeg hij. "Dat hoeft u niet te weten," heb ik gezegd. "U bent hier alleen om te keuren." Maar hij vertelde het aan zijn minister en die wilde diezelfde dag nog weten hoe ik mijn lading koel hield. Daarop zei ik tegen de inspecteur: "Dat is het geheim van de kaptein. Zeg maar tegen de minister dat ik ook niet vraag hoe hij z'n werk doet!" Dat ging die man toch geen moer aan? Er waren nog geen koelsystemen, dus iedere kaptein moest zijn lading zelf op de een of andere manier fris weten te houden. Hoe ik het deed? Bij het laden zorgde ik er al voor dat er koele lucht in de warme ruimen kwam. Ik gaf order om de luchtkokers aan stuurboordzijde op de wind te zetten. Aan bakboordzijde werd die luchtstroom weer afgevoerd. De wind blies er goed doorheen; je kon de groenten op het dek ruiken. Eenvoudig, maar je moet het wel even bedenken.

Ik was met de Ottoland op weg naar Rotterdam toen ik 's ochtends vroeg bericht kreeg van de regering: inmiddels was ook Nederland in oorlog met Duitsland. Ik moest onmiddellijk naar de dichtstbijzijnde Engelse haven varen, dus ik keerde om en stoomde naar Hull. Daar bleven we een poosje, want het schip moest worden bewapend voor de oceaanvaart – onze nieuwe taak. Na al die spanning vonden we het wel prettig dat we bewapend werden. We kregen een elektrische kabel op het schip, een demagnetiseringskabel, tegen magnetische mijnen. En achter op de Ottoland kwam een stalen dek met een kanon van tien centimeter. Acht bemanningsleden werden door het Ministry of Defence getraind om met het gevaarte te leren schieten, en de tweede stuurman werd opgeleid tot kanonniersofficier. Bewapend en getraind vertrokken we naar Methil, Schotland. Daar werden we met nog meer schepen bij elkaar gevoegd om gezamenlijk in een groot konvooi de oceaan op te stomen naar Canada, om houten stutten te halen voor de Britse kolenmijnen. Het Britse oorlogsschip dat ons konvooi begeleidde, keerde al na één dag terug. De marineman wenste ons nog een goeie reis en weg was hij. Hij moest wel, want er was een groot tekort aan oorlogsschepen – de Engelsen hadden natuurlijk lang niet zoveel oorlogsmaterieel geproduceerd als de Duitsers. Ik kreeg een gesloten enveloppe mee met de geheime route voor de Ottoland. Elk schip had zijn eigen route, zodat er niet al te veel schepen dicht bij elkaar voeren en de Duitse onderzeeërs maar raak konden poefen.

De Ottoland volgde een hoge noordelijke koers. Toen ik na een paar dagen de brug op liep om de wacht over te nemen van de tweede stuurman, zag ik iets vreemds. "Wat moet die zwarte wolk daar voor onze neus?" vroeg ik. Iets verderop zag de lucht bijna zwart, terwijl hij prachtig blauw was op de plek waar wij voeren. Zou het mist wezen?, vroeg ik me af. "Welnee, dat kan niet met dit goeie weer," zei de tweede stuurman. En hij ging naar bed. Maar toen we dichterbij kwamen, wist ik: dit deugt niet! Ik gaf de bootsman order om de deuren en poorten te sluiten. Alles moest dicht, tot de kombuis toe. En nog geen halfuur later kwamen we in potdichte mist terecht. Daarna belandden we in een regenbui die overging in een stortbui. Toen de stortregen voorbij was, kregen we vliegend stormweer uit het zuidwesten; het woei onwezenlijk hard, en recht voor ons uit kwamen twee gigantische golven aanzetten! Allebei tegelijk plonsden ze op de Ottoland; het hele schip stond onder water. Alleen de voorpiek en het reddingsbotendek bleven droog. De eerste stuurman vloog van schrik de ijzeren ladder van de schoorsteen op. Het magnetisch kompas sloeg zó ver uit, dat de naald het glas raakte – aardmagnetisme, vreesde ik. Hier is geen redden meer aan! dacht ik. Dus ik gaf een noodsein. De naald van het magnetisch kompas begon steeds wilder op en neer te slaan, dat betekende dat het niet in de haak was. Maar we bleven varen, zo goed en zo kwaad als het ging, en toen we iets dieper in die donkere wolk zaten, kwam er alweer zo'n grote golf aan. Die tilde ons ditmaal het water uit en een stukje de lucht in: alle nattigheid was in één klap van het dek af. Er kwam nog een golf op ons af die het schip even de lucht in tipte. En toen was het ineens doodstil. De naald van het kompas werd rustig. De storm verdween, we kwamen weer in de regen terecht. Eerst regende het hard, toen zacht. Daarna hadden we weer de dichte mist. En toen waren we de zwarte wolk uit.

De zee was vlak, de zon scheen aan een strakke blauwe hemel: het felle licht viel op een wrakstuk... Door mijn kijker zag ik dat het de restanten waren van een onderzeeër. En ik wist dat er een duikboot uit Rusland verloren was gegaan. De Russen waren er al een paar weken naar op zoek, dat had ik gelezen in de krant die ik op de dag van vertrek in Londen had gekocht. Dus ik liet seinen dat ik hem had gevonden en meldde wat ik zag drijven. Het bericht was nog niet verstuurd, of de marconist meldde mij dat er een boodschap terug was gekomen "uit Moskou!". "Thanks for your informations, radio Moscow," stond erop. "Dat bericht komt niet uit Moskou," zei ik tegen de marconist. "Het moet van een Russisch oorlogsschip komen dat hier in de buurt aan het zoeken is naar die onderzeeër." En een uur of wat later kwam er een enorm gevaarte in zicht. Een kruiser kwam met volle vaart op ons afgestormd. Hij voer vlak langs ons heen, aan bakboordzijde, en we zagen dat de complete bemanning in het gelid aan dek stond. Ze groetten ons met de Russische vlag. Daarna begonnen ze als wilden te zwaaien met hun mutsen en petten. Er was zelfs muziek, de bemanning danste en de kapitein en de officier stonden op de brug te zwaaien, zo blij waren ze met mijn vondst!

Als wij de onderzeeër niet hadden gevonden, waren ze er nu misschien nog naar op zoek geweest, die plek in de Noord-Atlantische Oceaan lag immers niet in de reguliere scheepvaartroute. Niemand wist dat daar zo'n sterk aardmagnetisme zat, dat was nog onbekend. Ik heb mijn superieuren gemeld dat het aardmagnetisme de oorzaak moet zijn geweest van het zinken. De kop van de Russische onderzeeër moet naar beneden zijn getrokken in die zwarte wolk, tot het ding op de grond stootte. Het magnetisme had ons ook een stukje naar beneden getrokken, zo waren die eerste golven op ons afgekomen en werden we onder water gedrukt. De wilde golven die daarop volgden, zijn onze redding geweest. Maar ik heb nooit een verklaring gevonden voor die zwarte wolk: waarom hing die bij de magnetische plek? Daar heb ik geen verstand van, en ik zal er wel nooit meer achter komen.

Ik heb de Russische kaptein van de kruiser de tip gegeven hoe hij vlak vóór de zwarte wolk naar het noorden zou moeten varen; zo kon hij de plek precies omzeilen, en toch op zoek gaan naar de onderzeeër. Door mijn kijker zag ik hoe de kruiser ook precies die beweging maakte. Toen kon ik met een gerust hart verder. Later las ik in de krant dat de kruiser met de onderzeeër naar Petrograd is gevaren: daar is toen feest gevierd.

Vanuit Canada vertrokken we weer met een volle lading mijnhout richting Hull. In een konvooi van negen rijen breed en vijf schepen lang. Een breed en niet al te lang konvooi bood volgens de Engelsen betere bescherming tegen de Duitse duikboten. Het werd een rampzalige terugreis... We hadden overdag stormweer vanuit het zuidwesten en toen dat voorbij was, kregen we noodweer uit het noordwesten. Maar 's nachts brak de nood pas goed los: we werden aangevallen door onderzeeërs. De moffen torpedeerden vijf schepen uit ons konvooi. Een rampzalig gezicht. Maar wij moesten voort, want in onze rij was geen schip geraakt. En dan was het motto: "Dóórvaren!" Ik keek het water in en dacht nog: je zult hier maar op zo'n plankje ronddrijven. Want het was midden op de oceaan en pikkedonker.

Minus die vijf schepen kwamen we via Schotland aan bij de oostkust van Engeland. Daar werd het konvooi in tweeën gesplitst. De helft ging naar Liverpool. De andere helft naar Londen. Ook wij vertrokken, met een speciale order, naar Londen. Daar mochten geen schepen naar toe die om de noord waren gegaan. Ieder schip dat we tegenkwamen moest worden beschouwd als een vijandelijk invasieschip, had de commandeur gezegd. Dat moesten we dus direct aanvallen en de grond in rammen. Maar zover kwam het niet, want we liepen de eerste nacht – op 5 oktober 1940, om halfdrie – met het voorschip op een mijn. Dat geeft wel even een klap, hoor! Ik stopte de machine en ging met de tweede stuurman kijken wat de schade was. We zagen dat de kop van ons schip een heel eind onder water lag. De bemanning stond al klaar bij de reddingsboten. Maar voorlopig bleef de Ottoland nog drijven. Er mocht op deze gevaarlijke reis geen radiocontact zijn, was mij verteld – dus seinen kon niet. We zagen niet veel in het donker en konden dus niets anders doen dan wachten tot de dag aanbrak...

Bij het eerste daglicht probeerden we naar de wal te stomen. Vergeefs, we duwden de kop van het schip alleen maar dieper onder water. Dus probeerden we het achteruit. Dat ging ook al niet: de schroef was inmiddels te ver omhooggekomen. Van voren zonk het schip steeds dieper, aan de achterkant kwam het verder omhoog – we konden geen kant meer op. Toen moest ik dus wel een noodsein geven, in de hoop op redding. De tijd kroop, en er kwam maar niets. Tot we – een hele poos later – een vliegtuig aan zagen komen. Het cirkelde over ons heen en vloog weer weg, we snapten er niets van. En ondertussen zonken we dieper en dieper weg. Maar het vliegtuig kwam terug. Dit keer hing er iemand uit, die naar het zuiden wees. En daar zagen we de rookpluim van een mijnenveger, de Glen Gower, aan de horizon. Het vliegtuigje had hem naar ons toe geleid. We doken zo snel mogelijk met z'n allen de reddingsboten in; net op tijd. Maar we voeren niet meteen weg. Ik wilde eerst met eigen ogen zien dat de Ottoland, die nu bijna helemaal onder water lag, in z'n geheel zonk. Het is geen pretje om je schip te zien zinken. Maar ik moest zeker weten dat de Ottoland niet als wrak bleef drijven. Dat zou weer gevaarlijk zijn voor andere schepen.

Zo'n scheepsramp is verschrikkelijk om mee te maken natuurlijk. Maar hoe raar het ook klinkt: ik was inmiddels gewend geraakt aan verschrikkingen. Ik had de bombardementen op Londen al meegemaakt. Soms stond alles om je heen in lichterlaaie; dan kon je buiten de krant lezen, zo licht was het met al dat vuur. Op zulke momenten leer je je zenuwen beheersen. Want het gaat maar om één ding: zorgen dat je in leven blijft. Dat is de opgave. En dat kan alleen als je kalm blijft, anders denk je niet helder.

In North Shields zette de Glen Gower ons aan wal. De bemanning kon een nieuw kostuum krijgen, we droegen natuurlijk onze werkkleding, en moest zich melden bij de vreemdelingendienst. Een paar dagen later werden we met de trein naar Londen gestuurd, daar gingen alle schipbreukelingen naar toe. Engeland moest zorgen dat de Nederlandse zeelieden zonder schip toch te eten en te slapen hadden. Twee hotels waren daarvoor afgehuurd, er werden zoveel schepen getorpedeerd dat het een hele drukte was. In Londen stonden drie mannen op het station om ons te ontvangen. Een van die mannen, een Hollander, kwam naar mij toe en vroeg of ik kapitein Tigchelaar was. "Komt u dan maar met mij mee," zei hij, en hij gaf mij heel vertrouwelijk een arm. Ik ging ervan uit dat hij van de ontvangstcommissie voor de schipbreukelingen was en stapte bij hem in de auto. Na een halfuurtje rijden stopte hij bij een heel mooi gebouw, echt piekfijn, met een groot zwart hek. Op een bord las ik dat we bij het huis van de tweede Nederlandse gezant waren. We stapten uit, de man deed de auto op slot en gaf mij de sleutel. Toen zei hij iets raadselachtigs: "Loop de marmeren trap op, de gang door en ga bij de tweede deur links naar binnen. Daar moet je blijven." En hij vertrok. Ik deed maar wat hij gezegd had, en ging die kamer in. Via een andere deur kwam een mooie, jonge vrouw binnen, in een prachtig nachtgewaad – een zijden kimono. Ze vroeg wie ik was en of ik een glas champagne lustte. "Graag," zei ik want ik verrekte van de dorst na de reis. Ik kreeg een groot glas champagne, maar ik denk, achteraf, dat ze er een slaapmiddel in had gedaan. Want toen ik de champagne had opgedronken en haar het glas terug wilde geven, viel ik tegen de grond. En daar bleef ik een poosje versuft liggen.

Tot ik hoorde dat iemand met twee treden tegelijk de marmeren trap opvloog, hard de gang doorliep en naar binnen kwam. Ik was weer bijgekomen. Toen hij het licht aanfloepte, zag de man die was binnengestormd mij op de grond liggen. Hij gaf me twee harde schoppen tegen m'n billen om te kijken of ik bij kennis was. Ik kon het wel uitschreeuwen van de pijn! Maar ik hield me stil, want het was natuurlijk nogal raar wat er allemaal gebeurde. De mooie vrouw kwam weer binnen, en zei tegen de schoppende man: "Schei daar maar mee uit. Trek je broek uit en kom in bed!" Toen de man wegliep, keek ik wat beter en zag ik dat het prins Bernhard was! Hij dacht natuurlijk dat ik stomdronken was, en liet me daar liggen. En prins Bernhard deed wat hem gezegd was; hij trok z'n broek uit en sprong bij die vrouw in bed, met zijn schoenen nog aan! Dat vond ik niet zo netjes, dat hij die niet even uitdeed.

Midden in de nacht vertrok de prins plotseling. Zonder zijn liefje een kus vaarwel te geven: hij had duidelijk haast. Even later kwam hij terug en riep: "Ze hebben mijn auto gestolen!" Ik was inmiddels rechtop gaan zitten, zag nu goed dat die man echt prins Bernhard was en vroeg: "Majesteit, wil ik u naar uw bestemming brengen?" want ik had immers de sleutels van een auto gekregen. Hij keek mij strak aan: "Kun je wel links rijden dan?" Dat kon ik wel. We stapten in de auto, en reden weg. Halverwege de tunnel onder de Theems vroeg de prins of ik niet wat harder kon rijden. Dus ik dacht: die man heeft het gevoel dat hij achtervolgd wordt. Dat kon je aan zijn hele manier van doen wel merken. Zijn schaduwvolgers, die hij in Londen standaard achter zich aan had, was hij kwijtgeraakt. Dat was natuurlijk direct aan de politie opgegeven, zo ging dat daar – maar Bernhard heeft de Londense politie goed bij de neus gehad die nacht! Langs de spoorbaan reed ik verder, in de richting van het station. Maar vlak voor we daar aankwamen, deed de prins ineens de deur open en sprong uit de auto. Als een hazewind vloog hij over de spoorrails. Ik zag in het donker nog dat hij iets verderop over een hek klom en een wit huis binnenging. Ik heb nog een kwartier op hem staan wachten, maar hij kwam niet meer opdagen. Toen ben ik de stad maar ingereden.

's Morgens vroeg werd ik wakker, met mijn hoofd op het stuur. Een agent wees me de weg naar het Holland House. Toen ik daar aankwam vertelden ze me dat ik bij het Nederlandse hotel voor kapiteins en officieren moest wezen. Daar zat ook het Londense hoofdkantoor van de Scheepvaart en Steenkolen Maatschappij. Ik heb mij gemeld, maar niemand verteld waar ik die nacht geweest was.

De man die mij naar die kamer had gestuurd, moet vermoed hebben dat de prins die avond naar die mooie vrouw toe zou gaan. Hij had de prins goed ingeschat. Ik vond het allemaal reuzeinteressant – dit was nog eens wat anders dan varen! Inmiddels denk ik dat ik als een soort spion ben ingeschakeld. Een andere verklaring voor het vreemde voorval kan ik niet bedenken. Maar het rare is dat de man voor wie ik kennelijk had moeten spioneren nooit meer contact met mij heeft opgenomen. Dat is voor mij het raadsel gebleven; dat ik was ingezet was niet zo vreemd in de oorlog... Maar wie was die man? Zijn naam heeft hij niet genoemd. En omdat hij later nooit heeft gevraagd wat ik gezien had, heb ik altijd maar mijn mond gehouden. Want ik had wel begrepen dat dat de bedoeling was. Zolang hij er mij niet naar vroeg, was het geheim – zo wijs was ik wel. En misschien heb ik juist ook nooit meer iets van hem gehoord omdát ik mijn mond hield. Zelfs met mijn kinderen heb ik er nooit over gesproken. Niemand weet hier iets van. Als zeekaptein moest je natuurlijk ook voorzichtig zijn als je wat over iemand als prins Bernhard had te vertellen! Over zulke dingen had je maar te zwijgen. En vergeet niet: het was oorlogstijd. Ik had genoeg aan mijn hoofd, dus ik bleef er niet te lang bij stilstaan. In de oorlog maak je een hoop gekke dingen mee en die moet je niet allemaal uit gaan zitten pluizen, daar krijg je alleen maar last mee! Maar wat maakt het nu nog uit? Het is al zo lang geleden. Prins Bernhard lacht zich rot als hij het leest! Wat zal die vrouw een lol gehad hebben met die schoenen in bed, dacht ik later nog! En ik lach er nu wel om, maar het is echt gebeurd en ik heb het altijd voor me gehouden.

Niet lang na het voorval met de prins werd ik uitgenodigd bij de admiraal van de Engelse vloot. "Vertel je geschiedenis eens," zei hij. "Hoe ben je in Engeland terechtgekomen en hoe is het je hier vergaan?" Ik vertelde hem alles wat ik had meegemaakt, behalve natuurlijk mijn verhaal over de prins – je moet je met stompe schaatsen niet op glad ijs wagen! En als je met hoge omes praat, moet je twee keer nadenken voor je één woord zegt... Hij vond mijn verhaal prachtig. Toen ik uitgesproken was, werd er een goed glas whisky ingeschonken en hebben we samen geklonken. Dat was een eervol moment voor mij. Maar ik heb er nooit met mijn collega's over gesproken. Ik hou niet van opschepperij.

Een dag of wat later moest ik bij de directeur van de Scheepvaart en Steenkolen Maatschappij komen. De admiraal had hem kennelijk een brief geschreven waarin stond dat ik snel weer aan de slag wilde. "Kapitein Tigchelaar," zei de directeur plechtig, "wij hebben u aangesteld voor de buitendienst. U wordt inspecteur van de Grote Handelsvaart." Daar stond ik wel even van te kijken. Ik vroeg of ik er nog een nachtje over mocht slapen, want het was een hele verantwoording voor al die schepen. Die nacht werd Londen gebombardeerd, dus van slapen kwam niet veel. Ik wilde er maar al te graag weg, dus heb ik de functie geaccepteerd.

Toen ik net inspecteur was in Liverpool en op al die grote vaartschepen controleerde of de boel in orde was, vroegen de kapteins mij hoe het toch mogelijk was dat ik – van de korte vaart – mocht inspecteren op de grote vaart. Ik werd gek van het gevraag. Wat ging hun dat aan? Ik was gewoon benoemd, ik kon daar ook niks aan doen. Waarom ik de baan kreeg? Omdat ik veel gepresteerd had en er nooit over had lopen opscheppen, natuurlijk. Misschien ook wel omdat ik altijd mijn mond had gehouden over die affaire met Bernhard... En er zal wel iemand zo goochem geweest zijn dat hij dacht: als deze kaptein zo goed is als de admiraal zegt, dan houden we hem aan land: zo iemand kunnen we gebruiken.

Prins Bernhard heb ik later nog wel ontmoet. Hij wilde kapiteins zien die hadden gevaren in oorlogstijd. Op een maandagochtend traden we met zeven kapiteins in uniform aan. Bernhard stond tussen twee heren: de directeur van de KNSM en de

Hollandse admiraal. Toen ik aan de beurt kwam, zei hij: "En dit is kapitein Tigchelaar, hij heeft zich voorbeeldig gedragen." Over het voorval in Londen heeft prins Bernhard natuurlijk niets gezegd. En ik ook niet. Later kwam de prins nog eens in Liverpool, waar ik toen inspecteur voor de Shipping was. De directeur wilde mij weer aan hem voorstellen, maar prins Bernhard zei: "Dat is kaptein Tigchelaar, dat weet ik wel." Dat vond ik toch wel sterk.

Het beroep van inspecteur geeft zorgen. Zeker in oorlogstijd. Wij moesten, met veel minder mankracht, het werk van de hele Nederlandse scheepvaartinspectie overnemen: een pittige klus. Engeland was door de Shipping opgedeeld in vijf districten met elk een eigen nautisch inspecteur. Ik zat in Liverpool. De bemanning en het schip, daar ging ik over. Van de stoker tot de kaptein, en van de mastkloot tot de kiel. Ik keek in elk ruim en sprak met iedereen. Als ik dacht dat een kapitein ziek was, haalde ik hem van boord. Dat gebeurde vaak in die dagen, de een kon beter tegen de spanning dan de ander. Was een kaptein te nerveus, dan belde ik naar Londen om te zeggen dat er weer eens eentje nodig verlof moest hebben.

Ook moest ik controleren of de schepen goed bewapend waren. Ik heb er meteen voor gezorgd dat er een lijst kwam waarop stond wat er allemaal aan bewapening aan boord diende te zijn: zoiets bestond nog niet! Het was een rommeltje. En dan moet je niet vergeten dat niet alleen de Hollandse, maar ook de Belgische, de Deense en de Noorse schepen in Engeland bleven omdat hun landen waren bezet. En dat de bemanningsleden van al die schepen stonden te springen om een kanon, maar dat ze in Engeland niet alles zoals bij de C&A op voorraad hadden! De kanonnen moesten nog gefabriceerd, of in Amerika gekocht worden. Dat ging de schepelingen niet snel genoeg, want ook al had hun schip nog geen bewapening, ze móésten varen! Er waren al minder schepen dan bemanningen, door al dat getorpedeer. Als een schip gelost en weer geladen was en er was nog geen bewapening, dan moest ik de verontruste schepelingen zien te overtuigen: "Mischien krijgen jullie op de volgende reis wél een kanon." Maar op sommige schepen namen ze daar geen genoegen mee; dan ging de bemanning staken. Het was natuurlijk ook niet zo gek dat ze in oorlogstijd niet zonder bewapening wilden vertrekken. Maar als ze gingen staken, werden ze van boord gehaald en kwam er direct een andere bemanning op zo'n schip. Daar schoot niemand wat mee op.

Het was soms moeilijk om de bemanningsleden gerust te stellen. Vooral als ze een dikke kop hadden en niet gelóófden dat er geen kanonnen voorradig waren, dan voelde zo'n schip zich achtergesteld. Maar dat was onterecht! Elke Shipping kreeg van de Engelse regering dezelfde hoeveelheid bewapening, afhankelijk van het aantal schepen waarmee werd gevaren. Ik heb heel wat mensen aan het verstand moeten brengen dat de verdeling eerlijk verliep. In de regel kreeg ik het, na wat gepraat, wel voor elkaar dat ze toch gingen varen.

Ook aan moderne reddingsboten en vlotten was nog een groot tekort – en die waren broodnodig als je getorpedeerd werd! De vlotten van de Hollandse schepen waren niet meer dan een stelletje olievaten met wat planken en een zeiltje erop en klaar is Kees. Daar deugde niks van op de oceaan. Er was net iets nieuws ontwikkeld: een stelling met daarop een vlot dat gemakkelijk het water in gleed. Als het omkieperde, konden schipbreukelingen via een speciaal luikje aan de onderkant toch bij de voorraad levensmiddelen komen. Op de oude vlotten moest je maar zien hoe je in leven bleef als je in een storm terechtkwam. De fabriek die het nieuwe vlot produceerde kon wel dag en nacht door blijven draaien; iedereen wilde het hebben.

Of er nog animo was om te varen? De schepelingen wisten niet beter dan dat ze móésten. Of ze zin hadden of niet! En als er schepen werden getorpedeerd in een konvooi, zoals bij ons toen wij uit Canada kwamen, dan werd er met geen woord over zo'n ramp gerept – maar je kwam wel met een paar kapteins minder in Engeland aan... Berichten over getorpedeerde schepen kwamen ook niet in de krant; de scheepslieden mochten niet ongerust worden. En als het je verteld werd, hield je je stil. Daarnaast dacht iedereen natuurlijk ook aan zijn eigen belang. De mensen wilden vooruitkomen in die slechte tijd. Dat kun je ze niet kwalijk nemen. Ik weet nog dat een derde machinist verheugd naar mij toe kwam. "Kaptein," zei hij, "er is weer een schip getorpedeerd en daar is de tweede machinist bij verongelukt, nou word ik het misschien!" Daar voer je voor.

Nadat Antwerpen bevrijd was en de mijnen in de Schelde waren geruimd, ben ik daar scheepsinspecteur geworden. Ik kwam aan tijdens de kerstdagen van 1944. Alle kademuren en alle kranen waren kapot... Alleen kleine schepen konden er nog komen. Ik moest aan Engeland doorgeven wat er nog mogelijk was.

In Antwerpen zat ik iets dichter bij mijn gezin in Rotterdam, maar echt contact bleef onmogelijk. Je schreef af en toe een rodekruisbriefje dat je nog in leven was: meer mocht je er niet in zetten. En dat kwam pas maanden later bij vrouw en kinderen aan. Ik was natuurlijk wel bezorgd over ze, maar probeerde er niet aan te denken – dan zou je je kop er nog bij laten hangen. En dat kon niet, want er moest verdiend worden! Mijn gezin kreeg automatisch de helft van mijn salaris toegezonden. Dat zij ondertussen in een hongerwinter zaten, wisten wij op dat moment ook niet. Je had wel wat geruchten gehoord over honger. Maar er werd nooit bij verteld hoe erg het was! Sommige zeelui brachten na de oorlog een aardigheidje uit Londen of New York mee voor hun familie. Wat moesten ze met die rommel? Ze hadden liever een stuk brood gekregen. Dat kon je in Antwerpen trouwens ook moeilijk krijgen.

In mei 1945 maakte ik kennis met de kolonel van het Engelse leger in Antwerpen. We maakten een praatje over de "huifkarren", vrachtwagens met een kap eroverheen, die hij had laten aanrukken voor het voedseltransport naar Nederland. Dat gesprek bracht me op een idee; ik vroeg de kolonel of hij me niet een van die vrachtwagens kon lenen. Dat kon zomaar niet. "Maar kom morgen nog eens terug," zei hij. De volgende dag vroeg hij hoe lang ik de wagen wilde hebben. "Een dag heen, een dagje thuis en een dag terug," rekende ik hem voor. "Vooruit dan maar," zei hij. Een kaptein die had gehoord hoe erg de honger in Holland was – dat werd nu steeds duidelijker – gaf zijn kok toen stiekem order om vijftien broden te bakken. Op die manier kon iedereen die meeging een brood mee naar huis nemen. Officieel mocht dat niet in die bonnentijd. En ze kwamen er nog achter ook; die goeie kaptein werd zelfs op het matje geroepen. Onvoorstelbaar! Hij heeft alles en iedereen verrot gevloekt. Maar die broden hadden we.

Met een "huifkar" vol zeelui ging ik op weg naar Holland. We moesten een flinke omweg maken, want alle bruggen waren kapot. Vanuit Antwerpen gingen we eerst helemaal naar Nijmegen en vervolgens moesten we via Arnhem, Utrecht en Delft naar Rotterdam. Onderweg zagen we niets dan ellende. Op 10 mei 1945 was ik weer in Rotterdam. Ik had altijd de gewoonte gehad om mijn speciale fluitje te fluiten als ik thuiskwam. Dus dat floot ik nu ook weer. Mijn zoon stond boven aan de trap te luisteren, maar wilde niet geloven dat ik eraan kwam! Toch was het zo... Na al die jaren zag ik mijn vrouw en kinderen terug. De jongste herkende ik niet eens meer; die was tien jaar toen ik van huis was gegaan en nu was ze vijftien. Het was alsof ze in één klap een grote meid was geworden. Of ik ze gemist had? Daar was ik aan gewend, als zeeman. Alleen duurde de reis wat langer dan normaal. Nee, hoor! Dat is geen stoerdoenerij. Maar het was natuurlijk heerlijk om thuis te komen; al mijn vrienden en bekenden vlogen de trap op om mij te verwelkomen. De kaptein en de andere bemanningsleden die mee waren gekomen in de "huifkar", gingen meteen door naar Amsterdam; ze hadden eerst eigenlijk nog thee gewild, maar die was er niet. Er was niks! En ik had alleen een brood en een heleboel sigaretten. Die heb ik maar uitgedeeld aan al die mensen die langskwamen. Dat ging als een lopend vuurtje; de volgende dag kwamen er nóg mensen langs die gehoord hadden dat ik echte sigaretten had. Het weerzien duurde maar een dag. 's Middags was ik thuisgekomen, en de andere middag om vier uur vertrok ik alweer.

De Amsterdamse schepelingen waren nog erger geschrokken toen ze thuiskwamen. Hun vrouwen en kinderen hadden eruitgezien als geraamten, vertelden ze me op de terugweg naar Antwerpen. "Ze vraten dat ene brood op als wilde dieren," zei er een. Nog dagenlang hebben ze lopen vloeken. "Waarom hebben die rotzakken ons in Londen niet verteld dat wij geen tierelantijntjes mee moesten brengen, maar eten!"

Terug in Antwerpen kon ik kiezen: naar Rotterdam gaan, of in België blijven inspecteren. Het leek me beter om in Antwerpen te blijven. Ik was er inmiddels goed ingewerkt en als ik weg zou gaan, zou de boel weer een eind achterop raken. Dus doordeweeks zat ik in Antwerpen en in het weekend was ik bij mijn gezin in Rotterdam. Dat was steeds een wereldreis. De bruggen bleven nog een hele tijd stuk. Later ging dat iets gemakkelijker. Toen was er een veerpontje in elkaar geknutseld bij Moerdijk: twee motorschepen waren met een balk aan mekaar gelast en er was een dekje op gemaakt. Daar konden dan een paar auto's op.

Toen de meeste oorlogsschade in 1946 hersteld was en de boel weer op gang kwam, kon ik met een gerust hart scheepsinspecteur worden in Rotterdam. En dat ben ik tot m'n pensioen – in 1958 – gebleven. Daarna ben ik naar mijn laatste schuilplaats gekomen: Flamborough Head, dit mooie huisje op Midsland. Mijn vrouw Pietje is op Terschelling geboren en bij ons trouwen had ik haar beloofd dat we hier zouden gaan wonen na mijn pensioen. Ze heeft er nog twintig jaar van geprofiteerd... Toen kreeg ze een hartaanval. Ik had haar ontmoet, lang geleden op de kermis in Harlingen. Ze was die dag met haar zus en een nichtje op de boot gestapt en naar de kermis gekomen. Daar liep ik met mijn kameraden tegen die drie meiden op. "Wil je een rondje in de draaimolen?" vroeg ik haar. Dat was toen een hele attractie. "Ja," zei Pietje. "Daar kom ik voor!"

En nou woon ik hier nog alleen. Mijn gezondheid? Wil je met me knokken?! Ha, ha... Ik voel me goed, eet nog prima, en slaap als de beste. Maar sterkedrank gebruik ik niet! Ik leef een doodgewoon leventje, rustig en in mijn eentje. Als ik hier zo zit, zie ik de zon 's morgens opkomen, naar het hoogtepunt gaan, en weer ondergaan – en dan komen er bij mij steeds weer verhalen naar boven. Verder doe ik eigenlijk niks meer. Gelukkig heb ik een hulp die mij elke dag van mijn kruin tot mijn tenen insopt. Zelfs mijn billen worden gewassen!

Ik heb er zelf geen enkel aandeel in gehad dat ik zo oud ben geworden en hier nog steeds zit. Dat wordt allemaal bestuurd.

Je hebt er niks over te zeggen. Gelovig? Dat ben ik zeker, al loop ik er niet mee te pronk. Daar heb ik een hekel aan. Maar als je geen geloof hebt, ben je niks meer op deze leeftijd. Je moet iets hebben waar je op steunt. Al ben ik best tevreden. Mijn kinderen zijn nog in leven. Ik wilde zeekaptein worden en ik bén het geworden... Jaren terug heb ik zelfs nog een ridderorde gekregen. Keurig. Een erkenning voor mijn diensten. Ik had altijd een fluwelen schilderijtje aan boord, waarop geborduurd stond: "Dog dou dein plicht en let de lue mar rabje." Doe je plicht en laat de luitjes maar kletsen. En er hing nog een lijstje naast: "It is mei sizzen net to dwaen." Met een praatje is het nog niet gebeurd. Je moet het dóén. Daar heb ik altijd op gevaren.'

Op 7-10-2003 is Haije Tigchelaar overleden.

'Mijn man bracht het licht en ik de gezelligheid'

JACOBA SLAPER-SUZENAAR
24-10-1900, ZUIDBROEK, GRONINGEN

Jacoba zit tiptop in haar krullerige stoel. Het haar in de lak, de rok in de plooi. Deftig en op leeftijd, maar ze heeft nog iets meisjesachtigs, aan gene zijde van de honderd. Op de achtergrond klinkt het gejengel van boormachines. 'Heerlijk dat m'n flatje wordt opgeknapt,' lacht Jacoba Slaper. Ze klaagt niet over herrie: 'Welnee!' Woorden als 'heerlijk' en 'fijn' rollen vaak uit haar mond. En mondinwaarts gaan koekjes, bonbons, en andere zoetigheid; de lekkere smaak is gebleven. Net als de luide lach. Geen wonder dat de Friezen gek waren met de Groningse vrouw van "de man van het nieuwe licht", die op een ark langs afgelegen dorpen voer om er het wonder der elektriciteit te brengen. De vraag of de hoogbejaarde Jacoba moe is na urenlang praten, beantwoordt ze met geschater. 'Ik word nooit moe in m'n kop! En ik ben nogal gezelschapszoet, dus blijf nog ev'n.' Driekwart eeuw woont ze al in Friesland, maar Jacoba slikt de woorden nog op z'n Gronings in.

'Mijn vader en moeder waren zeer vooruitstrevend. Moeder was de enige Zuidbroekse die in Den Haag ging strijden voor het vrouwenkiesrecht. Aan het hoofd van de demonstratie liep Aletta Jacobs, vertelde ze ons altijd vol trots. Maar de mensen op straat wilden er nog niet aan: "Ga toch naar huis," riepen ze, "ga je sokken maar stoppen!" Het was een hele reis geweest vanuit Zuidbroek, maar moeder was een flinke vrouw. Ze bezocht zieke mensen in de tijd dat er nog geen verpleegster was in het dorp; die kwam pas later, daar heeft mijn moeder nog voor moeten vechten. En moeder zat in het armenbestuur. Want armoede was er genoeg in Oost-Groningen! Veel armelui woonden in kale vertrekken met niks aan de muur. Nog geen behangetje. Die lieve moeder van mij vond dat ze er gezelliger bij moesten zitten en zorgde dat er tenminste behang aan de wand kwam. Als arme mensen werden uitgemaakt voor oud vuil, of voor uitvaagsel – dat woord werd vaak gebruikt – zei ze steevast: "Die mensen zijn verongelukt in deze maatschappij, dat had ú ook kunnen overkomen!"

Al kreeg ze vijf kinderen, moeder bleef actief en sociaal voelend; dat was een belangrijk begrip bij ons thuis. In Hoogezand zaten tijdens de Eerste Wereldoorlog veel Belgische vluchtelingen; moeder fietste er alle dagen heen om ze te verplegen, want er zaten heel wat zieken tussen – vaak met besmettelijke aandoeningen, maar daar was ze niet bang voor. Ze zat in het bestuur van het Rode Kruis, afdeling Hoogezand-Sappemeer. Daar heeft ze nog een bronzen medaille voor gekregen met een soort diploma erbij, ondertekend door prins Hendrik. Ik heb het hier nog altijd liggen en iedereen mag het zien, want ik ben trots op haar. Een gewone moeder werd "vrouw" genoemd, maar tegen de mijne zeiden ze "juffrouw". "Zeg maar gerust vrouw Suzenaar," zei moeder, "want ik hoef me voor mijn naam niet te schamen." Maar stond je wat hoger in aanzien, dan bleef het toch "juffrouw" in Zuidbroek. Net zoals "juffrouw de burgemeestersvrouw". Heerlijk toch?

Vader was "een rooie". Hij was al even progressief als mijn moeder en streed voor de arbeiders die in de verdrukking zaten, daar had hij het altijd over. Mijn moeder, die gelovig was opgevoed, was daar aanvankelijk wel van geschrokken: "Ben jij echt rood?!" vroeg ze mijn vader, toen ze elkaar leerden kennen, en verliefd werden. Want "rooie" was een scheldwoord dat ook voor de vrije socialisten werd gebruikt: dat waren radicalen! Maar mijn vader zei tegen zijn meisje: "Lees de statuten van de SDAP maar eens, dan weet je wat het betekent." Dat heeft mijn moeder gedaan, en toen draaide ze helemaal om. Vader werd SDAP-wethouder, en later zelfs nog loco-burgemeester. Hij sprak Hollands, en daarmee had je een streepje voor in die Groningse dorpen; ze keken tegen hem op.

Vader kwam van een zeemansfamilie uit Den Helder. Hij was begonnen als machinist op een stoomschip, maar werd daarna meester-machinist op de aardappelmeelfabriek van Zuidbroek. Daar kreeg hij veel aanhang. De arbeiders op die fabriek verdienden negen gulden in de week, maar vader kreeg als meester-machinist drie gulden meer. "Hij loopt scheef van het geld," lachten ze in het dorp – dat ging heel gemoedelijk. Al kwam vader op voor de arbeiders, zelf behoorden wij toch wel een beetje tot de notabelen van het dorp. Een meester-machinist was heel wat. Vader was reuzetrots op zijn glimmende machine en liep altijd met een poetsdoek rond. Voor je zijn machinekamer in kwam, riep hij: "Voeten vegen!" En als de burgemeester en de andere wethouder kwamen kijken, riepen ze uit: "Wat ís het hier schoon!" Dan was vader tevreden.

We waren toch ook wel koningsgezind. Toen de jonge koningin Wilhelmina Zuidbroek kwam bezoeken, hadden we het hekje voor ons huis versierd met goudsbloemen. Onze hele tuin hadden we aan de versiering gespendeerd, die was zowat geruïneerd. Maar de koningin vloog zo snel aan ons huis voorbij, dat ze het hekje heeft gemist!

We woonden in een dubbel huis dat we voor de helft verhuurden. Vader had dat huis kunnen kopen omdat hij een fortuintje had verworven in zijn tijd als zeeman. Toen heeft hij zeker veertig reizen naar Indië gemaakt. Hij vertelde weleens over de verschrikkingen op zee; op een dag zou het zo hard gestormd hebben dat hij met een golfslag het water in rolde en met de volgende golfslag, als bij een wonder, het schip weer ingleed. Vader had het overleefd, maar hij heeft er wel zwakke benen aan overgehouden, er zaten altijd windsels omheen. En toch had hij krachten genoeg: voor de groentetuin, de politiek en de fabriek. Terwijl vader als machinist veel uren maakte: "Acht uur, acht uur, geen langer arbeidsduur!" zongen ze in die tijd. Daar moest nog voor gevochten worden; de achturige werkdag kwam pas toen ik volwassen was.

Het was altijd een drukte bij ons thuis. Er kwamen vooraanstaande SDAP-mannen over de vloer. En natuurlijk de burgemeester, de andere wethouder en de leden van de raad. Ze dronken koffie en praatten maar door; avondenlang, in mijn herinnering althans. Waar ze het precies over hadden, weet ik niet meer. Het interesseerde mij ook niet. Altijd maar die politiek! Het werd mij te veel van het goede. "Ik hoop dat ik later een man krijg die niet aan politiek doet," zei ik als kind. En dat is me gelukt, politieke zaken interesseerden mijn man volstrekt niet, al was hij wel sociaal voelend. Dat vond ik toch wel belangrijk, zoiets neem je natuurlijk mee. Ik stem nog steeds PvdA, al stelt de partij niet veel meer voor: het rooie is eraf. Je blijft erop stemmen; zo bén je nou eenmaal... Maar de PvdA'ers van nu zijn lang zo fel niet als die oude SDAP'ers in Zuidbroek. Die hadden overal wat op aan te merken. Op de herenboeren nog het meest, daar zaten ze vaak op te vitten. En terecht: die herenboeren zaten in de kerk nog op aparte banken. De gewone mensen moesten op gewone bankjes achterin, maar het kapitaal zetelde voorin.

"Mijn jongens gaan de wereld in," zei vader altijd, "ze blijven niet bij moeders pappot!" Dus al mijn broers hebben doorgeleerd. "Maar mijn meid," zei vader ook, "moet thuisblijven. Die gaat maar op naailes." Als enigst dochter was je bestemd voor het huishouden, dus nam je dat maar. Maar na vier jaar kon ik nog niet naaien. Ik vond er niks aan! Al dat gedoe met belegjes, haken en ogen, het lag me helemaal niet. Ik heb één keer een jurk gemaakt. Wekenlang werk aan gehad, en niemand vond hem mooi! Ik maakte er zulke dikke naden in, dat het hele model weg was.

Al was mijn moeder geëmancipeerd, zelf deed ze ook gewoon het huishouden. Omdat ze voor haar huwelijk in betrekking was geweest, wist ze daar alles van. Dus ik bleef thuis en leerde van moeder. Maar terwijl ik klaar werd gestoomd voor het huishouden, droomde ik van iets anders: ik wilde zangeres worden! Ik zong bij alle verenigingen van Zuidbroek: het Jonge Volkje, Ons Genoegen en het koor van de Jonge Geheelonthouders Bond. Een paar keer per jaar hadden we uitvoering, dat was een feest voor mij. Bij de JGOB zongen we vrolijke strijdliederen:

"Voorwaarts makkers, strijders
Vrienden groot en klein
Laat ons blij en krachtig
Laat ons hoopvol zijn
Een van doel en zin
Treden wij de wereld en haar wijde kampplaats in..."

Ik was geheelonthouder, maar niet ál te fanatiek, hoor! Bij het kerkkoor zat ik ook, hoewel wij thuis niet bepaald kerks waren. Als ik maar kon zingen. Dat was mijn lust en mijn leven. Maar zangeres ben ik nooit geworden. Dan had ik helemaal naar Amsterdam gemoeten, of naar Den Haag. Zoiets dééd je niet. Ik wilde ook graag een piano. Maar dat kon al evenmin, want ik had vier broers die moesten studeren. Ik heb wel altijd opgetreden, gewoon voor de lol. Soms moest ik me zeven keer op een avond verkleden. Als zigeunerin. Of als Indisch meisje krontjongliedjes zingen, met een zwarte pruik en met een sarong aan. Dan gaf ik me helemaal... Ik zing nog altijd, maar veel in gedachten, want ik kom niet meer zo hoog. En in dromen ook. Dan sta ik weer bij onze buren in Zuidbroek. Die hadden een orgel waar ik graag bij mocht zingen, met mijn vriendin Antje. Zij was alt en ik sopraan; samen klonken we prachtig. Als we op een feest waren, werd er altijd geroepen dat wij moesten zingen. En dan vlógen we het toneel op! Het allerliefst zongen we iets van Catharina van Renes, toen een reuze populaire zangeres:

"Zie hoe het vriend'lijke zonlicht
Schittert op weide en woud
Zie hoe de velden en heide
Baden in stromen van goud..."

Al bleef ik dan thuis, ik had een prima leventje in Zuidbroek. Op zaterdagmiddag hielp ik in de leesbibliotheek. Lekker boeken kaften met bruin papier. Op zondag deden we een spelletje domino, of gingen we een eind fietsen. Ik had een mooie Gazelle, waarop ik meteen kon rijden. Mijn vader had minder talent:

hij reed regelrecht het Winschoterdiep in. Het fietsen kreeg hij maar niet onder de knie. Toen hij dacht dat hij het eindelijk kon, maakten we samen een tochtje. Maar in Slochteren verloor hij de macht over het stuur en daar ging hij weer, de vaart in! “Ik heb mijn anker weer uitgegooid,” riep hij. Het bleef toch een zeeman.

Mijn vriendin Antje, de alt, kreeg verkering en haar jongen zou op de fiets van Groningen naar Zuidbroek komen. Ik had hem nog nooit gezien en was razend benieuwd. We stonden samen popelend te wachten. En daar kwam hij dan eindelijk aan, veel te laat, met een slappe band. Thuis hadden we een fietspomp, dus die ging ik even halen, en onderweg kon ik alleen maar denken: dat jong is er nét een voor mij! En hij dacht het van mij. Maar ja, hij ging al met mijn beste vriendin. Dus het kon niks worden tussen ons. Uiteindelijk ging het uit tussen Antje en Markus, zo heette hij. Niet om mij, hoor! Ik liet niet merken dat ik zo verliefd was. We verloren elkaar natuurlijk uit het oog. Maar mijn broer kwam Markus in dienst toevallig tegen. En hij vroeg meteen een foto van mij. “Die krijg je niet,” schreef ik hem. “Iedereen kan wel om een foto van mij vragen.” Zo makkelijk was ik niet. “Kun je zondag dan op de kermis komen in Winschoten?” schreef hij terug. “Daar is een danssalon.” Mijn vriendin Antje gunde het me, dat was zo’n fijne meid. Ik was gek van dansen, dus toen ben ik gegaan. Het was meteen aan, en het is nooit meer uit geweest. Hij had zulke mooie bruine ogen...

Toen we zes jaar verkering hadden, kon Markus een goede baan krijgen in Friesland. Het Friese platteland moest geëlektrificeerd worden, en Markus werd benoemd tot chef-monteur. Dus zijn we getrouwd. Van het Provinciaal Elektriciteitsbedrijf kregen we een prachtige woonark cadeau, van wel negen meter lang. En daar gingen we de dorpen mee af. De Friezen vonden het prachtig: sommigen hadden al een elektrische stofzuiger gekocht, nog voordat ze waren aangesloten op het net. En ze snapten maar niet dat-ie het nog niet deed. Markus begon in Morra, een heel klein dorpje, met drie grondwerkers die palen de grond in ramden en drie monteurs die lampen aanlegden.

Hij kreeg meteen een bijnaam: "de man van het nije ljocht", een eretitel!

Aan boord van de ark was het bepaald niet primitief. Alles was er: een wc, een tobbe om je in te wassen, een aparte slaapkamer en een mooie woonkamer. We hadden er een heerlijke tijd. Sommige Friezen zeiden dat we een bordje op ons schip moesten hangen: OERAL THUS. Want dat voelden we ons. Als we ergens afmeerden, hoorde ik de mensen op de wal al zeggen: "Wat een mooie'arke, net?" Dan deed ik de deur open en riep: "Kom d'r maar in!" Ik wist dat ze dat graag deden. En dan riepen ze verbaasd uit: "Alle gearre side en trip!", allemaal zijde en trijp. Want ik had prachtige terra meubelen met fluweelachtige trijpbekleding, dat was enorm in. Zijde had ik niet, maar de bezoekers vonden het allemaal zo deftig dat ze het toch steeds over "side" hadden. We hadden alles op de ark, behalve elektriciteit – zodra die was aangelegd, moest de man van het nije ljocht weer verder. Ik kookte dus gewoon op eierkolen, maar ook op hout, en ik heb héél wat elektriciteitspalen verstookt.

Wat waren we gelukkig op die ark... Een van mijn leukste momenten was het bezoek van de directeur van de zaak, elektron-PEB. Hij wilde weleens kennismaken met de jonge vrouw van de elektriciteitschef. Op een morgen kwam hij aan, de bolhoed op en een grote doos gebak in de hand. Hij was razend enthousiast en wilde meteen aan boord stappen. Voor mijn man hem erop attent kon maken dat er ook een trapje was, viel hij het schip al in. Zijn gebak vloog door het ruim, maar de directeur kon ik nog net opvangen in mijn armen. "Zo'n ontvangst heb ik nog nooit gehad," lachte hij.

Als het werk klaar was, moesten we weer verder; veertien keer zijn we verhuisd. Zo heb ik de Friezen leren kennen. Ze lijken stug, maar zitten juist vol gevoel. Als we weggingen uit een dorp, stonden de mensen soms aan wal te huilen! Want mijn man bracht het licht en ik de gezelligheid: ik zong met Jan en alleman op de ark. Ontzettend gezelschapszoet was ik, en dat ben ik nog. Ik hou van mensen. Ik heb ze het liefst 's morgens, 's middags en 's avonds over de vloer. Al heb ik versleten knieën, ik ga nog elke week met de rollator naar mijn vriendin in de serviceflat verderop. En nog steeds ontvang ik vrienden en kennissen, ik zit altijd onder de bloemen. Als ik jarig ben krijg ik meer dan honderd felicitaties! Dat is toch geweldig? Wie krijgt dat nou?

Na de elektrificatie van het Friese platteland moesten er hoogspanningsmasten worden gebouwd. Toen kwamen we in een benedenwoning in Leeuwarden terecht. Markus kreeg een auto van de zaak: een zwarte Ford op hoge wielen, de enige in de straat. Alle Friese masten zijn onder leiding van mijn man gebouwd. Toen hij met pensioen ging, had hij in heel Friesland zesennegentig man onder zich. 's Ochtends kregen ze hun opdrachten, 's middags ging Markus bij ze langs. Na zijn pensionering was mijn man niet meer bij "zijn jongens", en dat vond hij heel erg. Hij was bemind bij de monteurs, zat altijd met ze te feesten. Als ze op zondag in de dienstauto reden, wat niet mocht, hield hij de hand voor zijn ogen. En stond de een de ander te commanderen van: "Dát moet je doen, en dát moet je doen!" dan kreeg hij van mijn man een kalmerend briefje: "Vriendelijk gevraagd, beter geslaagd." Zo was mijn man. Hij strooide altijd met spreuken: "Geen zonniger zon dan een goed geweten", of "Roddelen is gelijk rattenplaag". Ik heb een hele goeie man gehad...

We kregen één dochter, een jaar na ons huwelijk. Ik had geen klachten tijdens de zwangerschap, maar ik werd wel ineens gek op petroleum. Ik sopte mijn vinger in de petroleumlamp en likte hem af. Het stof van eierkolen vond ik plotseling ook lekker. En ik ben begonnen met roken toen ik in verwachting was. "Je krijgt nog een kind met een sigaret in de mond," lachte mijn man. Zelfs de afwas deed ik met een peuk tussen de lippen. Maar dan trok ik wel het gordijntje van het keukenraam dicht, want dat hoefde niemand te zien. Ik rookte voor mezelf, niet voor Neerlands Volk! Vergeet niet: vrouwen zag je toen nog niet met sigaretten.

Van de gevaren van het roken had ik geen idee. Ik weet nog wel dat ik de dokter er een keer naar vroeg. "Rook maar raak!" zei hij. "Als er maar een flinke doos sigaren voor mij klaarstaat als het kind geboren wordt." En die heeft hij gekregen ook. Met mijn dochter, Aaltje, is alles goed gegaan – ze had geen sigaret in de mond, was niet zwart van het kolenstof, en ook niet raar van de petroleum. Ik heb nog dertig jaar doorgepaft. Tot mijn kleinzoon zei: "Niemand in de familie rookt, behalve oma. Die moet het ook maar laten." Daarna heb ik er nooit meer een opgestoken.

De Tweede Wereldoorlog was natuurlijk rampzalig, maar toch verloor ik zelfs toen nooit mijn goede humeur – ik kan het ook niet helpen. Mijn man moest gaan werken in Duitsland, maar dat wilde hij natuurlijk niet. Dus verstopte hij zich in de loze ruimte achter de kast, dat deden veel mannen. Gek eigenlijk dat ze Markus nooit hebben gevonden. Als SS'ers aan de deur kwamen vragen: "Wo sind die Männer?" antwoordde ik met een stalen gezicht dat er geen man in huis was. Ze staken nog weleens met bajonetten door de kast, omdat het een bekende truc was, maar ik vertrouwde er steeds op dat het goed zou aflopen.

Zelfs toen Leeuwarden gebombardeerd werd, bleef ik nogal nuchter. We lagen met zijn allen plat in de gang als er bommen vielen. De bovenburen waren bij ons, omdat het beneden veiliger was, maar ook omdat ik de stemming erin wist te houden. Ik weet nog dat we een keer op de gang lagen en dat ik ineens een verschrikkelijke lachbui kreeg. "Mama, je moet niet lachen, dit is heel erg!" riep mijn dochter. "Ik kan er niks aan doen," gierde ik, "in gedachten zie ik de buren onder de tafel zitten met een pan op hun hoofd!" Dat vond ik zo lollig; dat deden ze echt, hadden ze me verteld! En terwijl ik zo hard lachte, vielen de bommen links en rechts neer. Een paar huizen verderop was het raak geweest...

Maar ik denk overal nogal luchtig over: die bommen zullen heus niet precies op ons huis vallen. Ik zie het zelden somber in, hooguit af en toe eens, misschien ben ik daarom honderd geworden. Als er iets rots gebeurt, denk ik: daar rollen we ook wel weer doorheen. En dat is ook altijd gebeurd. In de oorlogsjaren hadden we dat te danken aan de vele monteurs van mijn man: die zorgden heel goed voor ons, dat was onvoorstelbaar.

Zij zaten op het platteland en konden van alles voor ons krijgen. Tot vlees aan toe. En we gingen op de fiets naar Burgum voor melk. De room schepten we eraf en deden we in een fles. Als je maar lang genoeg schudde, kreeg je vanzelf boter. We hebben het er goed van afgebracht. Zelfs onze Ford hadden we nog na de oorlog: die was gestald in de schuur van een bevriende boer, en na vijf jaar konden we er zó weer in wegrijden.

Ik verveel me niet op mijn oude dag. De dagen vliegen om! Nee, ik dik het niet aan – het is zo. Mijn dochter brengt me 's middags een haring, of een kroketje; ik word erg verwend. En ik kook nog zelf, want ik hou van lekker eten. Krijg ik een keer geen bezoek, dan ga ik cryptogrammen. Ik lees de krant, of kijk televisie. Ik heb geen kwaaltjes die me dwarszitten en kan nog genieten van het leven. Bovendien slaap ik als de beste: ik doe mijn naam echt eer aan.

Ik heb een mooi leven gehad. Dat meen ik oprecht. En het lijkt wel alsof er steeds meer herinneringen bovenkomen, vooral aan mijn jeugd in Zuidbroek. Daar woonden we aan het Winschoterdiep, waar toentertijd nog schepen voeren die werden getrokken door de paarden van scheepsjagers. Dat was heel ruig volk. 's Avonds zaten ze steevast in het café, en dan stonden die paarden maar te wachten. Ik weet nog dat daar destijds een lollig stukje over in de krant stond, waarin een paard zei: "Mijn baas komt weer van de kroeg vandaan, en zo raar als hij doet, heb ik nooit gedaan!"

Die scheepsjagers waren altijd dronken. De meesten hadden een paard, maar sommigen waren zo arm dat ze het schip zelf moesten trekken. Dat heeft mijn man, als jongen, trouwens ook nog gedaan. Niet dat hij scheepsjager was, hoor! O, nee. En arm was hij evenmin. Mijn schoonouders waren turfschippers. Het turfschip was in bezit van de familie zelf; scheepsjagers daarentegen werden ingehuurd. Toen ik verkering kreeg met Markus waren mijn schoonouders al met varen gestopt, de turf werd voortaan vanuit huis verkocht. Maar voor die tijd trokken ze hun schip van Nijeveenstermond, in Drenthe, naar Veendam. En alle kinderen Slaper hielpen mee: achter mekaar liepen ze in een tuigje van grove stof over het jaagpad langs de vaarten. Ook de zuster van Markus, een hele knappe meid en het enige meisje, moest meetrekken. Daar schaamde ze zich dood voor. Als ze vlak bij Veendam was, waar ze geboren was, trok ze haar hoed diep over de ogen om maar niet herkend te worden. Jarenlang hebben ze zo rondgetrokken. Tot de familie Slaper twee paarden won in de loterij van Scheemda. Vanaf die tijd hoefden de Slapertjes niet meer te trekken.

Mijn man wees mij later precies aan waar hij gelopen had. Hij was niet zo ruw als de scheepsjagers, hoor! Van kroegvolk wilde ik indertijd, als geheelonthouder, natuurlijk niks weten. Er werd wat gedronken in die dagen. Vooral in Muntendam. Daar zag je de laveloze kerels op straat liggen. Het was tragisch om te zien wat de drank in die dagen deed. Vandaar dat de blauwe knoop zoveel aanhang had en er over het drankprobleem werd gezongen. Vooral een lied van het Leger des Heils was toen heel bekend:

"Er ligt een schaduw op het huis, geen vrede woont daarin
De honger, kommer en verdriet, knagen aan dat arm gezin
Wat daar de reden van mag zijn, O, vraag het aan die kleine
Ze fluistert: onze vader drinkt, dat doet de vreugde kwijnen
Maar het Leger kwam in onze buurt, en vader ging erheen
Hij werd gered en drinkt niet meer, de schaduw vloog toen heen
En nu is vader heilsoldaat, hij strijdt in het Leger mede
Dat overal de blijde boodschap brengt, van redding en van vrede..."

Nu kan ik wel om zo'n liedje lachen, hoor! Ik ben allang geen geheelonthouder meer. Al drink ik nog steeds niet veel.'

Op 6-3-2005 is Jacoba Slaper-Suzenaar overleden.

'Je staat op het verkeerde end!'

JAN PIETER BOS
12-7-1891, PAPENDRECHT, ZUID-HOLLAND

De tanige binnenvaarder heeft de benen erbij neergelegd. Hij zit er vorstelijk bij, op twee stoelen. Zijn gezicht is een rivier van rimpels. En zijn blauwe ogen lijken een voortdurende verwondering uit te stralen: alsof hij er zelf van staat te kijken, elke dag weer, dat hij er nog is. 'Ik heb toch altijd hard moeten werken. Maar van werken ga je niet dood!' Jan Pieter Bos spreekt klare taal met zijn nog altijd luide Zuid-Hollandse stem. Het lopen gaat niet best meer, maar de schipper in ruste hoeft toch nergens heen. Op kousenvoeten leeft hij zijn leventje in de kamer van de bejaardenflat, die iets groter is dan de woning op het schip, waarop hij bijna honderd jaar geleden de nog onuitgediepte rivieren in het oneindig laagland bevoer. 'Weet u wat het is: ze blijven allemaal graag leven, de mensen. Ik ook.'

'Ik ben de oudste van Nederland, hè! Van de mannen. Tot mijn zeventigste heb ik gevaren. Internationaal: Holland, Duitsland, België. Met een schip van zevenhonderdvijfendertig ton. Veel zand en veel grind. Het was allemaal centenwerk, want een gulden was nog een gulden en je deed net zoveel met een kwartje als nou met een knaak.

Tot mijn twaalfde heb ik schoolgegaan; als je de zesde klas had gehad, ging je d'r af. M'n vader voer, dus ik werd schipper. Je kon ook aan wal blijven als er werk was – maar er wás geen werk, dus je kwam vanzelf aan boord. Met een houten zeilschip voeren we overal heen. Een mooie tijd: de mensen waren veel gemoedelijker dan tegenwoordig. En gemeenschappelijker met mekare, dat is er nou niet meer bij. In de scheepvaart was de vriendschap groot: je kwam zo vaak als het kon bij mekander op zeil 's avonds, op visite. Maar de tijd is te duur geworden. Het is hollen, hollen, hollen. En hard varen. Net als op de wal, daar is het ook al zo'n gejaagde boel. Maar daar is niks aan te doen, hè. Dat is gewoon een loop die van lieverlee zo de wereld in gevoerd wordt.

Op Hoop van Zegen; zo heetten alle schepen waarop ik met vader gevaren heb. Het houten schip, het ijzeren zeilschip dat we daarna kregen, en ook de sleep-Kempenaar – een vijfhonderdtonner. Ik voer met vader tot ik de jaren kreeg dat ik zelf een schip kon kopen; dat werd de Westerschelde. Ik was een jaar of dertig toen ik voor mezelf begon. Met één matroos. Het was weer veel zand en veel grind, maar ik vervoerde ook kolen, tarwe en gerst.

Het ging dan goed, dan slecht. En toen kwamen de crisisjaren. Je lag zó veertien dagen te wachten op vracht. Er werd armoe geleden. In die tijd werden nog veel cafés bevracht; de schippers die het meeste bier dronken en dus het meest verteerden, kregen alle opdrachten. Omdat de omstandigheden te slecht werden voor de mensen is toen de schippersbeurs ingesteld; met toerbeurten. Maar ik kwam er niet vaak: het vrije werk betaalde wel minder, maar je deed veel méér vrachten, hè. En de markt op België en Duitsland was vrij.

De schepen waren nog lang zo royaal niet als nu. Je kon nét rechtop lopen, en je had alleen het hoognodige aan boord – een stoel, een tafel, een bed. Vroeger was het heel wat anders, hoor! Het was heus niet zo luxe. Als je naar de wc wilde, moest je op het potje. Of je ging met je billen overboord hangen! De meeste vrouwen voeren nog niet mee in die dagen. Naderhand wel, en toen zijn de woningen op de schepen van lieverlee ook beter geworden.

Bij Willemstad, aan het Hollands Diep, was de scheiding van zout op zoet; op die overgang was het water het minst vuil. We hadden een kist waar zeshonderd liter water in ging: dat schepte je gewoon van buiten boord. En dat dronk je ongezuiverd op – zo was het vroeger, en we leven nóg! Maar aan de huizen was het precies hetzelfde; ik weet nog dat de mensen hun water uit de geul achter de dijk schepten waar het riool ook op uitkwam.

Wanneer ik getrouwd ben? Dat weet ik niet meer. Wacht 'ns effe. Ik ben lááit getrouwd. Op m'n negenendertigste pas, geloof ik; ik heb eerst overal een kijkje genomen, en lang genoten van mijn vrijgezellenbestaan! Tot ik met een schippersdochter ben getrouwd; met Johanna. Je lag weleens bij mekander op zeil, en zodoende... De dag dat we trouwden, lag ons schip in Renkum. We gingen met zijn tweetjes in een auto met chauffeur naar het stadhuis. Het was hoog water, we reden op een smalle dijk en toen moesten we een andere auto passeren – dat kwam niet vaak voor! En daar gíng onze wagen; een aardig eindje de dijk af. Het portier kregen we niet open en het leek er effe op dat we verder naar beneden zouden zakken, het water in; zo zijn we nog bijna verdronken op onze trouwdag! Maar de mensen uit Renkum snelden toe en hebben ons de dijk weer opgeduwd. Als man en vrouw zaten we een paar uur later aan boord. Maar een bruiloft werd niet gevierd; het was niet zo'n royale tijd voor de binnenvaarders.

Toch had ik geen hekel aan varen. Heus niet. We hingen met z'n vijven achter een sleepboot als je naar Duitsland voer. Reuzegezellig. We hebben veel mooie momenten beleefd. Maar de kapitein van de sleepboot die de schepen trok, deelde wel de lakens uit. Als hij voer, dan voeren wij ook, en rustte hij, dan rustten wij. Dan gingen we allemaal achter elkaar te anker.

Toen de scheepsmotors opkwamen, was het nog steeds geen rijke tijd. Ik had inmiddels een volwassen zoon, en die zei: "Wij gaan ook op een motor varen." Mijn idee niet! Ik had helemáál geen sympathie voor de motor. En het ging om grote bedragen, een motor was duur. Maar hij riep: "Er komt er een in, anders ben ik weg." "Nou ja," heb ik toen gezegd, "dan moet het maar." In Gouderak is een motor in ons sleepschip gezet. In 1957, geloof ik. Sindsdien kon mijn zoon beter varen dan ik, want kijk: je moest ineens zelfstandig varen – heel anders dan je gewend was. Ik liet het eerst maar aan hem over, hè. Hij was zogenaamd schipper, ik de knecht; ik deed nou als oud-schipper het werk voorop; de plek van de knecht. En hij stond achterop, aan het roer; te varen! Dan riepen mijn collega's weleens: "Hé, Bossie! Je staat op het verkeerde end!"

Maar nu zeg ik: de motorisering van de scheepvaart is de belangrijkste verandering van de hele eeuw geweest, wat mij aangaat. De stoomsleepboten moesten bemand worden, met stokers, maar de motor kon je alleen behandelen. Dat heeft een hele omwenteling in de wereld gebracht! Je was niet meer afhankelijk van een ander. Je zette de motor aan, en je was weg! En veel sneller op je bestemming. Ik heb heel lang gedacht: wie een motor aanschaft, vaart misschien voor niks – want je hoefde geen sleepboot meer te betalen – maar het zal wel niks worden ook. Maar het is precies andersom gegaan: de motor heb geld in 't laatje gebracht! Ik had het dus verkeerd bekeken; te voorzichtig eigenlijk. Maar dat kwam óók door de oorlog, niet zolang daarvoor: die had ons veel ellende bezorgd...

Het was 1940. De moffen verplichtten mij om een jaar lang op Duitsland te varen met de Westerschelde. Voor een Duitse firma. Het schip móést varen; maar ik had er geen trek in, ik had een gruwelijke hekel aan de Duitsers! Kennissen van me, van wie het schip in beslag was genomen, vroegen mij toen: "Kenne wij d'r niet op dan?" Dat kwam goed uit. Zij zijn toen met mijn vaarplichtige schip gaan varen. En ik heb een jaar bij mijn schoonvader aan wal gezeten. Ik had al vóór de Duitse inval mot gehad met een paar moffen, dus het leek me geen best idee om in de oorlog op Duitsland te varen. In 1939 had ik ruzie gekregen in Duitsland; eerst met een nazistische firma die mijn schoonvader niet wilde uitbetalen, die arrogante lui dachten dat ze álles maar konden maken! En toen ook nog met een kraanmachinist, ook zo'n nazi, die te wild had gelost. De krassen stonden op mijn schip, dat kon hem geen donder schelen. Toen ik er herrie over maakte, bedreigde hij mij met van alles en nog wat. In de scheepvaart ontloop je mekaar niet, dus ik wou in oorlogstijd niet naar Duitsland – je wist maar nooit waar je terecht kon komen.

Na een jaar kreeg ik de Westerschelde weer terug. Het schip was nog wel vaarplichtig, maar ik kon nou min of meer varen waar ik zelf wou. Ik voer zoveel mogelijk van Limburg naar

Friesland met grind en kolen, zodat ik niet in Duitsland kwam. Maar op het eind van de oorlog kreeg ik toch nog met de moffen te maken...

We lagen in een grindgat bij de Maas. Onder Roermond. Het schip was al halfvol met grind toen er acht jagers van de oprukkende geallieerden aankwamen. Ze schoten op alles wat bewoog en ineens lag de Westerschelde midden in de frontlinie. De schepen en baggermolens om ons heen werden kapotgeschoten. Ook mijn schip werd geraakt, mijn vrouw, mijn zoon en ik gelukkig nét niet, al scheelde het een haar. Maar voor mijn ogen is de Westerschelde gezonken.

We raakten verzeild in het dorpje Maasniel. Tot de moffen het frontgebied leeg wilden hebben. Het hele dorp moest gaan lopen, drie uur lang, naar het station van Brüggen, net over de Duitse grens. Onderweg moesten we voortdurend in de berm gaan liggen – er werd flink geschoten! De Duitsers trokken terug en de geallieerde vliegeniers zaten d'r boven; ja, ik weet wat oorlog ís! We hadden nog wat kleren bij ons, in een koffertje, waar ook een pot stroop in zat; die ging natuurlijk kapot en alles zat onder. In de kerk waar we die nacht met z'n allen moesten overnachten op stro, liepen we ook nog een kop vol luizen op.

Daarna moesten we de trein in. In een overvolle coupé waar de ramen uit waren geschoten, bleven we een hele tijd stilstaan, want op alles wat bewoog werd geschoten. In het donker vertrok de trein: we hadden geen idee waarheen, je moest maar afwachten. En je kreeg honger ook! Drie dagen en drie nachten zaten we in die trein, samen met de vrouw en de dochter van een collega-schipper die bij een razzia was opgepakt – ik had ze onder m'n hoede genomen.

Overdag stond de trein stil, 's nachts kwam-ie in beweging. Maar niemand vertelde ons wat onze bestemming was. De eerste dag stonden we in Krefeld. We liepen effe de coupé uit om te gaan plassen. En toen hoorde de dochter van m'n collega ineens haar naam roepen: "Marthe, Marthe!" Ze keek op en zag haar vader lopen; als strafgevangene achter een karretje. Ze hadden al maanden niets van de man gehoord. En daar liep hij, met hongeroedeem. Hij was er niet best aan toe. Ik zag dat er maar één toezichthouder in de buurt was. En ik had nog wat geld op zak. Dus ik probeerde iets te ritselen. Maar die Duitser wilde niks van me aannemen: als hij de man niet terugbracht, zei hij, zouden ze hem doodschieten. Zo hebben we die arme schipper achter moeten laten; achter zijn karretje zagen we hem gaan. Ik vond het hartverscheurend.

De trein reed weer verder. En de tweede dag stonden we stil in Koesfeld. De derde dag in Zwolle; daar zagen we de mensen allemaal in nette kleren lopen en we begrepen niet waarom – we hadden er geen erg in dat het inmiddels zondag was. Later stonden we vast in Groningen, op het station. Toen kon de vrouw van mijn collega-schipper er niet meer tegen. "En nú wil ik eruit!" riep ze. "Ik wil naar huis!" Ze kwam oorspronkelijk uit Groningen, en haar ouders woonden daar nog. Ik heb toen een praatje aangeknoopt met een stationsknecht. Hij bleek contacten te hebben met de ondergrondse. En zo zijn we stiekem uit die trein gehaald en ergens ondergebracht. We konden niet bij de ouders van die vrouw blijven; ze hebben daar wel niet zo'n honger hoeven lijden als in Holland, maar veel hadden ze natuurlijk ook niet te eten. Daarom zijn we die laatste oorlogsmaanden door het verzet ondergebracht in Usquert, aan het Wad, waar het stervenskoud was! De Limburgers uit de trein werden ondergebracht in Friesland, hoorden we later. En mijn collega-schipper is na de oorlog weer thuisgekomen. Godzijdank.

Na de bevrijding zijn we achter op een vrachtwagen terug naar Limburg gereden. Terug naar het grindgat. En naar mijn gezonken schip. Het grind moest eruit worden gehaald. En daarna is de Westerschelde van de bodem opgetakeld. Er zat een dikke laag modder op, de woning was zo goed als verdwenen. Onze foto's en alle spulletjes waren weg; dat vond m'n vrouw heel erg. Het gat dat in de Westerschelde was geschoten, heb ik provisorisch dicht laten maken zodat ik ermee naar Hendrik-Ido-Ambacht kon varen toen de Maas weer bevaarbaar was. Daar heeft het schip een jaar in de reparatie gelegen. En al die tijd heb ik in het ruim moeten wonen: onder een zeildoek waarmee ik de boel had afgedekt. Mijn leven is niet zo rooskleurig geweest, hoor! Goed én slecht, dat was het. Maar m'n schip had ik terug. Dat was je hele hebben en houwen. En zodra het kon, ben ik maar weer aan het werk gegaan, hè.

Ik zeg altijd: ál wat ik bezit, daar heb ik geen "dank je" voor hoeven zeggen. Daar heb ik mijn werk voor geleverd! Als je haar op je tanden hebt, hoef je geen honger te lijden in Nederland. Wie werken wil, kan aan de slag. Dat is toch mooi? Ik zeg gewoon mijn mening en het maakt mij niet uit of ik nou een hoge of een lage piet voor me heb.

Ik zit alweer in m'n derde eeuw. Ik verwacht er niet veel goeds van. De mensen maken zulke grote bokkensprongen; oorlog zus, aanslagen zo. Ik zie het op tv: als het al geen natuurrampen zijn, dan maken de mensen mekaar wel af. En alles wordt machinaal. Wat een machine kan doen, daar wordt de mens toch voor opzijgezet? Vroeger kon je niet varen of je moest een matroos hebben. Nu kan een schipper het alleen met al die knopjes waar je maar op hoeft te drukken. Ach ja, misschien maar beter ook want het degelijk personeel van vroeger kun je toch niet meer vinden. Heus, de mensen zijn veranderd in honderd jaar tijd. Het mensdom is veel opstandiger geworden. Vroeger was je onderdanig en deed je wat je ouders voorschreven. Wij werden onder de duim gehouden! We waren nog benauwd voor de politie; ze hoefden maar te wijzen, of we waren al weg. En toen werden er lang niet zoveel misdaden gepleegd als tegenwoordig.

Tot mijn zeventigste ben ik bij mijn zoon aan boord gebleven. Toen heb ik een mooi huisje gekocht in Rotterdam. Ik heb er nog dertig jaar in gewoond. En ik onderhield alles zelf. Ik had al eerder een huisje willen kopen, maar omdat ik altijd onderweg was, heeft het lang geduurd voordat ik iets vond. Als er een woninkje leeg kwam, moest je meteen gaan kijken, maar dan zaten we net in Brussel of Mannheim; eer je dan weer eens beneden kwam, was je drie weken ouder – en dan was het weg. Eén keer kon ik een rothuisje krijgen. "Een hond kruipt nog niet in een hok dat hem niet aanstaat," heb ik gezegd. Dáár wilde ik m'n laatste jaren niet in slijten. Maar toen er een mooi huisje vrijkwam, zijn we toch maar aan wal gegaan, Johanna en ik. Dat was niet van armoede, hoor! Het was de leeftijd. En tot voor zestien jaar geleden had ik Johanna, die jonger was dan ik, nog aan mijn zij.

Ach, als je gewoon degelijk leeft, kun je oud worden. Ik heb toch altijd hard moeten werken. Maar van werken ga je niet dood! Toen ik honderd jaar was, had ik vóór acht en áchter elf meter tuin: dat hield ik allemaal nog zelf bij. Ik had een krukje waar ik even op ging zitten als ik moe was, en daarna tuinde ik weer verder. Met honderd jaar, hè!

Maar ik had niet gedacht dat ik nog eens de oudste man van Nederland zou worden. Ik mag er nog goed uitzien; ik ben toch wel een beetje versleten, hoor. Mijn kop is nog in orde, op m'n ogen en oren na. Ziek ben ik niet. De mensen zeggen allemaal dat het fantastisch is, maar ik voel wel dat het minder wordt. Als ik de krant lees, doen m'n ogen al zeer. Maar weet u wat het is: ze blijven állemaal graag leven, de mensen. Ik ook.

Ik heb altijd gezegd: ik ga nóóit naar een bejaardenhuis! Maar sommige dingen moeten nou eenmaal. Mijn zoon en mijn schoondochter nemen me nog vaak mee; je hebt hier ook mensen die maar gewoon in hun kamertje blijven zitten. Er zijn dagen bij dat ik ook niet buiten kom, alles wordt hier toch bij je gebracht. Maar ik maak nog graag autoritjes – dan rijdt m'n zoon natuurlijk, dat kan niet anders. Laatst heb ik nog zo'n fijne dag gehad. Toen zijn we naar het Kanaal van Zuid-Beveland gereden: het water trekt nog altijd. Op Hansweert, bij de sluizen, zijn we in de uitkijktoren van de Waterstaat geweest; daar kom je normaal niet op, maar ze vonden het heel groots natuurlijk dat de oudste man van Nederland daar nog eens omhoog wilde. Ik kon over de Westerschelde heen naar de overkant kijken; wat is dat toch een mooi stukkie land. Maar op de Twentse kanalen was het ook schitterend varen... En tegenwoordig is het mooi varen op de IJssel, maar vroeger niet, voordat-ie gekanaliseerd was. Met laag water kon je hem amper bevaren; als je weer eens een spannende beweging had gehad en alles liep goed af, zei je: "We hebben weer goed werk geleverd!" Maar na de kanalisatie voer je er onderhand net zo diep als op de Waal.

Ik weet ook niet wat de tijd zal doen. Als ik maar niet te hulpbehoevend word. Ik doe nog van alles zelf: m'n bed opmaken, douchen. Ik ben er groots op dat ik dat kén. En die zusters hier, dat zijn réúzedames. Ze hebben twee handen, maar ze doen voor tien man werk. Ze maken het je echt naar de zin. De korstjes ken ik niet meer wegkrijgen, dus die halen ze nu ook van m'n brood. Sinds gisteren, daarvoor deed ik dat altijd zelf. Maar ja... Geen mens gaat graag dood, hè – da's mijn princiep, en het ís ook zo ook. Chagrijnig ben ik niet; ik pak de tijd zoals-ie komt. En als ik het niet slechter heb als nou, dan wil ik wel blíjven leven!'

Op 15-12-2002 is Pieter Bos overleden.

'Ik geloof onvoorwaardelijk in de vooruitgang'

MARINUS VAN DER GOES VAN NATERS
21-12-1900, NIJMEGEN, GELDERLAND

Het eerste telefoontje met Marinus van der Goes van Naters, 's middags om halfdrie: 'Hoe dúrft u mij te bellen tijdens de thee! Bel op een fatsoenlijk tijdstip maar terug.' En de jonkheer hangt op. Een uur later: 'Een boek over eeuwelingen? Dat gezever over vroeger is toch volstrekt oninteressant! Die ophef als je honderd wordt, burgemeesters die je zo nodig moeten feliciteren, bah! U wilt toch langskomen... Nou ja, dat is misschien wel gezellig.' Een dag later, in Wassenaar: 'Wat enig dat u er bent! Ik schenk net de martini in. Laten we er eens goed voor gaan zitten, het praten met vrouwen werkt inspirerend op mij; u ziet mijn zwakheden.'

Rode coltrui, knickerbockers en ouderwets lange kniekousen: de 'Rode Jonkheer' wijzigde zijn kledingstijl de laatste driekwart eeuw niet meer. Met de hond Oscar, aan zijn voeten, heeft hij zich teruggetrokken in de tuinkamer van zijn Wassenaarse stulp met rieten dak. De villa raakt in verval, hij bladdert langzaam af, maar herbergt nog de sfeer van de jaren dertig. Marinus van der Goes is een grillig man; goedgemutst, maar meteen daarna weer scheldend en tierend op deze of gene. Hij kan het zich permitteren, als stokoud jonkheer. Al zegt hij dat oude mensen niet moeten zeuren over vervlogen tijden; het oud-kamerlid vindt het heerlijk om herinneringen op te halen. En wonderwel komt hij steeds weer terug op de lijn van zijn betoog, waar hij in talrijke terzijdes, met zichtbaar genot, van afwijkt. De jonkheer verstaat nog de kunst van het converseren. Van der Goes, al dik tachtig jaar socialist en bewonderaar van Troelstra, kan terugzien op een eeuw. Maar hij bekent terwijl hij van zijn rode martini nipt, dat hij op de oude dag toch het liefst aan zijn vrouwen denkt: 'Ik ben nog vurig verliefd! Dat mag u best weten.'

'Ik geloof niet dat er een mooier jaartal denkbaar is om ter wereld te komen dan 1900; de drempel van de twintigste eeuw, die de meest fantastische uitvindingen voortbracht. Wat ís er veel veranderd... Als kind had ik een jongensboek over een heldhaftige juffrouw die een toestel had waarmee ze met iedereen kon praten – draadloos, op welke afstand dan ook. Dat vond ik belachelijk. Die mogelijkheid bestond helemaal niet. En nu is het doodgewoon! Gisteren belde mijn vriendin me nog op met haar mobieltje vanuit de bossen. Yvonne is zestig jaar jonger dan ik, en ik vind het enig als ze me belt met dat telefoontje. Is het geen ongelofelijke prestatie van de mensheid dat er golfjes gemaakt kunnen worden die je overal ter wereld kunt opvangen?

Ik probeer zo ver mogelijk terug te gaan naar het begin van de vorige eeuw. Maar met eerste herinneringen moet je oppassen! Die heb je vaak opgevangen van familie of vrienden. Zo zeiden mijn ouders altijd dat ik als klein ventje al zo'n rotzakje was, de herinnering die het eerst in me opkomt zal ik dus wel niet van mezelf hebben... Mijn tante kwam bij ons logeren en zei, tijdens de thee, dat ze de roomse Nijmegenaren toch best vriendelijk vond. Toen moet ik hebben geroepen: "En de Borromeus-encycliek dan?" Want vader had net met veel godverdommes in de krant gelezen dat de toenmalige paus Pius x een antiprotestantse encycliek had geschreven, genoemd naar de heilige Borromeus, waarin stond dat de wereld bedreigd werd door "die godsdienstlozen wier God hun buik is". Ik had opgevangen dat vader Pius x afkamde omdat die veronderstelde dat protestanten en humanisten niet aan hogere dingen dachten! Pa was weliswaar een ouderwetse liberaal, maar ook humanist; hij las de grote filosofen, én hij behoorde tot de protestantse bovenlaag van Nijmegen, die de roomsen minachtte. Mijn tante rolde bijna van haar stoel toen dat kleine rotzakje met zo'n klinkend voorbeeld van katholieke onverdraagzaamheid kwam aanzetten! Die anekdote werd later altijd opgehaald als het over mijn wijsneuzigheid ging; dat ik nog steeds wijsneuzig ben, staat – vrees ik – wel vast.

Mijn eerste authentieke herinnering voert mij terug naar het buitentje dat we hadden in Berg en Dal. Het was een piepklein Noors huisje, toen een noviteit. Alle planken hadden nummers, zodat je het zelf in elkaar kon zetten. Vader, advocaat van professie, had het gekregen bij wijze van betaling voor een proces dat hij voerde. Hij liet er een bodem van beton in gieten, ook een nieuw procédé. En hier begint mijn directe herinnering: mijn broer tilde me op en zette me met beide voeten in de nog natte betonfundering. Ik voel me daar nog staan... Ik kon geen kant op! Uiteindelijk ben ik weer opgetild, maar mijn voetstapjes moeten nog in die fundering staan. Sinds 1905 dus, zo ongeveer.

Ik zat in die tijd op de bewaarschool, waar ik ook nog een herinnering aan heb. We groeven kuilen in een schaduwrijke tuin toen een van mijn kameraadjes met zijn schop tegen mijn kop sloeg. Ik voelde er geen donder van, op je voorhoofd heb je weinig gevoel, maar ik bloedde als een rund. Een lieve schooljuffrouw legde er een verband omheen, en ik huilde niet. Om vier uur werd ik opgehaald door mijn kindermeid, waar ik méér van hield dan van mijn moeder! "Marinus heeft een ongelukje gehad," zei de schooljuf. En toen begon ik me toch te huilen, want dat vond ik vreselijk griezelig klinken. Maar mijn kindermeid – daar ben ik haar nu nóg dankbaar om – was helemaal niet sentimenteel ingesteld: "Heb je nou pijn of niet?" Dat had ik niet. "Dan hoef je niet zo te zaniken!" Het was zo'n gezond, gezellig type. Louisa Christina Barneveld was haar naam – Ties, voor ons. Als iemand het in zijn hoofd haalde om Ties niet voor vol aan te zien, zei ze: "Hoor eens, ik ben van een goed protestantse familie!" Dat protestantse haalde ze er altijd even bij; het gaf aanzien. Mijn ouders zouden er ook niet over gepeinsd hebben om een roomse kinderjuf te nemen! Achteraf gezien moet het een onuitstaanbare groep zijn geweest, de protestantse minderheid in het katholieke Nijmegen; de intelligentsia van toen. De roomsen zaten in handel en industrie, maar niet in intellectuele beroepen. De protestantse toplaag voelde zich verheven boven de katholieken, die als halve boeren werden beschouwd – als een klasse minder, mag ik wel zeggen.

Mijn oudste broer, de pestkop, was een sadist. Als ik een gebedje op moest zeggen, moest ik aan leuke dingen denken, zei mijn kinderjuffrouw. Maar dan vroeg ik ook aan God of mijn oudste broer alsjeblieft spoedig dood mocht gaan. Want ik werd door hem mishandeld! Doodgriezelig. Hij dreigde met doodslag als ik dat ooit zou vertellen. Moeder wist het, maar heeft nooit tegen hem opgetreden. Mijn kinderjuffrouw was de enige die voor mij opkwam, vandaar ook dat ik zo gek op haar was... Achteraf bleek dat mijn broer tbc had. Maar dat kón je niet hebben, en dat mócht je niet hebben als je van een nette familie was; tbc was een armoeverschijnsel. Dus het is niet onderkend. Mijn broer is vroeg doodgegaan: God heeft mij verhoord! Ik weet nog dat mijn broer mij de pinkschroef aanlegde. Hij draaide hem zo strak aan, dat mijn pink bijna brak. Ik brulde van de pijn. Maar ik klikte niet. Dat vind ik van mijzelf erg mooi; ik heb nóóit geklikt. Dat deed je niet, dan was je ontrouw aan jezelf – dat was toch te min? De reden waarom mijn broer mij mishandelde was duidelijk: hij was jaloers. Ik was erg taai, en gezond – kijk maar; ik zit hier nóg. En hij was altijd ziekelijk; vanwege die tbc, weten we achteraf. Toch was die haat van mijn broer eigenlijk bedoeld als liefde. Haat en liefde lopen dikwijls dwars door elkaar, heel gek.

Die versterkte jaloezie had hij van mijn moeder. Die had ook buitengewoon onaangename trekjes. Tot op de dag van vandaag weet ik niet of ze me mocht. Ze vroeg altijd: "Hou je van me?" "Ja, ma," zei ik dan braaf. "Maar hoeveel hou je van me?" Een rare vraag aan een kind. Dan deed ik mijn duimen een stukje uit elkaar, en zei: "Zoveel." "Dat is véél te weinig!" vond moeder. Dus gingen mijn duimen nog wat verder uit elkaar, en nog wat verder, tot ik mijn armen niet wijder kon spreiden. En dan was het pas genoeg. Wat is dat nou voor idioots? Mijn moeder was een rotmens, echt waar. Ze lag altijd met zichzelf overhoop.

Het was natuurlijk ook weleens gezellig thuis, als mijn broer me niet pestte en er geen ruzies waren. 's Zomers gingen we dikwijls naar Luxemburg, dat was prettig. Of mijn ouders gingen wat verder weg, naar Zwitserland of Frankrijk, en brachten ons naar een vakantietehuis: een dumpgelegenheid voor deftige kinderen. Je had dumpgelegenheden die énig waren; met aardige kinderjuffrouwen, die waarschijnlijk veel te weinig betaald kregen voor dat werk. Ontwikkelde dames die je meenamen naar allerhande musea, of leuke tochtjes organiseerden. Ik was niet te beklagen, hoor!

De periode die mij het meest bijstaat als een buitengewoon gelukkige tijd, was tussen m'n tiende en m'n veertiende. Pyke Koch, de latere schilder, was toen mijn beste vriend. Hij woonde in een gezellig ouderwets huis in Beek, waar ik graag kwam. En hij had een schat van een moeder, alle schooljongens dweepten met mevrouw Koch, een schoonheid, en keken haar na op straat. Piet – zo heette Pyke eigenlijk – leek op haar, hij was zelf ook buitengewoon mooi. We speelden vaak samen in een leegstaand bijkantoortje van mijn vader; daar knutselden we met elektriciteit en hebben we de mooiste "uitvindingen" gedaan! We bouwden zelf telefoontjes, waarmee we bereik hadden tot twee kamers verderop – met de deuren dicht! Prachtig, al was het nog niets vergeleken bij de mobieltjes van nu... Piet en ik maakten zelf inductieklossen: toestellen met een laag voltage, maar de vonken sloegen om ons heen! Met hulp van boeken – en van een oudere Nijmeegse apotheker, ook ontvlamd door de elektriciteit – maakten we allerhande lampjes. We waren helemaal betoverd door het wonder van de stroom, die toen opkwam. Het is niet te beschrijven wat voor indruk dat maakte. Toen er een paar jaar geleden een grote tentoonstelling was van het magisch-realistische werk van Pyke, zag ik in de catalogus tot mijn verrassing dat die knutseltijd ook op hem zo'n indruk gemaakt heeft; de stemming van sommige schilderijen is geïnspireerd op ons vroege ontdekken van de onzienbare krachten in het kleine kantoortje. We hadden allebei oog voor de poëtische kant van de elektriciteit, van haar alles doordringende kracht. We praatten nooit over banale flauwigheden, Pyke en ik, alleen over grootse dingen. Ik heb mijn leven lang veel aan die herinneringen gehad.

Mijn moeder had drie personeelsleden tot haar beschikking, een kinderjuf en twee meiden, en dan nog lag ze 's middags op een canapeetje uit te rusten; waarván is nooit bekend geworden. Wat een aanstellerij! Moeder was een lui varken. Vader verdroeg het omdat hij een engel was, en hij wilde geen gedonder. Ik stond daar kritisch tegenover. Als kind al, ja. Maar ik ga het niet mooier maken dan het was; van klasseverschil had ik heus geen besef. Daar was ik nog blind voor. Het was Troelstra die mijn ogen opende. In 1918. Maar daarna begreep ik het ook donders goed. Men spreekt altijd over "de vergissing van Troelstra", omdat hij heeft gezegd dat er in Nederland vanzelf een soort stille revolutie zou komen; daar is vreselijk veel misbruik van gemaakt. Troelstra heeft niets anders willen zeggen dan dat de ongelijkheid in de wereld tot grote veranderingen zou leiden, wat later ook gebeurd is! Hij heeft helemáál niet bedoeld dat er een vreselijke slachting moest komen. Dat hebben andere politici ervan gemaakt. Een gemene politieke truc van de liberalen en de confessionelen om de haat tegen het socialisme aan te wakkeren!

Ik ben tot op de dag van vandaag een bewonderaar van Pieter Jelles Troelstra. Ik heb hem voor het eerst gezien in De Vereeniging in Nijmegen, een van de eerste steden waar Troelstra kwam spreken over zijn zogenaamde vergissing. En ik zal het nooit vergeten! Hij hield een vlammende redevoering. Ik was erheen gegaan met mijn tweede grote vriend Stuuf Wiardi Beckman, de "opvolger" van Pyke Koch, met wie ik inmiddels overhoop lag vanwege zijn dédain voor "het gewone volk". De zaal was afgeladen vol en wij waren in een soort nerveuze stemming; krijgen we hier straks gedonder mee? Maar dat hield ons niet tegen. We hadden beiden het historisch besef dat we aan het begin stonden van nieuwe verhoudingen in Nederland en een verandering in de mensen. Alle jongelui, van welke richting ook, voelden trouwens die behoefte aan vernieuwing na die griezelige wereldoorlog, die miljoenen slachtoffers had geëist.

In De Vereeniging stonden vooral arbeiders naar Troelstra te luisteren. Dat Wiardi Beckman en ik van geheel andere komaf waren, kon ons geen bal schelen. We vonden een arbeider iets buitengewoon bijzonders, dat werd in ons milieu afgedaan als "arbeiderisme": gedweep met de werkende klasse. Omdat we zelf eigenlijk niet één arbeider kenden, wilden we er na Troelstra's redevoering graag een ontmoeten. Via allerlei omwegen, kennissen van kennissen, kwamen we in contact met een arbeidersvrouw die kranten las. Dat was wel héél bijzonder. Ik weet nog dat ze ons iets voorlas over de vrede van Versailles, na de wapenstilstand. Ze kende veel woorden niet en legde de klemtoon steeds verkeerd; maar de teneur had ze goed begrepen. Stuuf en ik waren dolgelukkig haar te spreken. We hadden natuurlijk ook best een arbeider op straat kunnen aanspreken, ja. Gek eigenlijk, maar dat deed je niet in die tijd. En inderdaad, we romantiseerden "de arbeider". Ik geloof niet dat ik het nu nog doe, hoewel... Misschien ben ik het altijd wel een beetje blijven doen. Een geromantiseerd beeld is immers prettiger dan de werkelijkheid.

Overigens lag ik in de winter van 1918, toen die stille revolutie begon, vooral in bed; met de Spaanse griep, onuitstáánbaar vond ik dat. Het was nog wel zo'n koude winter, een mooie schaatswinter, en ik lag daar maar. Ik ben behoorlijk ziek geweest en geloofde op zeker moment zelfs dat ik uit het leven zou stappen. Misschien heb ik toen wel een weerstand opgebouwd die me tot de dag van vandaag op de been houdt. Ik heb in die periode veel liggen lezen. Ook de gedichten van Henriëtte Roland Holst. Haar invloed op Stuuf Wiardi Beckman en mij was enorm – "De zachte krachten zullen zeker winnen, in 't eind..." Schitterende dichtregel! Ik heb nu nog al haar bundels in de kast staan, ze maakte zo'n indruk, die socialistische zieneres, die ook dikwijls op hol kon slaan. Dat zeg ik nu – ik lees haar werk nog weleens met enige verbazing terug – maar dat vonden we toen helemáál niet!

Toen ik rechten ging studeren in Leiden, kwam ik natuurlijk bij het corps – dat hoorde zo in ons milieu. Ik werd lid van de "eerste club" van het corps. Daar zaten alleen de hele nette jongens bij, van de allerdeftigste families, zoiets is nu bijna niet meer te snappen. Maar ik had wel kritiek op het corps! Ik vond het een nogal kinderlijke en spierballerige club, met weinig inhoud. De meeste jongens zouden christelijk-historisch hebben gestemd, dan weet u wel wat voor geest er hing... Het allervermoeiendste wat ik ooit heb meegemaakt, was de ontgroening. Kon ik in godsnaam maar gaan slapen, dacht ik voortdurend, maar dan moest ik weer tot diep in de nacht op de grond zitten bij een ouderejaars die een fuif gaf.

Toen ik al derdejaars was – niet helemáál op het einde gelukkig – heb ik in het corpsblad *Virtus Concordia Fides* een stuk geplaatst. Daarin schreef ik dat je best corpslid kon zijn, mocht fuiven en het leuk mocht hebben, maar dat je je altijd bewust moest zijn van het feit dat je tot een maatschappij behoorde waarin een groot deel honger had en dat je daar wél de vruchten van plukte. Niet dat ik vond dat die corpsjongens daar om moesten huilen of om moesten griezelen, het ging mij erom dat ze het zich bewúst waren. Dat stuk heeft een herrie veroorzaakt, ondenkbaar! Nu zou je zeggen dat ik een open deur intrapte, maar toen... Het corps raakte zelfs verdeeld in "bewustelingen" en "anti-bewustelingen", die mijn stuk krankzinnig vonden. Als student moest je genieten en lol maken, zeiden zij.

Gelukkig was ik in mijn studententijd ook lid van de PIA: de Practisch Idealisten Associatie, een typisch naoorlogse jeugdbeweging. Met een prachtige beginselverklaring die ik tachtig jaar na dato nog uit het hoofd ken: "In plaats van ons te laten meeslepen door de verkeerde sleur en ons te laten verlammen door gewoonte, willen wij onszelf blijven, waar we ons ook bevinden. We willen de mensheid dienen, in plaats van eigen voordeel na te jagen..." Daar kon je een stukje socialisme in zien, al hoefde je er in die naoorlogse tijd helemáál geen socialist voor te zijn. De PIA was opgericht door de jonge Van der Leeuw uit Rotterdam, zoon van de bekende koffie-en-theemiljonair. Hij had een eigen vliegtuigje, de arme jongen is er later nog in te pletter gestort. Maar de PIA was geen rijkeluisclub, hoor! Al zaten er ook weinig arbeiders bij... niet één, om precies te zijn. Ik heb nog wel m'n best gedaan om arbeiders lid te maken, maar ze waren er nog niet aan toe. Er waren wel kinderen van middenstanders lid. Ook van kleine middenstanders!

Het praktische en het idealistische werd altijd beschouwd als een tegenstelling. “Doe niet zo idealistisch zeg, kom nou!” werd ons verweten. “Neem het leven zoals het is.” Zo was de heersende mentaliteit. De meeste Nederlanders, al waren ze niet in politiek geïnteresseerd, waren min of meer christelijk-historisch ingesteld; ze namen het zoals het was. Ik heb daar mijn leven lang een bloedhekel aan gehad!

Bij de PIA heb ik Anneke ontmoet. Van mijn kant was het liefde op het eerste gezicht, maar niet van de hare... Anneke had toen ik haar leerde kennen, net een verhouding achter de rug met een rijke jongen van joodse familie, die een bloedrode Indian motorfiets had; daar zat zij dan achterop en dat maakte mij, zelfs achteraf nog, jaloers; achterop moet je jezelf helemaal om de bestuurder vastklemmen: grrr... De eerste keer dat ik haar zag, was tijdens een PIA-uitstapje op een eiland in het Kagermeer; op sommige eilandjes mocht je landen voor een onschuldige picknick, op andere niet vanwege de schitterende natuur. Wij waren erheen gevaren op een grote, saaie rotboot. Maar Anneke zagen we even later aankomen op haar eigen giek! Dat meisje hoort bij mij, dacht ik. Ze had een tricot muts op, ontzettend leuk zag ze eruit. En toen ze aanlegde, wist ik het zeker. Ik wilde direct met haar aanpappen, en wist dat ik maar weinig tijd had op het eiland. Later heeft ze me er nog mee geplaagd: “Je was wel érg aanpakkerig!” Ze was nog maar net van die jongen af en wijdde nog weleens een traan aan hem. We hebben in die korte tijd veel met elkaar gepraat, daar op dat eiland. Over de essentiële dingen des levens. Waarom ik haar zo leuk vond? Dat is heel moeilijk uit te drukken, die dingen zijn ingewikkelder dan je denkt... Ik vermoed omdat ze iets jongensachtigs had. Helemaal niet mannerig, hoor! Maar jongensachtig, ook in haar kleding: ze droeg die zomer een kort broekje. En ze was heel gezellig. Koele vrouwen heb ik altijd akelig gevonden, maar dat was ze helemaal niet. Net zomin als Yvonne dat is – ze doet de tuin voor me. Toen ik haar voor het eerst zag, zakte ik bijna door de grond: wat léék ze op Anneke! Weer helemaal mijn type, ik ben nogal gek op blonde meiden. Soms verwar ik de twee, wat niet prettig is, maar dat kan ik op mijn leeftijd niet helpen. Het is voor mij iedere week een feest, bijna een plechtigheid, als Yvonnes auto om halftien precies bij de keukendeur stopt. Daarna vallen we elkaar in de armen. Ik ben een geluksvogel ja, en daar ben ik me ook zéér van bewust. U hoort mij niet klagen.

Wanneer ik lid werd van de Sociaal-Democratische Arbeiders Partij? Voor mijn gevoel was ik eigenlijk al lid sinds de toespraak van Troelstra. Maar formeel ben ik het pas later geworden. Het moet nog in Leiden zijn geweest, want het gaf problemen toen ik na mijn trouwen – met die beeldige Anneke! – op vaders advocatenkantoor in Nijmegen zou gaan werken. Ik weigerde mijn lidmaatschap op te zeggen. "Je wilt geen SDAP'er op kantoor," heb ik gezegd, "en dat kan ik in zekere zin ook wel begrijpen." Nijmegen was namelijk een kletsgat, een dorp eigenlijk, en een "rooie" kon je klanten kosten. "Ik solliciteer wel ergens anders." Daar schrok vader van. Hij vond het zó jammer dat er geen Van der Goes op zijn kantoor zou komen, dat hij omsloeg. Ik mocht komen, en SDAP-lid blijven. Er zijn geen klanten weggelopen, integendeel: er kwamen er juist méér bij. Ook katholieken, die moeite hadden met hun pastoor die zich overal mee bemoeide, en die bij een onafhankelijke jurist terecht wilden die buiten het roomse wespennest stond. Vaders associés hadden er, tot mijn grote opluchting, geen moeite mee. "Zolang je geen communist bent," zeiden ze, "is het geheel je eigen zaak." Begrijpelijk vond ik dat, de communisten waren vreselijk in die tijd. "En zolang je niet op een kuip op de Grote Markt gaat staan om socialistische redevoeringen te houden, doet het er niet toe wat je bent."

Op de bijeenkomsten van de Nijmeegse SDAP-afdeling moest je een harde huid hebben; voor een groot deel kwamen er querulanten en fanatiekelingen. Op de eerste vergadering die ik meemaakte was er zelfs enorme stront onder de leden. Vooral de vrouwen roerden zich. Een van de dames werd ervan beschuldigd te hebben gevreeën met de dirigent van de socialistische zangclub. De dirigent werd daarover ondervraagd waar ik bij was. Idioot vond ik dat. Maar het bleek kenmerkend voor de sfeer; men was met uiterst kleinzielige dingen bezig. De Nijmeegse SDAP was een ruziemakend zooitje, maar dat heeft me niet afgeschrikt. De intellectuele leden hielden discussieavonden over boeiender zaken. Het botste dan vooral tussen de Duits- en de Frans-georiënteerde socialisten. Zelf was ik meer aanhanger van Jaurès dan van Marx. Ik heb nooit gehouden van dat krampachtige marxisme, een extremisme dat ik niet lust. Veel te zwaar op de hand. Het Franse socialisme was filosofischer en ruimdenkender; intellectueler eigenlijk, en dat sprak mij aan.

Anneke en ik woonden in Nijmegen in een idyllisch arbeidershuisje aan de Broerdijk, die nog vrijwel onbebouwd was, en doodstil. Overal om ons heen waren nog weiden. Nu is het allemaal stad. Mijn moeder vond het daar maar armoedig en klaagde als ze "een peerd" in onze voortuin zag staan, want er liep weleens een paard de tuin in om van mijn planten te eten. Wij vonden het er enig. In de winter was het een beetje geheimzinnig, dan was de hele Broerdijk in nevelen gehuld.

Na twee jaar kregen we ons eerste zoontje. Maar hij is gestorven. En daar ben ik nóg niet overheen nu ik honderd ben. Hij overleed gewoon aan hersenvliesontsteking. Dat is tegenwoordig niks, godverdomme! Dat die klootzakken daar toen niets tegen konden doen... Mijn zoontje had de meest afgrijselijke hoofdpijnen, soms lag hij gillend in zijn bedje. Dat heeft een paar weken geduurd. Toen zei hij: "Ik heb ineens geen pijn meer, pappa!" "Wat enig!" heb ik gezegd, "dan ben je nu misschien beter." "Ja," zei hij, "ik geloof dat ik beter ben." En die nacht is hij doodgegaan... Drie jaar en twee dagen oud. Anneke en ik waren er kapot van.

Echt vrij voelde ik me niet op het kantoor van vader. En ik wilde ook niet altijd in zijn voetspoor blijven. Daarom had ik al wat geld gespaard, en dat gestort in ons "vrijheidsfonds", voor als ik het verder zou verdommen in Nijmegen. Mijn moeder, bekrompen als ze was, vond dat vreselijk. Maar na de dood van ons zoontje en de dood van mijn vader – in hetzelfde rampjaar – vertrokken we; naar Heerlen.

Ik wilde iets gaan doen wat te maken had met de socialistische strijd, en had gesolliciteerd bij de vakbeweging. Het Nederlands

Verbond van Vakverenigingen had in Limburg mensen nodig voor juridisch advies over al die dingen die nu, gelukkig, per wet geregeld zijn. Want de wereld is enorm veranderd; de stille revolutie heeft haar werk gedaan! In Limburg was de noodzaak van een behoorlijke jurist groter dan waar ook; je kon er anno 1930 nog van een echte onderdrukking van de arbeider spreken. Het was in die tijd een ondenkbaar gebied van een afschuwelijk kapitalistische signatuur. De beekjes waren pikzwart van het kolenslik; de staatsmijnen en de particuliere mijnen vormden een kongsie die zich afschermde tegen de buitenwereld. Niemand durfde actie te ondernemen tegen de duidelijk onrechtmatige daad om de beken stinkend en vies te maken.

De mijndirecties waren fel tegen het socialisme en beschouwden het NVV – gelieerd aan de SDAP – als een groot kwaad. De drempel om naar een van onze bureaus toe te komen, was nogal hoog voor de katholieke arbeider. Maar van de arbeiders die het aandurfden, kreeg ik de meest schandalige zaken te horen. Mannen die overduidelijk een ongeluk hadden gehad in de mijn kregen geen schriftelijke doktersverklaring! Zo hoefde er geen ziekengeld uitbetaald te worden, dat kwam nog vaak voor! De artsen, betaald door de mijnen, schreven iedereen beter. Daar heb ik ze op aangesproken. Soms gaven ze me zelfs gelijk, maar ze konden ook geen kant op, zéiden ze! Sociale wetten waren er nog niet in de jaren dertig; onbegrijpelijk eigenlijk. Nederland was een achterlijk land. En in Limburg bestond een bijna koloniale verhouding tussen de arbeiders en de mijnen. U begrijpt dat ik daar het nodige te doen had, en ook de nodige ruzies gehad heb. Er gebeurden nog veel mijnongelukken; de weduwen die achterbleven beschouwden dat bijna als een natuurgegeven, zoals je bij vissersvrouwen wel ziet die hun man verliezen op zee. "Zo gaat het nou eenmaal," verzuchtten ze. Maar er waren er steeds meer die het niet pikten. De bevolking is langzaamaan wakker geschud na 1918, geloof me! Al werden nog maar weinig arbeiders lid van de vakbond; ze durfden eenvoudig niet. Wel waren ze lid van de roomse bond; de mijndirecties moedigden de arbeiders aan daar lid van te worden, omdat die bond de kongsie slaafs volgde.

We woonden in Heerlen in een mooi huis. Een nogal kapitalistisch pand eigenlijk, met een grote rotstuin. O, zaligheid, rotsen in je eigen tuin! Dankzij dat huis hebben Anneke en ik het er toch nog heerlijk gehad. Maar het Limburgse, streng katholieke klimaat, viel niet altijd tegen. Ik moest wel vaak uitleggen dat ik socialist was, en geen bolsjewist; de Limburgers zagen "een rooie" als iemand die met een zwaard, druipend van het bloed, tekeer wilde gaan... Maar ik stond als SDAP'er natuurlijk ver van het bolsjewisme. We vonden in Limburg gelukkig een paar leuke vrienden, onder meer een monnik die altijd op blote voeten liep. Die monnik kwam vaak bij mij op bezoek tot hij, en dat was dan weer zo jammer, daar een opmerking over kreeg van hogerhand; zó dikwijls op bezoek gaan bij een socialist, dat kón niet. En toch had ik een prettige indruk van de katholieken, waar altijd zo op werd afgegeven door de socialisten. Ik vond ze aardig, punt uit. En weet u waarom? Recalcitrante roomsen werden door de Heilige Moederkerk meestal weggestuurd, hetzij naar het buitenland, hetzij naar Zuid-Limburg, ver weg van het centrum van Nederland. Dus daar had je allerlei interessante mensen. Onder anderen pater Poels, de voorman van de katholieke sociale beweging, waar ik dik bevriend mee raakte – hoe is het mógelijk, hè? Toen er later, ik zat als socialist in de Tweede Kamer, een boek over hem uitkwam waar ik veelvuldig in genoemd werd, waren de SDAP'ers stomverbaasd. Maar Poels was een avontuurlijk man. En hij was, net als ik, fel antinazi. Hij vond de nazi's veel gevaarlijker dan het socialisme en het brallende communisme, dat ook antipathiek was, maar voor Nederland geen direct gevaar vormde. Tussen 1930 en 1933 heb ik Poels veelvuldig ontmoet, toen de macht nog niet officieel in handen was van Hitler, maar al verschillende autoriteiten pro-Hitleriaans bleken te zijn. Wij zaten er, in Heerlen, nogal dichtbij, en hadden er dus oog voor.

Ik ging redevoeringen houden waarin ik waarschuwde tegen het oprukkende nazisme. Dat had ook een persoonlijke reden; mijn eigen broer – niet de pestkop, ik had er nóg een – was nazi geworden. Op zeker moment is hij zelfs verhuisd naar het "Heilige Duitsland", zoals hij het al ver voor de oorlog noemde. "Hitler is de reïncarnatie van Christus," zei hij tegen mij. Er viel niet meer mee te praten; ik heb hem er helaas niet van af kunnen brengen. Gelukkig wilde mijn familie niets met hem te maken hebben; niemand lustte hem nog, en zo is hij weggepruimd. Op het eind van de oorlog heeft hij zichzelf van kant gemaakt, hoorden we later.

In Heerlen zat een aannemer die een enorme hekel aan mij had, dat hadden er wel meer. De man schreef dreigende taal tegen mij in de krant en schold mij uit voor "Rode Jonkheer", heel vervelend. Maar omdat hij een nog grotere hekel had aan fascisten dan aan socialisten, kwam hij op een dag bij mij. Om me te waarschuwen; als ik naar de rechtbank in Maastricht moest, reed ik over een half Duits, half Nederlands grensweggetje en daar was ik volgens hem niet veilig meer. "De Duitsers zijn in staat om u naar de verkeerde kant van de weg te sleuren, en dan gaat u eraan!" En ik geloof dat hij gelijk had; dat gevaar liep ik, met die anti-nazi redevoeringen – waar ik overigens niet mee gestopt ben. Ik had stinkend het land aan die nazi-boel. En ik heb nooit mijn mond kunnen houden. Dat heb ik later, in de oorlog, geweten ook.

Ik ben op een rare manier in het landelijk partijbestuur van de SDAP gekomen. De intellectuele top vroeg mij of ik tegenkandidaat wilde zijn tegen een vent die door het gepeupel in de partij naar voren was geschoven: Paul Kiës. Een hele knappe man, die beroepsofficier was – een zeldzaamheid in de SDAP. Maar de top lustte hem niet omdat hij een vrouwenverslinder was; hij vrát dames! En sneed daarover op. Het aura van het mijnwerkersgebied, en het onrecht dat daar door de socialisten bestreden werd, was aantrekkelijk, vond men. En inderdaad: ik werd met een grote meerderheid gekozen op Kiës, die er maar op los neukte – dat mag ik nu toch best zeggen... Dat heeft mijn verdere leven bepaald. In het partijbestuur hielp ik met het opstellen van de lijst met mogelijke kamerleden. Ik wilde graag meer intellectuelen op de lijst, en toen werd mij gevraagd of ik er eigenlijk niet zélf op wilde staan. Zo kwam ik, in 1937, in de Tweede Kamer. Ik was nog jong, en ik vond het mieters!

Mijn maidenspeech mocht er wezen. Ik deed wat naar mijn mening eigenlijk iedereen had moeten doen in die jaren vlak voor de bezetting, toen we nog vrij waren, maar bang, bang, bang...schíjterig bang was men! Ik had in Limburg al veel nazipropaganda verzameld, die meestal in dat rottige Zweden gedrukt was. En tijdens mijn eerste speech citeerde ik uit die propagandarotzooi. De teneur was dat we niet waakzaam genoeg waren tegenover de dreigingen uit Duitsland, onverhuld vermeld in die propaganda. En ik zei dat het parlement de regering meer moest aansporen tot een vastberaden anti-fascistisch optreden. Boem! Dat sloeg in als een bom. Ik werd door alle kamerleden gefeliciteerd met die prachtige speech, het was uit hun hart gegrepen. Maar zelf hielden ze daarna hun bek. Hitler kon zich weleens meester maken van Nederland, dus waren ze maar voorzichtig. Een slappe houding. Ik ben nu ruim honderd jaar, en ik wil de waarheid gewoon zeggen: ze waren lafhartig, die kamerleden. Ik heb zelf griezelig veel ondeugden, ik geef het grif toe, maar ik ben nooit bang geweest. Enfin... Ik heb de kamer erop gewezen dat neutraliteit niet eeuwigdurend kon zijn. Uiteindelijk moesten we toch kiezen, en naar mijn smaak hadden we meteen stelling moeten nemen tegen de agressieve geest van de nazi's. Neutraliteit, en daar nog van profiteren ook – Nederland was een beetje zoals Zweden – was verkeerd!

De kamer vergaderde door tot de dag van de bezetting. We waren net met een debat bezig, over landverraad nota bene, dat we de volgende dag zouden voortzetten. Maar dat is er nooit meer van gekomen, want de Duitsers vielen binnen. De regering – een laffe boel! – trachtte zo snel mogelijk weg te komen naar Engeland. Dat was wel prettig voor ze natuurlijk, dat ze daar heel veilig het regeren konden voortzetten; ze werden er nog als helden ontvangen ook... Maar laat ik ook iets positiefs zeggen: de regering in Londen heeft ook wel goeie dingen gedaan, behalve vrijen met Engelse meiden.

Overigens, ik heb ook nog getracht om naar Engeland te gaan – ik óók ja; ik wist dat ik gevaar liep, en Anneke stónd erop dat ik zou vluchten. Ik ben vertrokken naar de Noord-Hollandse kust. Ik kende de kapitein van een van de allerlaatste oorlogsschepen die nog vertrokken. Maar eenmaal daar – waar het een bende was van vluchtende mensen – had ik er ineens geen zin meer in. Ik bedacht me dat het hier, in Nederland, gebeurde, en niet in het veilige Engeland. Dus ik ben weer naar huis gereden in mijn Peugeootje. Spijt? Heb ik niet, nee. Het was niet zo prettig wat ik daarna heb meegemaakt, maar ik vond dat je het niet zomaar op mocht geven.

Ik heb nog een aantal spookachtige maanden in mijn huis in Wassenaar doorgebracht; de Duitsers hadden het nog te druk met andere dingen. Maar op een opvallend warme oktoberochtend kwam onze meid naar boven, ik was me juist aan het aankleden. "Er zijn Duitsers binnengekomen," riep ze in paniek, "ze vragen naar meneer!" De Duitse soldaten kwamen de trap al op. Er stond een vreemde vrachtauto voor de deur, waarin lotgenoten stonden die al waren opgehaald, op een weinig poëtische manier. Bij het afscheid werd Anneke gelukkig niet sentimenteel, ik wel een klein beetje... En daar ging ik. Op weg naar een heel ander hoofdstuk van mijn leven.

In de schemer kwamen we bij de poort van Buchenwald; het beukenwoud, waar overigens geen beuk te zien was... Over het ergste dat ik in Buchenwald gezien heb, weid ik niet uit – ik houd niet van sensatieverhalen. Maar ik wil wel wat kwijt over de groep waartoe ik behoorde, en die een bijzondere positie innam. "Indische Gijzelaars" werden we later genoemd: we waren opgepakt in reactie op de arrestatie van duizenden Duitsers in Nederlands-Indië. Wij hadden een bevoorrechte positie in het kamp; we werden niet mishandeld, en hadden niet die enge gestreepte pakken aan die de andere gevangenen droegen. Maar ik ging er toch van uit dat dit het einde van mijn leven was... En het verbaast me tot op de dag van vandaag dat ik niet direct geliquideerd ben, na al mijn redevoeringen tegen het nazisme – stom dat ze het niet gedaan hebben eigenlijk. Ondanks onze positie zijn velen van onze groep gestorven; zo'n tien procent. Belachelijk veel natuurlijk. Dat waren de echte pessimisten.

In het kamp, waar al zoveel prikkeldraad hing, was een gedeelte voor onze groep afgezet, met weer eens extra prikkeldraad. Contact met andere gevangenen, de echt ter dood veroordeelden, was moeizaam. Zij hadden het véél beroerder dan wij... Maar toen ik jarig was, in Buchenwald, heb ik toch wel een traan moeten laten. Zwak eigenlijk, om een beetje te gaan grienen. Zoiets brak de moraal, maar ik hield het niet tegen. En daarna heb ik het ook niet meer gedaan.

Als gijzelaars mochten we bezoek ontvangen van een keurige meneer van het Rode Kruis, die Frans met ons sprak. De Duitsers die ons bewaakten – het uitschot van de maatschappij – verstonden er niets van! Ze kenden alleen hun platte Duits, en eigenlijk ook maar één werkwoord in die taal: scheissen, dat gebruikten ze overal voor. "Scheiss hierher," hoorde je ze voortdurend brullen. Dat was het soort mensen dat ons bewaakte. Het gesprek in het Frans hoorden ze knarsetandend aan. En het Rode Kruis regelde dat wij Amerikaanse pakketten met levensmiddelen kregen: dat heeft ons waarschijnlijk gered. Er zaten zelfs sigaren en chocola in.

We hoefden niet te werken, niet te zwoegen. En ik heb me geen moment verveeld. Omdat we in het kamp met allemaal intellectuelen en andere maatschappelijk belangrijke figuren bij elkaar zaten, hadden we ook gespreksstof genoeg. Ik geef altijd nogal af op Willem Drees, de vooraanstaande socialist – en een dodelijk vervelende man. Als ik nieuwe ideeën had, boorde hij ze direct de grond in. Maar één ding moet ik over hem zeggen: hij was als gijzelaar niet laf! Hij organiseerde in Buchenwald een gespreksgroep voor de socialisten onder de gijzelaars; de "groep Drees". Daarin spraken we over de toekomst van het socialisme. Tot Drees zelf, vrij spoedig, op aandringen van het Rode Kruis wegens gezondheidsredenen weg mocht – dat was geen simulatie, hij had alle mogelijke problemen met zijn maag die er maar bestaan. En toch is ook hij honderd jaar oud geworden, wonderlijk...

Onze groep is later weer per trein naar Nederland vervoerd: eerst naar Haaren, toen naar Sint Michielsgestel. Daar werd onze gijzeling voortgezet in het Kleinseminarie Beekvliet. En heb ik, de tweede SDAP-man na Drees, de gespreksgroep geleid. Omdat ik vermoedde dat de term "socialistisch" voor de vijand onaanvaardbaar zou zijn, doopte ik de club officieel tot "sociologische studiegroep", onschuldiger kon niet natuurlijk. We kwamen veelvuldig bij elkaar, al was het maar om de eenvoudige reden dat wij als groep lekkere dingen toegestuurd kregen van de Nederlandse bevolking. Ik weet nog dat we haringen ontvingen van socialisten uit het noorden, voortreffelijk was dat! De christelijken en de roomsen onder de gijzelaars kregen natuurlijk ook het nodige, van de Kerk; vooral met Kerstmis hadden zij heerlijk eten, waar wij jaloers naar keken – maar ze gaven ons niks natuurlijk.

Ondertussen volgden we de gebeurtenissen in de wereld ademloos. U heeft geen idee hoe spannend dat voor ons was. In het begin, dat was nog in Buchenwald, hoorden we dat de Russen steeds verder werden teruggedrongen: we vingen juichtonen en klettermuziek op van de Duitsers. Maar later hield dat op, toen ze bij Stalingrad in de patstelling kwamen. Ze hadden er eerst nog mooie verklaringen voor; zo kwamen ze daar nog steviger te staan, enzovoort. Maar we merkten toch wel dat het voor ons de goeie kant op ging.

We waren er in de sociologische studiegroep van overtuigd dat de Duitsers de oorlog niet zouden winnen. En we bediscussieerden hoe we Nederland in de toekomst onder behoorlijke gemeenschapscontrole konden organiseren. Die gesprekken over de vernieuwing van het land, zowel als van de SDAP – die een bredere basis moest krijgen – waren, denk ik, werkelijk belangrijk. Al zijn ze achteraf ook weleens overschat.

Onder de gijzelaars werd ook een groep opgericht die zich "De Nederlandse Volksbeweging" noemde, en die voornamelijk bestond uit vrijzinnige dominees – waar ik van kots, ze doen zo quasi revolutionair, maar zijn eigenlijk volkomen kerkelijk braaf. Vooral aan Banning, de rode dominee, had ik de pest! Men wilde elkaar over de partijen heen de hand reiken in de toekomst. Alsof de partijen ineens vieze dingen waren. Het werd me ál te christelijk... Maar enfin, dat we ook naar overeenkomsten binnen de denkrichtingen moesten kijken, was op zich goed. We bleken in die oorlogsgesprekken veel dichter bij elkaar te staan dan we ooit gedacht hadden. De oorlog was afschuwelijk, maar die positieve invloed heeft ze wel gehad.

Een kleinere groep gijzelaars, waaronder ik, werd later in de oorlog apart gezet in de jongenskostschool de Ruwenberg, ook in Sint Michielsgestel. De paters zaten er nog; die engeltjes steunden ons zoveel mogelijk, met pakketjes die het licht niet mochten zien. En toen de Ruwenberg opgeheven werd, en we naar een veel strenger kamp moesten, in Vught, hebben de paters mij geholpen daaraan te ontkomen: ik verschuilde me op de grote zolder van het seminarie, op een bijna onvindbaar plekje – mij onthuld door de paters. Ik moest onder allerlei balken door kruipen om in een kleine, doodstille ruimte terecht te komen, met een minuscuul raampje. Daar zat ik dan. Met één boek op zak: *L'organisation de l'état*. Een onmogelijk boekje natuurlijk, in die situatie. Maar als je doodalleen bent, met helemaal niets om je heen, ben je blij dat er een saai boekje is waar je in kunt lezen! Toch deed het wel een aanval op je moreel, om op die manier een paar dagen alleen te zitten...

Tot de Amerikanen kwamen! De Duitsers die toen nog in het seminarie zaten, gaven zich meteen over. Ik kreeg via het verzet een fiets om naar Den Bosch te gaan, ze hebben mij voortreffelijk geholpen. En daar kon ik die laatste periode – toen de rest van Nederland nog bevrijd moest worden – terecht bij twee doodsbange "rode" onderwijzeressen. De dames keken voortdurend uit het raam of er niet tóch nog een Duitser aan kwam zetten. Maar de schatten hebben er geen ogenblik over getwijfeld om mij in huis te nemen, al deden ze het in hun broek. Op zeker moment hoorde ik via het verzet dat ik terug naar huis kon; tot Rotterdam kon ik met iemand in een auto meerijden – iedereen deed in die laatste oorlogsdagen zijn best om goed voor de dag te komen. Vanaf Rotterdam kon ik nog een stuk met de tram, en daarna ben ik helemaal naar huis gelopen. Mijn schoenen waren stuk, mijn tenen gaapten er al uit – maar ik kon alles aan, in die dagen van de bevrijding. Ik voelde het amper! Want ik was weer op weg naar Anneke.

Na de oorlog werd de naam van de Sociaal Democratische Arbeiders Partij veranderd in Partij van de Arbeid; dat had de rode dominee Banning uitgedacht, ik vond het een naam van niks!

Hoezo "arbeid"? Wat zegt dat begrip nou? Maar ja. Het partijprogramma was gelukkig positief gericht op de toekomst. Niet via een marxistische klassestrijd, dat vonden we nu een ouderwets en agressief woord. En gebaseerd op een bredere grondslag. Ik werd fractievoorzitter in de Tweede Kamer, onder het kabinet Schermerhorn-Drees. In die functie had ik alsmaar ruzie met Koos Vorrink, de partijvoorzitter: dat kun je eigenlijk niet hebben. Daar heb ik tot op de dag van vandaag spijt van. Over die jaren praat ik niet graag... Ik word er doodsomber van, want het was zeker niet de leukste tijd van mijn leven. Al die kabinetten ga ik niet meer analyseren, bah! Ik praat liever over het geestelijk leven in het algemeen. Daarin heeft de SDAP, en de PvdA, een véél grotere rol gespeeld dan buitenstaanders aannemen. Van Gorter en Roland Holst tot Melkert is het socialisme vruchtbaar geweest: de bezielende kracht van de gemeenschapsgedachte is overal doorgedrongen en algemeen geworden onder het hele Nederlandse volk. Nee, ik overdrijf niet! Het ís zo, als je een eeuw kunt overzien. De noodwet-Drees bijvoorbeeld, was fantastisch: beverige oudjes konden voortaan naar het postkantoor om daar hun centen op te halen. Dat was voor vroegere generaties ondenkbaar!

Het bloedvergieten in Indonesië? Tja... Toen wij net in de regering zaten na de oorlog – nota bene op verzoek van koningin Wilhelmina, die vond dat de socialisten erin moesten; zó werden we ministeriabel... – riep Indië de onafhankelijkheid uit. De politionele acties werden ons kamerleden voorgesteld als strikte ordemaatregelen, niet als een koloniale oorlog, wat het verdomme wél was! We hebben ons toen lullig gedragen; we hadden veel scherper moeten protesteren. Jazeker, we hadden uit de regering moeten stappen! Maar ja, wáren we uit de regering gestapt, dan was er misschien nog veel meer bloed vergoten in Indië, want dan was er een rechtse regering gekomen. En we zaten er eindelijk ín als socialisten! We wilden au sérieux genomen worden. Om dan bij de eerste crisis al op te stappen...

Drees is erg schuldig aan de twééde politionele actie, al is het flauw om alles in zijn schoenen te schuiven. Vorrink, mijn grote vijand, en ik hebben toen eensgezind vragen gesteld over het schandalige optreden van het Nederlandse leger – maar er is nooit een fatsoenlijk onderzoek gekomen. Dat hadden we niet moeten pikken. Ik word er weer helemaal treurig van... U heeft geen idee hoe lastig politiek soms is. Vooral als je in de regering zit. Ik heb me ontzettend opgelaten gevoeld, thuis was ik niet te harden! Ik ging er helemaal in op, sliep bijna niet meer. Tot en met chagrijnig was ik – wat wennen is, voor een zonnige natuur.

Na de politionele acties, toen er een zekere ontspanning was, zeiden de Indonesiërs: en nu Nieuw-Guinea nog. Want daarover was nog niets geregeld. En toen heb ik in een interview gezegd – misschien uit schuldgevoel over de politionele acties – dat Nieuw-Guinea me wel een kabinetscrisis waard was. Nieuw-Guinea was nog van ons, maar dat stukje kon nu wel bij het onafhankelijke Indonesië, vond ik. Ik werd voor dat interview op het matje geroepen... Partijleider Vorrink had de zaak goed voorbereid, in een luguber gebouw bij het Haagse station. De vergadering was al begonnen toen ik binnenkwam, ik zat meteen in de positie van beschuldigde. Urenlang zijn ze bezig geweest... heel pijnlijk. Tot ik zei dat ik mijn fractievoorzitterschap dan maar ter beschikking stelde. En eigenlijk heb ik het er zelf naar gemaakt, denk ik nu. Die Nieuw-Guineazaak was maar een aanleiding. De óórzaak was dat ik te eigenzinnig was om fractievoorzitter te zijn; niet zo gek dus, dat ze in 1951 van me af wilden. Mijn zwakte was dat ik de dingen té leuk vond en alles zelf wilde doen. Dat is mijn grootste fout geweest: ik kon niet delegeren.

De volgende ochtend vond ik een klein, potloodgeschreven vodje in mijn bus, van fractiegenoot Burger, waarin hij schreef dat ik misschien geen fractievoorzitter meer was, maar dat ik niet uit de Kamer zou moeten weggaan. Dat was ik eigenlijk wel van plan, na al dat gedonder. Zo kwam ik tot bezinning. Ik interesseerde me voor Europa, en om een functie te hebben in de Raad van Europa, moest je indertijd nog lid van het parlement zijn. Dankzij dat vodje kon ik de grote man van de PvdA worden in de buitenlandse politiek. Ik was al vurig Europeaan, en mijn optimisme kwam weer terug. Na alle ellende in Den Haag, stortte ik mij op Europa, en ik vond het weer mieters! Het was een interessante tijd voor de internationale verhoudingen, die jaren nog kort na de oorlog. Ik zocht vooral contact met de Fransen, en dan zeiden we tot elkaar: we hebben nou wel geleerd hoe gevaarlijk de Duitsers zijn, laten we ons in gódsnaam verbinden in Europa! En dan kunnen die Duitsers op den duur misschien ook wel weer meedoen...

Europese landen, heb ik altijd gevonden, hebben veel meer met elkaar gemeen dan ze denken. In die tijd vonden veel mensen Europa nog onzin, en geldverspilling bovendien – terwijl het juist efficiënt is om dingen gezamenlijk te doen, in een supranationaal verband. Drees was er, bij gebrek aan verbeeldingskracht, natuurlijk ook weer tegen... Ik schreef goed doorwrochte rapporten in het Frans, ja; daar snijd ik graag over op. En ik gaf partijtjes hier in Wassenaar; allerlei mensen uit de hogere kringen die voor Europa voelden, kwamen naar ons toe. Ik vond het verrukkelijk om in goed internationaal gezelschap te verkeren. We lieten op onze Europa-fuiven heerlijk eten komen en buiten stonden zoveel auto's voor de deur, dat de politie erbij te pas moest komen om het verkeer te regelen. Dan was ik helemaal in mijn element, ja.

Maar nee, dat komt niet doordat ik eigenlijk een salonsocialist zou zijn! Die term verafschuw ik. Ik ben hooguit een actieve en kritische salonsocialist, hoewel ik mezelf zo liever niet noem: ik hou van resultaat, niet van getheoretiseer in de ruimte. Mijn politieke tegenstanders hebben altijd geprobeerd me af te doen als salonsocialist, of "Rode Jonkheer"; ik ben méér dan dat! Ik mag dan van adel zijn, maar wat betekent dat nou nog in Nederland? Het heeft alleen historische waarde, als iets uit het verleden. Ik ben een van de weinige mensen die nog een heerlijkheid bezit die nog enige inhoud heeft. Die inhoud is: twintig kilo paling per jaar! Dat kwam in mijn jeugd altijd in de zomer, als we met vakantie waren. Als we dan thuiskwamen hing de paling aan de deur, en stonk de hele boel. Mijn vader was heer van Naters, een polder op Voorne, en later ben ik het geworden. De twintig kilo paling zijn allang omgezet in een bescheiden geldbedrag, waar ik met mijn executeur-testamentair en vertrouwensman eens per jaar van ga eten. Brielle, bij de polder Naters, is nogal een rode gemeente, en als ik daar kom, brengt dat nog emotie teweeg bij de inwoners. Als de mensen met mooi weer buiten zitten te kletsen, valt er ineens een stilte als ik me vertoon. “Daar is-ie!” hoor ik ze dan fluisteren. Dus ik ben echt nog een beetje een heer, en dat vind ik leuk!

Een paar jaar geleden, toen ik al wat gammel was, moest ik naar de rechtbank in Rotterdam omdat daar een kwestie over de heerlijkheid Naters werd behandeld. De zaal zat afgestampt vol met Briellenaren, ze vonden het prachtig dat die oude Van der Goes zelf nog eens kwam vertellen over zijn heerlijkheid. “Ik weet,” zei ik tegen de rechter, “dat er onder de toehoorders veel aanhangers zijn van de socialistische gedachte, die ik zelf koester. En dat vind ik helemaal niet in tegenspraak met wat hier behandeld wordt, met de heerlijkheid, want die zie ik als een monument voor een verleden orde!” En schoppen tegen een oud monument zou ik afkeuren. Ik had er als socialist ook van af kunnen zien, maar waarom zou ik? Mijn titel, jonkheer, ben ik ook blijven gebruiken; in mijn jonge jaren deed ik dat niet. Maar later heb ik hem bewust weer uit het stof gehaald. Dat was in Buchenwald, ik zag het toen als een soort historisch recht waar de Duitsers absoluut niets mee te maken hadden, en dat ik juist wilde voeren nu ons land bezet was en ik gegijzeld werd. Ik heb nooit gemerkt dat het socialisten of arbeiders afschrikt: ik geloof dat ze het eigenlijk wel leuk vinden. Ik neem het adeldom dan ook volstrekt niet serieus!

Ik geloof onvoorwaardelijk in de vooruitgang. In 1918 werd ik gegrepen door het socialisme, via Troelstra, en bijna een eeuw later zie ik het zo: we zijn nog niet bij een eindstation, maar bij een tussenstation van het socialisme, naar een voorlopig doel: geen armoe meer, geen angst en een gevoel van veiligheid en van groeiende rechtvaardigheid. Verder reikt onze imaginatie niet. We zijn er nog niet, we zijn pas halverwege, het socialisme hoeft nog niet afgeschaft te worden.

Sommige mensen zeggen dat ik hier nog zoveel te doen heb. Ach, dat valt wel mee. Morgen komt Melkert op bezoek, dat zijn leuke dingen. Maar ik vind dat het wel genoeg is geweest zo.

Hoewel ik mezelf nog steeds betrap op belangstelling voor het heden, en voor de toekomst! Dat is helemáál tegennatuurlijk, dat iemand van honderdéén, een bespottelijke leeftijd, nog nieuwsgierig is naar de toekomst. Maar ik bén het wel. Ik vind het enig dat ik de komst van de euro nog meemaak. Niet dat geld me zo interesseert, maar het is wel een zichtbaar teken van een nieuwe epoque.

Maar als ik terugkijk op mijn eeuw, denk ik eigenlijk vooral aan Anneke – meer dan aan de politiek. En aan Yvonne, natuurlijk; zij is voor mij een soort transformatie van Anneke. Ik denk liever aan een paar leuke meiden dan aan allerlei moties uit het verleden. Ik ben nog vurig verliefd! Dat mag u best weten. Zo ben ik blijkbaar gebouwd, met wat temperament. En dat vind ik een enorm voorrecht.

Ik kan niet zeggen dat ik me verheug op mijn begrafenis, dat klinkt ook een beetje gek. Maar ik ben altijd nogal gelaten geweest over mijn einde. En dat ben ik nog. Het enige ellendige is dat ik Yvonne dan niet meer zie. Daar zit ik soms wel over in. Stomkop, denk ik daarna; je mist toch niemand als je dood bent? Maar toch... Laten we nog een martini nemen, en proosten!'

Op 12-2-2005 is Marinus van der Goes van Naters overleden.

'Als het nou maar úútscheedt!'

CORNELIA VAN HET WESTEINDE-VERMUE
27-8-1899, KRUININGEN, ZEELAND

Oorlogen, welvaartsgolven en de seksuele revolutie trokken voorbij in haar eeuw, maar de oude Zuid-Bevelandse bleef vrijwel onverstoorbaar zichzelf. De witte muts op, de kanten beuk onder het schort: Cornelia van het Westeinde-Vermue draagt haar doordeweekse kloffie. Ze woont in een moderne, strak ingerichte kamer van het verzorgingstehuis. Maar met het bloedkoraal om de hals en de gouden stukken op het hoofd lijkt Cornelia uit een heel andere wereld te komen. Een wereld van boerentrots en fonkelende sierspelden. Ter begroeting steekt ze een mollige hand toe, die ze pas na een paar minuten weer terugtrekt: verzót op bezoek dat over vroeger praten wil. De gastvrijheid van weleer hangt nog in de kamer, waar rijkelijk koffie, thee en vriendelijk klinkende woorden vloeien, in raadselachtig 's Heerenhoeks. 'Praat eens Hollands, moeder!' zegt Cornelia's dochter Apellonia, die niet 'op d'r boers', maar 'op d'r burgers' is gekleed. Met moeite schakelt de oude Cornelia over op een zangerig Zeeuws-Nederlands. 'Ik ben nog van achttienhonderd en nou geej' ik de eenentwintigste eeuwe binnen, eej!' glundert ze. 'Ze schept weer eens op,' lacht de dochter, ook al dik in de zeventig. 'Dat mag toch wel na een eeuwe?' vindt de moeder.

Cornelia: 'Ik ben nog een ouderwetse, dat ken je wel begriepen. Tien kinders, dat doen ze niet meer! En dat is maar goed ook. Vroeger was de vrouw een slaaf. Want al die kinders, dat was geen flauwekul, eej. Wat een werk! Maar nu heb ik niet veel krachten meer. Ik ben een oud wiefje, maar nog altijd in katholieke Zuid-Bevelandse dracht. Een gedoe om dat aan te trekken?

Och, daar ben ik aan gewend. Met de dracht van de jonkheid zal het wel vlugger gaan. Maar toen ons jonk was, hadden we met deze boerendracht ook geen lang werk.'

Apellonia: 'Ze doet niet meer álle Zeeuwse kleren aan, dat wordt te ingewikkeld. Ze heeft haar mooie bovenmuts niet op. Haar beuk, het fijn bewerkte lijfje, draagt ze nog wel. Maar de doek die helemaal met spelden wordt opgeplooid ook al niet meer.'

Cornelia wijst naar de kast. Haar dochter springt op om moeders zondagse dracht te laten zien: een wonderlijk groen kledingstuk, een en al versiering, plooi en speld.

Apellonia: 'Dit is haar goeiste goed. Het is een kunst om zo'n doek op te plooien.'

Cornelia: 'Jullie moeten elk jaar iets nieuws kopen! Maar deze dracht blijft. Al is-ie wel duur, eej. Vooral door het goud van de stukken. Die zitten vast aan een soort hoepel op mijn hoofd, onder de muts. Of dat akelig zit? Het is lekkerder als ik hem niet op heb, maar ik kan het goed verdragen. Honderd zijn en dan nog veranderen van klederdracht, dat doe ik niet. Dat had ik moeten doen toen ik veertig was. Mijn man had dat graag gewild. Hij was modern voor een boerenmens.'

Apellonia: 'Ik heb de boerendracht nooit gedragen, ook niet als kind.'

Cornelia: 'Steeds meer kinders gingen op d'r burgers. Toen dacht ik: zo kleed ik ze ook maar, want het komt er tóch van. En ze eerst op d'r boers inspannen, dat kostte nogal veel, eej. Stel dat ze het boerengoed dan op den duur niet meer aan zouden doen.'

Een zeer zwaar collier van bloedkoraal komt uit de kast. Apellonia houdt het trots omhoog: 'Dat ben moeders zondagse kralen. Dat wéégt hoor!'

Cornelia: 'Bloedkralen waren ook niet goedkoop.'

Apellonia: 'In de winter zijn ze lekker warm om de nek, want de kralen nemen de lichaamstemperatuur aan.'

Cornelia: 'Sinds mijn zevende jaar draag ik deze boerendracht. Ook de gouden stukken aan mijn muts had ik toen al. Op zondag dan. Als ik naar de schole liep, had ik nepkoraaltjes om. En dan droeg ik mijn doordeweekse stukken, die waren maar van koper. Het is misschien niet zo mooi dat ik het zeg, maar de arme mensen droegen altijd koper. Zelfs op zondag! Die konden dat goud niet betalen.'

Apellonia vergoelijkt: 'Maar als ze het goed oppoetsten zag je geen verschil.'

Cornelia, trots: 'Wij waren niet arm, hoor! Tegenwoordig is een boerderij misschien niks meer. Maar toen nog wel. Onze boerderij, een flinke, lag een heel eind buiten Kruiningen. Drie kwartier lopen naar de schole. Onderweg was het meer spelen dan doorstappen, dus we deden er wel anderhalf uur over. Mijn zuster Tine moest ervoor zorgen dat ik doorliep. Maar met slecht weer deed ik dat vanzelf, eej. De winters waren kouder dan nu. De sneeuw lag soms zo hoog dat ik er niet meer bovenuit kon kijken. Dan had ik natte voeten in de klompen. Maar als je kinders bent dan geeft dat niks. En op de schole van Kruiningen hadden we goeie meesters. We leerden ontzettend veel. Maar we verhuisden naar een boerderij bij 's Heerenhoek en toen moest ik bij de zusters op de schole. Waarom we verhuisden? Mijn broers waren op een leeftijd gekomen waarop ze naar de meisjes gingen kijken. Maar op Kruiningen waren ze allemaal protestants en vader was erg katholiek. En als je de kinders katholiek opvoedt, laat je ze niet met een protestantse lopen. Ik weet zeker dat er ook nóóit een met een protestantse gelopen heeft!

Zusters had ik op Kruiningen nooit gezien. En het is erg dat ik het zeggen moet, maar je leerde niks van ze! Ik zat in de vierde klas en kreeg sommetjes die ik in de tweede al had gehad. Die zusters wilden alleen maar bidden. Dus ik ging er toen graag naar toe: ik hoefde niks meer te leren! Daar werd in die tijd niet naar gekeken. Toch was dat achteraf niet goed, tegenwoordig leren ze veel meer over de wereld. Op mijn elfde moest ik alweer weg bij de zusters. "Wat zou ik motte doen, nou ik van de schole komme?" vroeg ik vader. "Zou ik geen zuster worden?" Want ik was nogal een brave. Maar vader zei: "Hele dagen tussen vier muren zitten en er nooit meer vantusse komme?" Dat ging dus niet door. Waarom ik zuster wilde worden? Dan was je toch goed gebrood?'

Apellonia: 'Je carrière was gemaakt en je had geen zorgen meer.'

Cornelia: 'Toen vroeg ik vader: "Zou ik dan geen schooljuffrouw worden?" Niet dat we arm waren! Maar ik veronderstelde dat ik dan ook niet slecht gebrood zou wezen. En het leek me een mooi beroep. Maar vader zei: "Hele dagen op het stoute hus, de kinders, van een ander passen?" En ik wist het al. Ik zou thuisblijven en 's ochtends onder de koeien moeten, want die hadden we genoeg. Toen heb ik het boerenwerk maar geleerd. Wat moest ik anders? Je was uitgeleerd als je kon lezen en schrijven. Over doorleren, of over wat anders dan een boerderij, werd niet gepraat. Ik had het graag gewild, maar doorleren was voor burgermensen. En wij waren boeren. Dus kreeg ik een emmer tussen mijn benen: ik kon gaan melken. Samen met mijn oudere zuster. Maar die was niet zo sterk als ik.'

Appelonia: 'Zeker niet. En die is ook al overleden.'

Cornelia: 'Tine kon mij niet aan. Glad niet!'

Apellonia: 'Ja, ja. Je was de grootste en het meeste mans.'

Cornelia: 'Om een uur of zes 's morgens zat ik er al onder. Onder de koeien, ja. En na het melken ging ik met de volle emmers naar het schuurkot. Daar stond de ontromer: een ton met schoepen die je rond moest draaien en waar de room en de magere melk uitkwamen. De ontroomde melk was voor de beesten: zelf dronk je geen magere melk, dat is meer iets van tegenwoordig. Als de room een week oud was karnde ik hem tot boter. Vooral 's zomers duurde dat lang. En dat karnen was best zwaar. Maar heel vroeger, toen ik nog een klein kind was, hadden we een karnhond. Die liep in een rad, waardoor de karnton ging draaien. Als het beest niet wilde lopen, gaven we hem een stukje van onze boterham met reuzel. Maar ja, het bleef een hond. Soms had hij nóg geen zin en dan stapte mijn zuster in het rad: ze was ouder, maar veel kleiner dan ik. Ik zie haar nog lopen, krom voorover gebogen over de latjes van het karnrad. In haar Zeeuwse dracht met al die rokken! Lang hield ze het niet vol, want het rad was eigenlijk niet geschikt voor mensen. Dus dan kreeg de hond met de stok, want hij was geen baas over ons kinders! Dat ben mooie gedachtenissen... We hadden het best goed. En het is misschien lelijk gezegd, maar er waren ook boeren die het helemaal niet best hadden. Als de vruchten één keer niks opleverden, moesten ze hun boeltje al verlaten. Maar dat was bij ons niet nodig!'

Apellonia: 'Moeder, doe niet zo dik!'

Cornelia: 'We hadden een stuk of tien koeien. Daar leefden we niet van, we hadden ook land. Maar dat was de mode op een boerderij: koeien, kalvers, varkens en kippen waren voor de vrouwen. Daar kwamen de mannen niet aan. Die deden het land. En daar hadden ze het druk genoeg mee, want alles ging nog met de hand. Of het boerenwerk met machines beter werd? Als het maar betáált! Maar dat doet het tegenwoordig helemaal niet meer, dus het is niks geen vooruitgang. Al mijn kinders ben boer geworden. Dat was mooi toen het loonde. Maar nu het zo slecht gaat met de boeren en ze er eigenlijk aan toegeven moeten, vind ik het zo mooi niet meer.'

Apellonia: 'Uien leveren niet veel meer op. En aardappelen doen ze bijna gratis weg!'

Cornelia: 'Maar in 1930 was het toch ook wel een slechte tijd... Toen heb ik nog eiers verkocht voor anderhalve cent het stuk. Dan heb je het niet goed.

Ik heb gemelkt tot ik ging trouwen. En eenmaal getrouwd kon ik weer onder de koeien. Wanneer ik kennis kreeg aan mijn man? Dat weet ik niet meer. Ik zag hem zo vaak en dan keek ik er met een schuin oogje naar!' Cornelia, verlegen met het onderwerp, begint te giechelen.

Haar dochter: 'Ik zal het weleens vertellen.'

Cornelia: 'Zeit het dan maar!'

Apellonia: 'Van een bruiloft komt een bruiloft, zeggen ze. En zo is het ook gegaan. Twee broers van moeder waren al met zusters van vader getrouwd. Dus op die feestjes kwamen ze mekaar tegen.'

Cornelia, nog lacherig: 'Mijn man heette Jaap, dat was toch wel een echte boerennaam. En mij noemden ze Cé, dat was net zo goed boers! Of ik verliefd was?!' De verbazing wint het van het gegiechel: 'Dat is een rare vraag! Je weet toch wel hoe dat gaat? Ik zag er nog wel meer, hoor! Ik keek er met een schuin oogje naar en dacht: zal ik met die of met die ander gaan? Maar als hij er geen had, liep ik weer door. Geen wat had? Geen centen, natuurlijk! Dus uiteindelijk kwam ik bij Jaap uit. Die had er genoeg. Sommigen hebben veel centen, anderen hebben altijd tekort en moeten uitscheiden met boeren. Maar onder dat soort mensen bestonden wij niet!'

Apellonia: 'Zo, zo. Dat vind ik niet zo mooi! Je boft er een beetje op dat jullie geen gebrek hadden en er goed bij zaten. Dat hoef je niet te zeggen.'

Cornelia: 'Dat hoef ik niet te zeggen, maar het was wel zo!'

Apellonia: 'Vroeger waren de boeren er trots op als ze nogal een beetje hadden.'

Cornelia: 'En toen was een boer in tel!'

Apellonia: 'Tegenwoordig kijken ze gelukkig niet meer zo naar standsverschil.'

Cornelia: 'Glad anders dan toen. Je liep door als een man niks had, al was-ie nog zo knap. Mijn trouwdag? Dat was uit de kerk paling eten. Eersteklas paling: lekker gestoofd en gebakken. De paling was het voornaamste aan de koffietafel. Dat zal nu ook wel anders wezen. Maar voordat het grote feest begon, ging je kijken naar de boerderij waar je terechtkwam. Met de hele familie. Ik kwam onder Nieuwdorp terecht, een paar kilometer verderop. Op een prachtig mooie boerderij: de Achterduin, want hij lag kort aan de Zeedijk. Nou kon ik voor mezelf gaan beginnen. Dan krijg je zorgen op je nek die je daarvoor niet had. Maar het viel mee; ik had al gelijk een meid, want alleen kon ik het niet bijwerken op zo'n grote boerderij.'

Apellonia: 'Er waren er anders ook genoeg die het zonder meid moesten stellen.'

Cornelia: 'Maar ik was met een goeie boer getrouwd. Een boer die ook wist wat hij deed.'

Apellonia: 'Ja, ja. Jij was ook een goeie partij, dat geloven we nou wel.'

Cornelia: 'Met twee goeie partijen is het niet moeilijk om een boerderij vast te kriegen!'

Apellonia: 'Maar aan mij had je ook veel hulp, toen ik van de schole kwam. Ik was met veertien jaar al uitgeleerd en moest net zo goed meteen onder de koeien.'

Cornelia: 'Doorleren? Nee, dat wilden mijn dochters niet. Ze werkten liever mee op de boerderij.'

Apellonia: 'Niet waar! Ik had graag door willen leren, maar dat mocht niet. Ik moest de meid vervangen, dat spaarde geld.'

Cornelia: 'Nou ja, goed. Misschien was dat wel zo, ja. Ik had een goeie werkster aan joe. En je dochter door laten leren was bij ons nog steeds geen mode.'

Apellonia: 'Op zondag kreeg ik dan de pree, maar dat was ook niet veel.'

Cornelia: 'Maar centen krégen jullie. Dan kon je nog eens uitgaan. En traktement geven op zondag, dat deden ook niet alle boeren. De kinders van armere boeren kregen de pree pas op maandag zodat ze 's zondags niks uitgaven en alles opspaarden. Dus zo slecht hadden jullie het niet.'

Een verpleegster komt binnen, schenkt thee in en gooit een halve beker melk weg.

Cornelia: 'Wij krijgen iedere ochtend een grote beker melk, maar die komt nooit op. Je moest eens weten hoeveel hier wordt weggekiept. Dat is mij nooit geleerd, hoor! Ons was zuunig. Ik betaalde alles van de koeienopbrengst. Melk, boter, karnemelk: wat over was, werd verkocht. Daar kon ik dan weer brood en klompen van kopen.'

Apellonia: 'Dat geld was van de boerin. Maar soms was het te weinig voor een heel huishouden. Dan moest de boer bijleggen.'

Cornelia: 'Bij andere boerinnen wel, maar niet bij mij. Ik hield over!'

Apellonia: 'Toen je pas getrouwd was misschien. Maar toen je er tien had niet meer!'

Cornelia: 'Da's waar, ja. Maar ik was zuunig en gooide niks eetbaars weg. Als er een varken werd geslacht, aten we alleen het haar niet op. Het hele varken ging in de pekel: we lustten alles. Dat gepekelde vlees was heerlijk. Wat is het toch jammer dat ze de varkens niet meer inpekelen. Maar ja, alles verandert, en je moet méé. Een keer per jaar, zo rond de kerst, slachtten we altijd een rund – een feest was dat. De slachter nam de helft mee, anders hadden we te veel in één keer en konden we het niet op. Zo heel lang bleef dat gepekelde vlees nou ook weer niet goed.'

Apellonia: 'Later kregen wij dan weer een half varken of rund van een andere boer waar de slachter was geweest.'

Cornelia: 'Ik was gelukkig toen ik net getrouwd was. Maar op den duur ging het wel over met dat gelukkig zijn. Als je elk jaar een kind krijgt! Ik had er al vijf die allemaal maar een jaar scheelden en ik dacht: als het nou maar úútscheedt! Maar ik kreeg er nóg vijf. Ik was blij als het eens een jaar oversloeg, maar dat deed het niet dikwijls. En ik heb niet alleen de meid laten melken, nee: zolang als het kon zat ik zelf onder de koeien. Soms tot op de dag van de bevalling. Als het te moeilijk werd om overeind te komen, trok ik me gewoon aan de koei d'r staart omhoog. Het was melken, karnen, de beesten bestellen, en dan pas wassen en ontbijten: altijd druk...'

Apellonia: 'Dus wij werden 's morgens zo vroeg mogelijk naar de kerk gestuurd, zodat we niet in de weg liepen. Vijf kilometer lopen naar de kerk, nog voor je naar school gaat; dat is nou ouderwets!'

Cornelia: 'Het was natuurlijk praktisch als er 's morgens vroeg wat minder hus rondliep. Maar we stuurden de kinders toch vooral om het geloof naar de kerk!'

Apellonia: 'Wij bleven over op de schole, dus moeder had eerst nog al die stutenmelen klaar te maken – een snee brood was een stuten, dus een stutenmelen een maaltje boterhammen.'

Cornelia: 'En was het grote hus de deur uit, dan kon je weer aan het werk: de kleine kinders wassen en aankleden, de vloeren vegen, bonen plukken in de groentetuin, voor het warme middagmaal zorgen. Dat was al om elf uur: nou zou je het een ochtendmaal noemen. De knechts aten in de schuur, of in hun arbeidershuisje. We hadden zelf twee van zulke huisjes op ons land. Maar er waren bij ons ook nog veel arbeiders aan het werk die niet zo'n huisje hadden. Die moesten helemaal van het dorp komen. Arbeidershuisjes werden graag bezet natuurlijk, eej. De arbeiders in onze huisjes kregen een stukje land om aardappels op te verbouwen. En meestal kregen ze ook een varkentje om vet te mesten: ze mochten er zelf een uitzoeken, dat was mode. Maar ze moesten wel huushuur betalen, hoor! Een gulden in de week.'

Apellonia: 'Dat was veel geld voor die mensen. Hoeveel verdienden ze in die tijd?'

Cornelia: 'Dat moet een gulden per dag geweest zijn.'

Apellonia: 'Zes gulden in de week was niet veel. Maar zo was het overal.'

Cornelia: 'Ze woonden met flinke, katholieke, gezinnen in die huisjes op ons land. En als ze kinders hadden die al wat groter waren en er wás werk, dan mochten die ook komen helpen. Dan hadden ze die week wat meer verdiensten, eej. Een cent was goed in tel. En er was handwerk genoeg op onze boerderij. Als er suikerbieten gedund moesten worden, waren daar veel kinders bij nodig.'

Apellonia: 'Die moesten op de knietjes over het land kruipen om peetjes te plukken. Dat was zwaar op die harde grond.'

Cornelia: 'Maar zo verdienden ze tenminste wat. Kinderarbeid was normaal, ja. Toch hadden de arbeiders het natuurlijk niet best, dat geef ik grif toe. Ze moesten alles betalen: huur, eiers, boter. Dat ging allemaal van hun loon af. Dus dan schoot er niet veel over van die zes gulden. Maar eiers of boter voor niks weggeven, dat deden we niet. Dat deed geen enkele boer. Medelijden met die arme arbeiders? Ik vond het ook mager, maar het was nou eenmaal zo. Bij een ander kregen ze niet meer: het was overal armoe. In de jaren dertig was het smál, hoor!'

Apellonia: 'De boeren hadden het ook niet zo breed. Ik had liever boter dan reuzel of vet op mijn brood. Maar de boter moest verkocht worden.'

Cornelia: 'Er werd altijd gewerkt. En 's zomers was het ook nog grote visite houden.'

Apellonia: 'Dan kwamen alle ooms en tantes een dagje.'

Cornelia: 'Wat een klus! Zelfs de tuinen moesten dan brandschoon zijn. "Alles aan kant!" was het devies.'

Apellonia: 'Ik weet nog dat ik op die visitedagen de tuin bij stond te werken voordat ik ’s ochtends vroeg naar de schole ging. Onze hof moest keurig aangeharkt wezen.’

Cornelia: ‘Wat stonden we dan te zweten! Ik vond er niks aan.’

Apellonia: ‘Na de koffie gingen de ooms en tantes de ronde doen door het huis. Dan trokken ze de kasten open om te zien hoeveel mooie weckflessen er stonden. In de porseleinkast gingen ze neuzen om te zien welke serviezen we hadden.’

Cornelia: ‘En al je linnengoed werd bekeken. Het was gewoon een inspectie. In de schuur werd elke spinnenkop bestudeerd. Dat deden ze soms achter je rug om, dat was eigenlijk gemeen. En ze hebben vast nog wel ergens een spinnenweb gezien en daarover gekletst. Het was niet snel goed. Maar je was trots, dus je gooide toch alle kasten open en zei: “Moet je hier maar eens kieken, dan zie je wel wat we in huus hebben!” En je dacht: probeer het maar eens na te doen.’

Apellonia: ‘Als al die familieleden bleven eten hadden we nog meer werk. Dan moesten we maken dat we eigen gekookte ham hadden. De potten boter werden gereedgemaakt, er moest zelfs een stempeltje op.’

Cornelia: ‘En al die drukte had je een paar dagen achter elkaar. Want als je huus eenmaal aan kant was, kon je alle grote visites maar het beste achter mekaar afwerken. Wat was ik blie als die visiteweek achter de rug was!’

Apellonia: ‘Ik ook, want moeder was niet te genieten met grote visite.’

Cornelia: ‘Logisch: ik was behoorlijk zenuwachtig. Gestrest, ja. Nou en of!’

Apellonia: ‘En wij kinders mochten al die tijd niet in het pronkvertrek komen.’

Cornelia: ‘Kinders horen ook in het gewone woonvertrek: de keuken. Niet in de mooie kamer.’

Apellonia: ‘Maar we moesten ’s ochtends wel in ons goeie goed naar school, want als we ’s middags om vier uur thuiskwamen was de visite er. Dan mochten we geen ouwe klompen aanhebben.’

Cornelia: ‘Gelukkig is de grote visite allang afgeschaft, want nou zou ik dat allemaal niet meer kunnen. Ook al zijn er nu dan stofzuigers en wasmachines. Met de komst van de wasmachine was ik trouwens helemaal niet gelukkig. Maandag was altijd wasdag. De meid was 's zondags uit geweest, want die mocht er ook weleens vandoor. Zij stond aan de ene kant van de tobbe vol wasgoed, ik aan de andere kant. En dan vertelde ze van alles. Dan was ik blie natuurlijk dat ik ook eens wat hoorde. Toen zei mijn man, hij was modern, dat hij een wasmachine voor mij wilde kopen, want we stonden veel te lang aan de was. Maar ik heb gezegd: "Welnee! Dat wassen gaat goed met de tobbe, en het is gezellig." Maar ja, met dat geklets bleef het andere werk liggen, dus er kwam toch een machine. Nou kon de meid het alleen af. Ach, ja. Je moet met je tijd mee. Doe je dat niet, dan heb je het niet goed en word je ook geen honderd...'

'Toen ze nog allemaal thuus woonden, zaten we met z'n twaalven aan tafel: dan was een zesponder niks. Dat was een groot rond brood van zes pond. Maar vanaf 1950 gingen ze allemaal de deur uit. Elk jaar vertrok er wel eentje. Het was een grote opluchting om een huushouwen van een man of vijf minder te hebben, dat ken je wel begriepen! Ik kocht elk jaar een kleiner brood. Maar het kostte me tóch de portemonnee!'

Apellonia: 'De kinders kregen het een en ander mee als ze het huus uitgingen. Terecht, tegenwoordig verdienen ze wat als ze thuis werken. Maar ik had geen cent toen ik ging trouwen.'

Cornelia: 'Je had er geen nodig ook! Alles werd voor je betaald: stoelen, tafel, ledikant. Een meisje deed het huushouwen, dus de meisjes moesten voor de meubels zorgen. De jongens brachten de paarden en machines mee: dat was voor de mannen.'

Apellonia: 'Maar vader gaf de jongens ook een boerderij!'

Cornelia: 'De jongens waren dus het duurst. En ik had er acht! Het is misschien lelijk dat ik het zeg, maar er waren ook wel boeren die dat niet konden: al hun kinders op een boerderij zetten.'

Apellonia: 'De boeren bij ons in de omtrek zorgden dat al hun jongens op een boerderij kwamen. En de meisjes moesten maar zien dat ze het redden; die kregen ook nog wel een kleinigheid mee, maar niet te veel.'

Cornelia: 'Jij hebt het slecht gehad zeker?'

Apellonia: 'Nee, ik zal niet zeggen dat ik het slecht had. Maar je weet hoe het was: voor de jongens was er alles. Die kregen grote boerderijen. Maar de meisjes werden achtergesteld.'

Cornelia: 'De meisjes moesten een jongen opzoeken die er ook genoeg had.'

Apellonia: 'Dat gaat nou wel een beetje anders. Nou zeggen ze: wat die jongens krijgen, dat willen wij ook.'

Cornelia: 'De tied is veel veranderd, eej. Maar verbeterd? Dat wil ik niet zeggen. Als je nu wat moet laten doen door een timmerman of een schilder, dan is dat verschrikkelijk duur. In de vroegere tied was dat veel goedkoper.'

Apellonia: 'Jij schilderde of behangde niet zelf. Dat doe ik wel.'

Cornelia: 'Het is niet zo mooi dat je dat zegt. Ons heb geld genoeg, en jullie ook. Klaar.'

Apellonia: 'Moeder heeft niet graag dat ik dat zeg. Het staat armoedig, vindt ze. Maar ik heb nooit armoe gehad, schilderen is iets wat je nou zelf doet.'

Cornelia: 'Vroeger was er verschil in mensen. De een had een beetje meer dan de ander. En dat is nóg zo, denk ik. Daar kun je niks aan veranderen. Maar het verschil tussen een boer en een arbeider is niet meer zo groot; de boeren zijn ontzettend naar beneden gegaan. Nu hoort de boer zelfs bij de armste mensen, geloof ik. Maar ík heb van mijn leven, zo oud als ik ben, nog nóóit gebrek aan een gulden gehad. En er waren er genoeg die wel gebrek hadden.'

Apellonia: 'Ik klaag ook niet. We zijn nooit iets te kort gekomen.'

Cornelia: 'Dat is een verschil uit welk gesláacht of je komt. Er zijn er die nooit geld hebben gehad en die hebben het nog niet. En er ben er die er altijd goed bij hebben gezeten. En die doen dat nog. Het is maar waar je geboren bent. Vroeger zeiden ze: als je in een arbeidershuus geboren bent, blijf je daar. Maar dat kun je nou niet meer zeggen.'

Apellonia: ‘Arbeiders bestaan niet meer: het zijn gewoon werknemers.’

Cornelia: ‘We hebben er hard voor moeten werken, maar we hebben een goed leven gehad. Dat is een groot voorrecht vind ik. En al mijn kinders zijn nog in leven...’

Het is even stil. Dan zegt Cornelia, ietwat bezorgd: ‘Wat zou Ons-Lieve-Heertje er nou van vinden als hij ons zo hoort praten?’

Apellonia: ‘Hij zal het wel goed vinden, eej. Of zou je denken dat hij er aanmerkingen op heeft?’

Cornelia: ‘Dat weet je maar nooit.’

Ze grijpt naar een rozenkrans en houdt hem omhoog, de lucht in. ‘Dit is mijn gezelschap! Ik heb mijn paternoster altijd in de buurt. Ik kan niet meer lezen, maar ik verveel me nooit: als ik niks te doen heb ga ik lekker met m’n ogen toe zitten paternosteren. En dan ben ik tevree. Is dat dan niet veel waard?’

Cornelia zit met gesloten ogen in haar stoel. Even is de hele kamer in rust. Totdat haar dochter de watersnood te berde brengt. Cornelia schrikt op: ‘De watersnood?!’ haar gezicht trekt wit weg.

Apellonia: ‘Mijn moeder vindt het nog steeds moeilijk om daarover te praten. Ze heeft er een meegemaakt toen ze nog maar zes was.’

Cornelia, na een korte stilte: ‘Ik ging voor het eerste jaar naar de schole. En ik liep naar huis met mijn zuster. “Cé,” zei ze. “Kiek nou eens op den diek.” Het was verschrikkelijk! De golven sloegen gewoon over den diek van Kruiningen. Ach, wat stormde het hard... Er kwamen alsmaar grotere golven overheen en toen kwam er een gat in den diek. De hele polder stroomde vol. Wij renden snel naar huus, we waren gelukkig kortbij. Maar er kwam steeds meer water die polder in.’

Apellonia: ‘Dat gebeurde niet bij moeder thuis, maar in de polder van haar oom. Die woonde aan de andere kant van de dijk.’

Cornelia veegt de tranen uit de ogen en vertelt verder met een stem die blijft trillen zolang het over de dijkdoorbraak van 1906 gaat: ‘Al zijn grond liep onder en de beesten moesten weg, die kwamen bij ons op stal. Het werd donker en we hadden bedden te kort, want het hele gezin van mijn oom kwam ook bij ons in huus. Met z'n vieren sliepen we op één bed. Maar we deden geen oog dicht, want we hoorden vader de hele nacht over den diek lopen. Heen en weer, heen en weer, om te kijken of het water er niet overheen kwam.' Cornelia begint te huilen.

Apellonia: 'Ze krijgt het weer te moeilijk. Ze vertelt het iedere week weer, en nog houdt ze het niet droog.'

Cornelia: 'Ik was doodsbang. Iédereen was bang. Want het water stond zo verschrikkelijk hoog. Als het nog een handbreedte hoger was gekomen, dan was onze polder ook overstroomd. Eén handje maar, eej!'

Apellonia: 'Dat heeft indruk gemaakt. In 1953 was het veel erger. Bij ons thuis bleef het weer nipt droog, maar toen zijn er toch zoveel mensen verdronken – daar weet moeder haast niets meer van.'

Cornelia: 'Nee, de watersnood van 1953 staat mij niet zo goed meer bij als die van 1906.' Ze legt haar hand op het hart. 'In 1906 had ik hier nog meer ruimte om alles te onthouden... Het stormde zo hard dat den diek gewoon heen en weer bewoog! Eerlijk waar. En 's ochtends dreven de kippen voorbij. Ze waren vergeten om die op het droge te doen.'

Apellonia: 'Nou, ja. Die zijn dan verdronken. Maar alle andere beesten ben gered, moeder.'

Cornelia, sentimenteel: 'Ik weet nog zo veel van toen ik kind was. Van toen ik nog zo jonk was en met de hond speelde. De kopjes en borden die kapot waren gegaan, werden altijd in de bosjes gegooid; er werd toen nog niks opgehaald aan huis. Die scherven raapte ik op en dat was mijn speelgoed. Dan kreeg ik een emmer water van mijn moeder en deed ik de afwas met mijn eigen serviesje. Dat ben toch herinneringen!'

Cornelia lacht weer. 'Het is een voorrecht om zo oud te worden! Mijn moeder is drieënnegentig geworden. En mijn grootmoeder werd zelfs vierennegentig. Dat was in die tijd uniek. Ik weet nog dat de dokter bijna dagelijks langskwam om grootmoeders temperatuur op te nemen. Ze was een zeldzaamheid; ze kon nog lopen op haar vierennegentigste. Ik trouwens ook, het is nog maar sinds twee jaar dat ik in een rolstoel zit. Grootmoeder had altijd een meid om zich heen, tot haar laatste dag. Die werd verwénd! "Vrouwe, zit u goed?" vroeg die meid dan zoetjes. Of: "Wilt u met een lepeltje of een vorkje eten?" Dan word je echt bedorven. Dat vragen ze mij nooit, en dat wil ik ook niet. Wat ik nog kan, doe ik zelfstandig.'

Apellonia: 'Dat zeggen de zusters ook zo dikwijls tegen je. Je moet proberen zelf je kleren aan te doen.'

Cornelia: 'Maar dat is weleens moeilijk. Dan zeg ik: "Toe, zuster. Doe mijn beuk toch eens goed." Maar ze zeggen dat ik het zelf moet doen en dan vind ik wel dat ze hard voor je ben, hoor! Want het is toch wel een heel werk, mijn dracht.'

Apellonia: 'Moeder zegt dat ik ook honderd word.'

Cornelia: 'Als ik honderd kan worden, word joe honderdentien! Je bent al ver in de zeventig en staat nog zelf de dakgoot te schuren; dat doe je toch niet?'

Op 14-2-2002 is Cornelia van het Westeinde-Vermue overleden.

'Foto's nemen mocht niet, laat staan van de plunderingen!'

PIETER DE BOOYS
3-10-1898, AMSTERDAM, NOORD-HOLLAND

De magere huishoudster nam haar oude broodheer in huis. Nu wonen ze samen apart: met twee naambordjes onder één dak. Zij blijft hem 'meneer' noemen, maar ze zegt ook 'baasje'. Hij spreekt de huishoudster in degelijke japon aan met 'Leida'. Pieter de Booys is een somber man op zijn oude dag. Hij zit voorovergebogen aan tafel, en praat tegen het gebloemde plastic tafelkleed; hij ziet toch niemand meer door zijn ultradikke brillenglazen. Ook het geheugen laat hem soms in de steek: 'Help me eens, Leida. Waar is mijn vrouw aan overleden?' 'Aan een mislukte heupoperatie,' zegt de huishoudster, die zijn leven kan dromen. 'O ja,' mompelt hij, 'en nou zit ik alweer vijftien jaar hier.' Zij: 'Als u in een bejaardenhuis had gezeten, was u nooit zo oud geworden, meneer De Booys.' Hij: 'Leida zorgt goed voor me, da's waar.' 'Meneer ziet er nog prima uit, maar ik geef hem slechts drie keer per week te eten; dat schijnt voldoende te zijn!' plaagt juffrouw Leida Jansen. Ze is al bijna zeventig maar vol energie. Ze plukt aardbeien rondom het huis met stoere kniebeschermers aan en ze draagt een zeer oud voetbalpetje. 'Vroeger was hij de baas, nu is hij het baasje: meneer De Booys is gedegradeerd.' Haar droge humor houdt hem overeind. 'Ik kan er ook niks aan doen dat ik een oude kerel met gebreken ben!' lacht hij eindelijk. De verhouding werd informeler met de jaren: 'Ik werk ook pas achtenveertig jaar voor meneer,' zegt Leida, die om hem kan lachen maar ook bewondering heeft voor de oud-fotograaf.

'Nou, vraagt u maar dan,' zegt De Booys een beetje brommerig. 'Wanneer ik fotograaf werd? Ho, ho! Ik heb eerst hele andere dingen gedaan. Ik ben in Nederlands-Indië geweest. Daar kon ik tenminste een baantje krijgen. Met vrije overtocht per boot. Ik was de eerste in de familie die buitenslands ging, en het was meteen een heel eind. Najaar 1919 kwam ik aan in Batavia, waar ik als fabrieksassistent in de suikerindustrie aan de slag kon. Maar na acht jaar werd ik plotseling ontslagen; waarom weet ik nóg niet. Dat kon in die tijd. En toen? Even denken...'

Leida: 'Weet u het niet meer, baasje? U ging naar Sumatra om als fabrieksassistent in de rubber te werken.'

De Booys: 'Inderdaad, ja. Daar heb ik nog verbeteringen aangebracht in het recept om rubber te maken, op aanwijzing van de Algemene Vereniging van Rubberondernemingen op Sumatra. Welke verbeteringen, dat ben ik vergeten. Maar ook daar werd ik zomaar ontslagen, zonder opgaaf van reden.'

Leida: 'Het was natuurlijk wel crisistijd.'

De Booys: 'Ik ging terug naar Nederland, maar ik had slechte ogen.'

Leida: 'Dus werd u afgekeurd als machinist ter koopvaardij.'

De Booys: 'Ja, dat was ik het liefst geworden. Dat is toch mooi werk, zo op het water?'

Leida: 'En er was slecht aan werk te komen. Daarom wilde u een eigen garage beginnen. U was wild van auto's!'

De Booys: 'Dat is waar ook! Maar de man van de bank zei: "Je kunt er wel geld in stoppen, maar dat komt er nooit meer uit."'

Leida: 'Stel je voor: ze zagen geen toekomst in auto's! Nu is een garage de hof van Eden.'

De Booys: 'Omdat een oom van mij een fotozaak had die goed liep, ben ik daar uiteindelijk zelf ook maar mee begonnen. Dertig jaar had ik die zaak. Toen werd ik vijfenzestig en vond mijn zoon het nodig dat ik met pensioen ging. Maar hij heeft het verprutst: na vier jaar heb ik de zaak met al het geld wat ik had verdiend moeten saneren. Leida, hoe ver ben ik? Ben ik al klaar?'

Leida: 'U begint net. U heeft nog niet eens verteld dat u het fotograferen heeft geleerd op de fotovakschool in Berlijn, in 1933.'

De Booys kijkt verbaasd op: 'Heb ik het daar geleerd?'

Leida pakt liefdevol zijn handen vast: 'Baasje, u heeft het me vaak genoeg verteld.'

De Booys: 'Nou ja, dat kan wel zijn.'

Leida: 'U bent de laatste tijd een beetje in de war. De Duitsers leerden het u. En u heeft het later – in de oorlog – tegen ze gebruikt.'

De Booys: 'Nu herinner ik het me weer! Ik zat in een voorstadje van Berlijn. En ik kon het snel, dat fotograferen: binnen drie maanden. Het was helemaal niet moeilijk. Na afloop deed ik examen. En het enige wat ik niet wist, was wat *Schwelle* betekende. Dat bleek de drempelwaarde te zijn: bij die grens maakt het licht nog indruk op het papier en daaronder niet meer.'

Leida: 'Dat weet hij dan weer wel! Soms weet hij de gekste details, dan ineens niets meer.'

De Booys: 'Maar waarom ik in Duitsland leerde fotograferen? Daar heb ik geen idee van.'

Leida: 'Daar waren de opleidingen beter.'

De Booys: 'Dat zal het wel geweest zijn, ja. Ik ben geen goeie verteller, hè?'

Leida: 'Ach baasje, ik help u toch? Uw motor start gewoon wat traag. U heeft verse benzine nodig, daarna komt u vanzelf op gang.'

Pieter de Booys laat zijn halfvolle kopje kouwe koffie leegslurpen door Robbie die daar, aan zijn voeten, al op lag te wachten. 'Ideaal zo'n hond!' roept Leida. 'Hij bespaart mij ontzettend veel afwaswerk.' En ze schenkt weer bij.

De Booys: 'Wacht, het beeld komt wat scherper terug... Ik zat met allemaal kinderen van fotohandelaren in de klas, daar in Berlijn. Maar ik kreeg geen diploma, omdat het een gratis opleiding was. Of ik fotograferen leuk vond? Ach. Het was een mogelijkheid om geld te verdienen. Meer niet. Verder herinner ik me nauwelijks iets van Berlijn. Het nazisme? Ik weet alleen dat ze al die jongelui in uniformen staken. Toen was de werkloosheid opgeheven; zo losten ze de problemen zogenaamd op.'

Leida: 'Toen meneer De Booys terugkwam, begon hij een fotozaak in hartje Arnhem.'

De Booys: 'Eerst heb ik nog een poosje in de zaak van mijn oom in Amsterdam achter de toonbank gestaan. Om de omgang met het publiek te leren. Daarna kwam mijn oom in Arnhem kijken of het pand aan de Jansplaats geschikt was voor een zaak. Zijn treinkaartje heb ik niet vergoed: ik kwam nog maar net kijken en hij zat goed in de slappe was.'

Leida: 'Zoiets onthou je toch niet! Nou, u bent weer goed op dreef.'

De Booys: 'Het pand werd geschikt bevonden omdat het op de hoek stond met de Grote Oord. Dat vond hij een goede plek, zijn eigen fotozaak zat ook op een hoek. Tegen de meubelmaker zei ik: "Maak mij maar net zo'n inrichting als in de zaak van mijn oom." Want die liep uitstekend. Ik ben het huis gaan verbouwen en op 12 augustus 1933 ging mijn fotozaak open. Dat klopt toch?'

Leida: 'Klopt. Ik kon er nog niet bij zijn, ik werd drie weken later pas geboren. Maar u heeft het mij al zo vaak verteld. Zo weet ik ook dat meneer en mevrouw De Booys de zaak zó op en top hadden ingericht dat de mensen zeiden: "Die houden het niet lang vol." Het was té mooi. En veel te duur allemaal.'

De Booys: 'Een prachtige winkel was het. Strak ingericht, heel modern voor die tijd. Maar na dertig jaar vond mijn zoon het dus nodig dat ik ermee ophield! En dat heb ik me laten aanpraten...'

Leida: 'Wat de vader had opgebouwd, heeft de zoon weer als een pudding in laten zakken. De zaak was niks meer op het laatst.'

De Booys: 'Zelfs de mooie wandkasten en de toonbanken die ik had laten maken, werden verkocht. En toen was alles afgelopen.'

Pieter de Booys verzinkt weer in somberheid. De gedachte aan zijn opgedoekte winkel stemt de oude man droevig. De vraag naar zijn vrouw haalt hem weer uit zijn overpeinzingen: 'Mijn vrouw? Hoe zat het ook alweer, Leida?'

Leida: 'Die heeft u leren kennen toen u met verlof naar Holland kwam.'

De Booys: 'O, ja. Toen zat ik nog in de suiker.'

Leida: 'U had vroeger al met haar geschaatst, in Amsterdam. En toen u terugkwam uit Nederlands-Indië was het binnen drie maanden: verliefd, verloofd, getrouwd. Net een romantisch boek! Samen zijn jullie weer naar Indië gegaan. En daar kreeg u een dochter uit de suiker en een zoon uit de rubber.'

De Booys: 'De eerste keer, ik had mijn vrouw al eerder ten huwelijk gevraagd, vond ze me niet flink genoeg. De tweede keer, na vijf jaar ervaring, werd ik als tweede keus aangenomen.'

Leida: 'Dat klinkt natuurlijk weer niet zo romantisch.'

De Booys: 'Zij was enigst kind thuis, een beetje verwend dus, en nogal een pittig type. Haar vader was de directeur van het restaurant van Artis; niet de eerste de beste.'

Leida: 'Ze was nog maar vijftien jaar, maar de obers waren bang voor haar als ze langskwam.'

De Booys: 'Ja, mijn vrouw was een beetje haaiig.'

Leida: 'Het was een haaibaai. En ik weet, als huishoudster, waar ik het over heb.'

De Booys: 'Waarom ik dan met haar trouwde? Tja, ze was een van de meisjes op dansles. En enigst erfgenaam.'

Leida: 'Nee, baasje. Daar heeft u het niet om gedaan!'

De Booys: 'Maar het speelde wel mee.'

Leida: 'Het was een heel andere tijd, dat wel natuurlijk.'

De Booys: 'Haar naam was Jeanne Willemsen. Op alle servetten en tafellakens van haar uitzet werd B.W. ingeborduurd: Booys-Willemsen. Heel deftig allemaal. Toen we in het huwelijksbootje stapten, zeiden haar familieleden: "Jammer dat ze met hém, en niet met een zakenman is getrouwd." Ik heb nooit op een zakenman geleken!'

Leida: 'Zij was wel het type zakenvrouw. Maar u had de kennis van fotografie.'

De Booys: 'Toen we de fotozaak een paar maanden hadden, kreeg ik een steenpuist in mijn nek. Dat is van de zenuwen geweest. Van mijn vrouw mocht ik toen niet naar bed. Want als er klanten kwamen met moeilijke vragen, moest ik erbij zijn.'

Leida: 'Het is niet meer dan logisch dat je nerveus wordt als je voor het eerst een zaak begint. En toentertijd moest je ook maar afwachten hoe het zou lopen: het was nog steeds crisistijd.'

De Booys: 'Verdienen deden we niet veel. Mijn schoonouders, die bij ons introkken, vulden aan wat wij in de winkel te kort kwamen. Maar ik had geen reserves. Dat gaf risico's. Toch had die arme tijd ook voordelen: voor een lage prijs kon ik alles gedaan krijgen. Ik kon het pand goedkoop huren. En ik had dus een zakenvrouw. Normaal kon je zo'n mooi gebouw midden in de stad nooit kopen. Maar het was van een joodse man. Mijn vrouw vertelde hem later, toen de oorlog uitbrak, dat hij misschien zou moeten vluchten: geld kun je makkelijker meenemen dan een zakenpand. En zo regelde ze dat we het konden kopen. Hoe het met die joodse man afliep weet ik niet. Nooit meer gesproken na de oorlog. Hij was natuurlijk niet erg vrolijk toen hem dat mooie pand was afgetroggeld.'

Leida: 'U hebt niks afgetroggeld, meneer De Booys. U hebt het eerlijk gekocht.'

De Booys: 'Maar het was toen een riskante onderneming om als jood een huis te bezitten. Dat heeft de prijs wel gedrukt. Later mochten joodse klanten de zaak niet meer in. Maar als ik ze zag, liep ik naar buiten om te vragen wat hun wensen waren.'

Leida: 'Dan werden er zaken op straat gedaan en konden de Duitsers meneer De Booys niks maken. Als er een Duitser binnenkwam, riep zijn vrouw heel venijnig: "Voeten vegen!" Dan moest die mof terug naar de mat. Meneer De Booys nam ook geen Duits geld aan in de winkel. En hij gaf Duitsers de slechtste kwaliteit films die hij in huis had!'

De Booys: 'Papierfilms, daar konden ze niks mee.'

Leida: 'Maar uiteindelijk bent u daardoor wel in kamp Amersfoort beland.'

De Booys: 'Daar werd ik naar toe gebracht met nog negen andere prominente Arnhemse figuren van wie bekend was dat ze anti-Duits waren. Na drie maanden – één was er al doodgegaan – mochten de acht anderen vertrekken en zat alleen ik nog in het kamp. De *Stubenältester* – de zogenaamde kamerwachten, prominente gevangenen met knuppels – waren bij de andere gijzelaars langs geweest. Het waren allemaal directeuren of fabrieksbazen die ze makkelijk duizend gulden konden afpersen. Ze wisten – hoe weet ik niet – dat ze bij mij niet zoveel geld konden krijgen. Toen vroegen ze maar een fototoestel. Een Leica was het duurste wat er was. Ik heb ze wat verteld over de kwaliteit van het toestel. En mijn vrouw heeft het voor ze ingepakt. Maar uit macht der gewoonte had ze de doos dichtgeplakt met papier waar ons adres op stond. Daaraan zagen ze in het kamp dat ik bewakers probeerde om te kopen. Aan geld kun je niet zien waar het vandaan komt, dus die anderen kwamen goed weg. Maar ik moest blijven ploeteren in het kamp. Alsmaar stammetjes hout stapelen. Oneindige rijen: geen ontkomen aan. Het was eigenlijk een soort bezigheidstherapie, nut leek het niet te hebben. We moesten kuilen graven, of we zaten in het timmermanshok. We probeerden zo inefficiënt mogelijk te werken, maar het was toch zwaar. Ik heb het volgehouden tot mijn benen niet meer konden. Toen kwam ik in het ziekenzaaltje terecht: daar hoefde ik geen stap meer te verzetten. Maar lang duurde het niet. Ik was amper opgeknapt of ik moest alweer aan de slag.

In augustus 1942 zag ik dat een van de bazen van het kamp een poesje streelde dat op de trap naar de keuken zat. Nu is hij in een goeie stemming, dacht ik. Ik sloop voorzichtig naar de man toe en vroeg hoe het er met mijn zaak voor stond. "Ah, Sie sind der Photohändler aus Arnhem," zei hij. Het viel mee dat hij dat wist. Er zaten honderden mensen in Amersfoort en ze leken allemaal op mekaar: allemaal even mager. Hij zei dat ik me bij Frans, de keukenbaas, kon gaan melden. Die zei: "Je boft, vanaf morgen werk je hier. Als sjouwerman." 's Ochtends vroeg was ik al met dertig gamellen kokend water in de weer. Als je niet veel kleren meer draagt, kun je die hete ketels eigenlijk niet tegen je aan hebben, je verbrandt. Toch deed ik het graag. Het was een voorrecht om in de keuken te werken: je schuimde af en toe het vet van de soepketel. "Jongen, pas op met je maag!" zei de keukenbaas. Omdat je ook weleens te véél spek kon snoepen. In een maand tijd ben ik dertig pond aangekomen: een pond per dag!'

Leida: 'Dan heb je toch de maag van een koe! Dat je daar tegen kunt na al dat vermageren.'

De Booys: 'Ik heb zelfs rauwe aardappelen gegeten. Een boer in het kamp zei: "Dat moet je niet doen. De konijnen worden er nog mager van!"'

Leida: 'Vanwege het zure vocht.'

De Booys: 'Op 24 december werd ik naar het kantoor geroepen; ik moest bij de assistent-directeur van het kamp komen. Hij vertelde mij dat ik ontslagen was. Als een soort reclamestunt, vlak voor kerst. Maar blij? Dat kun je niet eens meer zijn in zulke omstandigheden. Ik ben naar het station van Amersfoort gestrompeld, ondersteund door twee andere gevangenen die ook ontslagen waren. Ik kreeg een derdeklas treinkaartje naar Arnhem. En toen zijn mijn zoon en de eerste laborant, die de afdrukken en vergrotingen maakte, mij komen afhalen op de Utrechtsestraat. Daar zat het kantoor waar ik me moest afmelden.'

Leida: 'Meneer De Booys was er verschrikkelijk aan toe. Zijn zoon herkende hem niet eens.'

De Booys: 'Ik was zo veranderd dat hij me gewoon voorbij liep. Logisch, ik was ineens een oude man geworden.'

Leida: 'Gelukkig bent u naar de Achterhoek gegaan om op te knappen.'

De Booys: 'Ik had totaal geen fut meer. Mijn vrouw huurde een tandem: zij stuurde en trapte, ik hoefde alleen maar wat mee te bewegen met mijn benen.

Toen mijn krachten waren teruggekomen, ben ik meteen weer in de zaak gaan staan. En vanaf eind september 1944 heb ik de plunderende Duitse soldaten gefotografeerd.'

Leida: 'Dat deed meneer De Booys uit wraak. En daar heeft hij zichzelf, uiteindelijk, mee staande gehouden na die kampperiode. Jullie verliezen de oorlog toch!, hield hij zichzelf voor.'

De Booys: 'Iedereen moest de stad verlaten na de mislukte slag om Arnhem. Zodat de Duitsers de boel leeg konden jatten. Ze gingen gewoon de winkels en de huizen in, en wat van hun gading was pakten ze en zetten ze op de trein richting Duitsland. Met een bordje erop: LIEBESGABEN AUS HOLLAND. Dat was natuurlijk grove misleiding. Ze plunderden Arnhem gewoon leeg. Er is een officieel *Ausräumungskommando* geweest.

En er liepen ook veel wilde plunderaars rond: van die half afgekeurde soldaten die op eigen houtje kwamen jatten. Het waren heus geen flinke mensen. Bij mij thuis hebben ze ook spullen weggehaald, tot twee keer toe. De eerste keer hoorde ik boven iemand rommelen, dus ik liep de trap op; stond daar een mof in mijn slaapkamer. "Wat doe je hier?" vroeg ik. Toen zei hij heel timide: "Ich suche bloss eine Schere." Zocht hij zogenaamd een schaartje. Maar de meeste plunderaars waren niet zo verlegen. De tweede plundering was in mijn fotozaak: de moffen trokken alles open en gooiden spullen om. Hadden ze iets niet nodig, dan lieten ze het gewoon op straat liggen; zo ging het overal. Ze hebben in een paar maanden tijd veel rotzooi gemaakt. En die rotzooi heb ik vastgelegd. Honderden foto's maakte ik. Dat was wel gevaarlijk: foto's nemen mocht niet meer, laat staan van de plunderingen! Of ik bang was? Ach...'

Leida: 'Tuurlijk was hij dat.'

De Booys: 'Maar ik deed het zo stiekem mogelijk. Ik had een fiets waarop ik heel sportief en snel door de stad kon rijden. En ik fotografeerde vlot: licht meten, instellen, foto nemen en het toestel weer vliegensvlug in de zak. Ik had een leren jas aan, met grote zakken. Daar kon mijn toestel zó in verdwijnen. Een Zeiss Contax gebruikte ik. Je had indertijd de concurrentie tussen Leica en Contax; de Contax, eigenlijk de beste, bestaat nu niet meer. Een bekende van me, die in het verzet zat, had mij gevraagd of ik de foto's wilde maken. Hij bezorgde me een band van het waterleidingsbedrijf die ik om mijn arm kon doen; was ik zogenaamd van de technische nooddienst. De Duitsers wilden toch enig contact met wat Arnhemmers; als er ergens een kraan openstond en de hele straat zou blank lopen, was dat natuurlijk niet praktisch. Dus mocht een handjevol mensen van de nooddienst de stad in om de boel te controleren. Maar ik had helemaal geen verstand van waterleidingen. Ik deed maar alsof. En ik heb maar één keer daadwerkelijk een waterpomptang in mijn zak gehad.'

Leida: 'Goddank zijn de moffen erin getuind. Het had hem de kop kunnen kosten.'

De Booys: 'Ik weet nog dat ik een keer een huis bezocht waaruit daadwerkelijk water naar buiten stroomde: daar móést ik wel naar binnen. Vier Duitse plunderaars waren bezig een tandartsstoel los te wrikken. Een tandarts heeft altijd water bij de hand, dus de boel was gaan lekken. Ik wilde me zo snel mogelijk uit de voeten maken, bang als ik was om door de mand te vallen; ik wist immers niets van waterleidingen. "Ik zal maar weer eens verder gaan kijken," of iets van die strekking, heb ik nog gemompeld. Maar ik ging rechtstreeks naar huis.

Een andere keer wilde ik boven in een huis in de Steenstraat een foto nemen van de plundering van de textielwinkel aan de overkant. Het raam in de voorkamer was beslagen, dus dat moest ik openen. Dat gaf geluid, wat riskant was. Toch nam ik een foto. Ik sloop vervolgens naar beneden, door de gang, langs de keuken. Toen hoorde ik dat er Duitsers in het pand zaten. Ik zei tegen mezelf: hou dezelfde loop vast, dan red je het. Ga niet sneller of langzamer lopen, dat valt op. Heel kalm ben ik de deur uitgegaan. Een paar keer links- en rechtsaf geslagen, daarna durfde ik pas om te kijken. Niemand had me gevolgd!

Maar het meest tevreden ben ik met de foto die ik van een *Beutesammelstelle* maakte, een officiële verzamelplaats van de buit. Die heb ik op straat genomen. Dat was gevaarlijker dan de foto's die ik maakte vanaf de bovenverdiepingen van huizen waar ik zogenaamd de kraan kwam dichtdraaien. Ik heb het maken van die foto lang uitgesteld. Maar op een vroege ochtend in november 1944 durfde ik het aan. Heel rustig wandelde ik naar de verzamelplaats. Het was oppassen geblazen want er zaten veel Duitsers in de buurt die mij konden snappen. Ik knipte, zonder te kijken, en liep meteen weer door. Er staat, heel scherp, een boom op met daarop het bordje: BEUTESAMMELSTELLE. Daar waren er veel van. Vanaf die verzamelplaatsen wilden de moffen de geroofde spullen naar Duitsland vervoeren, maar dat hebben ze onkundig gedaan. Op het goederenstation Arnhem hadden ze zo veel meubels en andere spullen opgestapeld, tot aan het dak toe, dat ze er niks meer mee konden aanvangen. Kun je nagaan hoeveel goederen ze geroofd hebben.

De stilte van de lege stad is mij altijd bijgebleven; er waren dagen waarop ik niemand tegenkwam. Ik weet nog dat ik van het Openluchtmuseum, waar veel evacués zaten, naar de Jansstraat liep. Daar hoorde ik een klap; de ruit van een zolderraam sloeg kapot. Het glas rinkelde op de grond. Een ijzingwekkend geluid in die doodstille straat. En het lege venster bleef maar klepperen. Ik zag ook overal gordijnen wapperen uit kapotgeslagen ruiten. En deuren die lomp waren ingetrapt; dat was heus niet nodig geweest.

Ik ben blij dat ik die beelden heb vastgelegd. Zo kon iedereen na de oorlog zien wat de Duitsers gestolen hadden; ze wilden mijn foto's allemaal hebben in Arnhem. De ene Arnhemmer wees de ander aan: "Kijk, dat is mijn huis dat open wordt gebroken." Of: "Daar zie je dat ze mijn meubels naar buiten sjouwen." Anderhalf jaar heb ik ervan geleefd. Alle handel lag verder stil.'

Leida: 'En nou heeft u er een lintje voor gekregen, hè baasje?'

De Booys: 'Eindelijk. Na vele, vele jaren werd ik onderscheiden. Op mijn honderdentweede! Dat werd dus wel tijd.'

Leida: 'Het was een welkome afleiding want meneer De Booys is wat depressief geworden. Dat vind ik vreselijk, en ik kan er niets aan doen. Ik begrijp het ook wel: hij kan haast niks zien of horen. Maar ik ga er soms bijna aan onderdoor. Alleen als de zon schijnt en meneer in de tuin kan zitten, is hij opgewekt. Dus ik zet hem zo vaak mogelijk buiten.'

De Booys: 'Hoe lang ik nog wil leven? Zo weinig mogelijk jaren erbij.'

Leida: 'Niks daarvan! U moet zeker tot 2003 blijven ademen; dan werk ik vijftig jaar bij u. En als u eerder doodgaat, meneer De Booys, dan praten we nog met mekaar!' Ze aait haar werkgever over de bijna kale bol.

'Maak mijn scheiding niet in de war!' grapt De Booys.

Leida: 'Ik zal van uw krullen afblijven!'

De Booys: 'Tja, zonder Leida was ik er allang niet meer.'

Op 31-8-2003 is Pieter de Booys overleden.

'Wij artiesten waren minderwaardige mensen'

WILHELMINA VAN RIJNSOEVER-DROPSIE
30-6-1901, UTRECHT, UTRECHT

Wilhelmina loopt te rommelen door haar appartement, op zoek naar haar bril. 'Die moet ik opzetten, dat staat leuker.' Ze kan er niet beter mee zien, 'maar 't oog wil ook wat'. De oud-artieste in het roze vest kijkt uit op wat spaarzame boompjes; schimmen tussen de flatgebouwen van Utrecht Overvecht, dat nog lang niet bestond toen ze werd geboren achter de oude gasfabriek, een eeuw geleden. De koffie laat ze koud worden als ze vertelt over haar vroegere optredens voor soldaten en kroegvolk, of over haar barre voettocht in de oorlog naar de Achterhoek. Wilhelmina – artiestennaam 'Mientje Fleur' – gaat regelmatig staan om het verhaal van haar leven te illustreren met gebaren; de voormalig acrobate heeft nog wat weten te bewaren van de soepelheid van weleer. Ze spreekt met opgewekte stem en lacht veel, maar het is zonder geluid en het heeft soms iets droefs. Het is Wilhelmina een groot raadsel. Ze heeft de honderd gehaald. 'Maar als je het werk bekijkt dat ik heb verricht, zou je zeggen: dat volbreng je niet.'

'Denk ik aan mijn jeugd, dan zit ik weer in het huis van mijn grootouders. Daar was het veel gezelliger dan thuis. In grote krulletters stond er TAILLEUR op grootvaders deur, dat klonk nogal deftig vond ik, maar hij was een doodeenvoudige kleermaker. En een erg vrolijke man, hij liep altijd te zingen. Mijn nichtje Huberta woonde met haar vader bij mijn grootouders in, en kwam ik op bezoek, dan vroegen we: "Opa, magge we in de kleremakerij spelen?" Dat mocht, als we geen rommel maakten. Boven de kleermakerstafel hing een grote petrolielamp die lekker veel warmte gaf. En daaronder leefden we ons uit. Als ik vroeg: “Zalle we ons verkleje?” gilde Huberta uitzinnig “Jaaa!” Van een rol crêpepapier, van twee cent, maakten we dan kostuums. En daarna studeerden we gekke liedjes in. Eén regeltje heb ik onthouden: “Wij zijn twee koetsiertjes van het beste allooi, we houden van een biertje en een goeie fooi!” Je prakkeseerde zelf wat, ver vóór de dagen van de radio. Als we optraden voor opa en oma, kregen we steevast applaus; ze vonden het schitterend, al stelde het niet veel voor.

Mijn oom Bertus, de vader van Huberta, was artiest: trapezewerker. “Kom op, meisjes,” riep hij als-ie aan het oefenen was, “de trapeze op!” Je kreeg wat magnesium in je handen en hing je aan zijn oefentrapeze, dan riep hij: “En nou het hoekie maken!” We moesten de buikzwaai leren. En er lagen alleen wat oude kleren onder de trapeze, voor als je op de grond viel. Best spannend. Maar oom Bertus zei: “Vooruit, probéér het! Ik sta ernaast...” Zo leerden we steeds meer kunstjes.

Toen oom Bertus trouwde, met een jonge vrouw, ging zij ook aan de trapeze werken; samen gaven ze voorstellingen. Zijn vrouw kon prachtig in de rondte draaien. Aan een speciale haak met een stuk leer dat mijn oom tussen zijn tanden klemde; hij had een fantastisch gebit! Maar toen ze zwanger raakte, vroeg hij of ik het wilde doen. Ik was overal voor te vinden; als je een jaar of vijftien bent, durf je alles! Dus ik heb het gedaan. Wat ging ik hard in de rondte zeg, aan die haak! Als ik weer op de grond stond, was ik vreselijk duizelig. Maar voor het publiek bleef ik netjes in de houding staan, in mijn wit satijnen pakkie met een mooie roos erop.

Gelukkig vielen er geen tanden uit bij oom Bertus en konden we de voorstelling een hele poos blijven voortzetten. Ik vond het heerlijk om door de lucht te zwieren. Het werd een succesnummer in de kazernes. We zaten midden in de Eerste Wereldoorlog: de gemobiliseerde soldaten wilden vermaakt worden. Ze kregen een voorstelling en dan een kop koffie met een gevulde koek; ik herinner me dat ze dat geweldig vonden, want die soldaten kregen haast nooit iets. En ik verdiende wat. Dat was nodig ook. Moeder was toen al een paar jaar weduwvrouw. Met vijf kinderen was ze blijven zitten. Ze had geen inkomsten meer na vaders dood. Dus zodra ik van school kwam, was ik in betrekking gegaan. Met dertien jaar was ik begonnen; bij de vrouw van een pennenlikker, zo'n kantoortype. Vijftig cent verdiende ik, in de week. Dat gaf ik aan mijn moeder; zelf mocht ik vijf cent houden. En van die vijf cent spáárde ik ook nog, hoe is het mogelijk, hè?

Ik moest op de kinderen van de pennenlikker passen, maar ook het huishouden doen. Het koperen fornuis poetsen, met al die knoppies. Het zinken aanrecht schuren met zand en vitriool. Eigenlijk was het aanrecht veel te hoog voor mij; ik was maar een kleintje. Omdat ik er niet goed bij kon, deed ik het meestal niet naar mevrouw haar zin en blafte ze me af! Ze zat me voortdurend op de lip, want het fornuis stond in de huiskamer tijdens de Eerste Wereldoorlog – er waren geen kolen meer te krijgen. Een armzalige tijd. In betrekking kreeg ik alleen een bordje pap; het bord stond nog halfdroog als het werd opgediend, zo weinig pap lag erin. 's Avonds gaf mijn moeder me nog wat stamppot op een boterham. Maar ik had toch vaak honger. Ik was al blij met de knoest van een kool! En at ik een wortel, dan peuzelde ik hem op tot en met het kontje. Als mijn moeder eens een keer doorregen lappies had gehaald, met spek, dan zat ik met mijn vijf broers en zussen te vechten om de korstjes van ma; die kon ze niet eten met haar slechte gebit. Maar toen vader nog leefde was het eigenlijk ook al sappelen geweest. Hij had acht gulden in de week toen hij aan de Utrechtse Munt bouwde; dat was niet veel met vijf kinderen en een rijksdaalder huur – je moest ook de krant, het dooienfonds en noem-het-maar-op betalen, hè. Vader was timmerman in de bouw. Met een kistje stenen op de schouder moest hij de steiger op; dat ging niet machinaal, het was allemaal handwerk. Op een dag viel hij van de steiger, die waren nog niet beveiligd. Het was een stelletje planken, meer niet, en als je dan een stapje te ver deed, dan lág je.

Na vaders dood moest moeder 's morgens een paar uur uit gaan werken. Ze verdiende een duppie per uur, maar ach... daar kón je ook nog wat mee in die tijd. Maar toen ik wat meer ging verdienen, bij mijn oom Bertus, was ze toch wel blij. Oom ging alle kazernes af om een arrangementje te krijgen. Hij hield het goedkoop, zodat we op veel plekken konden optreden. Mij liet hij een stukje acrobatiek doen, of een eenvoudig liedje zingen. Johan, later mijn man, maakte muziek. En dan nam mijn oom er één goeie artiest bij, die hij het dubbele moest betalen.

Johan speelde ontzettend mooi piano. Ik heb altijd veel van zijn muziek gehouden en eigenlijk ben ik alleen dáárom met hem getrouwd. Hij had maar één oog, dat andere had z'n zussie eruit geprikt met een vork, zei hij altijd. Zijn moeder had hem grootgebracht in de muziek: daarmee kon hij, met zijn ene oog, toch een boterham verdienen. En Johan had gevóél voor muziek. Je hoefde maar iets te neuriën, of hij speelde het. Zo studeerden we de eenvoudige liedjes in die we zelf schreven. Het populairste lied dat ik tijdens de oorlog van veertien op achttien zong, was "Tinus". Het was speciaal geschreven voor onze optredens in de kazernes, en bij de gemobiliseerde soldaten sloeg het in als een bom. Mijn stem is niet meer wat-ie was, maar mijn tekst ben ik nooit vergeten:

"Marietje was een meisje, door de hele stad bekend
zij hield veel van soldaten ja, van het hele regiment
Gingen ze 's morgens uit marcheren,
met de grote muziek vooraan
Dan kon men haar steeds bestuderen,
ofwel aan de deur zien staan
En zij zong in haar brein, het volgende refrein:
Tinus, pas op je sabel, hou hem netjes in je schee
doe er geen kwaaie dingen mee!
Tinus, pas op je sabel, hou hem netjes in je schee
doe er geen kwaaie dingen mee..."

Het was wel een beetje schuin. Maar ik had er geen hekel aan om het te zingen, en iedereen vroeg ernaar.

Later gingen we met zijn tweetjes optreden, Johan en ik. Mijn artiestennaam werd toen Mientje Fleur. Had Johan bedacht. Naar Louise Fleuron; destijds een beroemd zangeres. In het begin oefenden we nog op de dansschool omdat we zelf geen piano hadden. Ik had ook geen jurk. Voor ons eerste optreden moest ik een jurk huren. En wat stond ik eigenlijk nog stijfjes te zingen! Keurig recht in de houding. Tegenwoordig bewegen die zangeressen zo leuk, maar dat was er toen nog niet bij. Ik was ook best verlegen, hoor! We hadden fotokaarten laten maken, maar die durfde ik niet te verkopen na een optreden, want ik stond er zelf op. "Je moet brutaler worden," zei Johan. Maar ik kon het niet. Ik was nog niet geraffineerd genoeg en werd steeds voor groentje uitgemaakt. Sommige mannen in het publiek dachten dat ik zó groen was, dat ze me wel even aan de haak konden slaan. Ze hadden er geen erg in dat ik getrouwd was. Johan vond het beter dat ze niet wisten dat ik zijn vrouw was, want een getrouwde zangeres trok minder publiek. En ik zong natuurlijk liedjes die een beetje pikant waren. Traden we eens op bij een visclub – we kwamen echt óveral – dan zong ik:

"Met jou, met jou, wil ik een keer uit vissen gaan
Met jou, met jou, de snoekjes aan mijn haakje slaan
Fijn uit stoeien aan de waterkant
Bij het loeien van de koeien op het land..."

Was het optreden afgelopen, dan gingen we snel door naar de volgende tent; er moest verdiend worden. Snel een krulletje in je haar draaien, wat blanketsel op je gezicht – je wilde er toch een beetje fatsoenlijk uitzien – en daar ging je weer. Dodelijk vermoeiend, want meestal stond je in een rookhol waar je naar adem moest happen – dat zong niet makkelijk. Er werd wat afgepaft in die tenten.

Toch vond ik het optreden erg leuk, ik stond niet voor niets als kind al in crêpepapier te zingen. Maar op den duur ging mijn man mij overál verhuren. Dat was niet altijd even fijn. Van het circus, waar ik de mensen hun plaats moest wijzen, tot aan de kroeg... Ik zat dan weer veertien dagen hier, dan een paar weken daar – zo kwamen we aan de kost. In Leeuwarden, weet ik nog, had Johan me verhuurd als tafelvrouw; alle dames in die tent waren ingehuurd. Je moest de mannen bezighouden en aanzetten tot drinken en trakteren. Ik was helemaal geen drinkezuster, maar ik bestelde zogenaamd triple-sec en dan kreeg ik water – die tent stak de centen in z'n zak. De mannen mochten ons niet te erg lastig vallen, hoor! En het was wel zo dat je niet de deur met ze uit ging. Dat hield die tent in de gaten, want die kerels waren er natuurlijk op uit dat je met ze meeging. Soms zei er een: "Ik geef je mijn halve salaris..." Maar je mocht niet weg, en ik zou het niet gedaan hebben ook! Het ging puur om het verteren. Als die mannen 's morgens waren ontnuchterd, kwamen ze tot de ontdekking dat ze een stuk lichter waren.

Vroeger werd er niet best tegen een artiest aangekeken. Wij waren minderwaardige mensen. Als je nu een liedje zingt, heb je een hit en ben je een succes. Ik heb nooit een hit gehad, die had je toen niet. Wij waren natuurlijk ook maar artiesten voor de gewone man. Geen topartiesten zoals Lou Bandy, of Speenhof – hoewel zo'n Willy Derby ook voor een paar tientjes optrad. We verdienden wel wat, maar rijk werden we er niet van. En soms had je helemaal geen cent meer. Als je ambulant bent, heb je dan veertien dagen werk, en dan weer een week niets. En je moet toch rondkomen. Dan gingen mijn man en ik de dorpen af en vroegen in de kroeg of we een stukkie muziek mochten maken. Weet u hoe ik dan aan mijn centen kwam? Ik moest met een bakkie rondgaan, toch wel vervelend. Maar ja, dan hadden we weer wat; zo kwam je d'r-an.

Toen ik hoogzwanger was, stond ik nog steeds op te treden. Ik vond het vreselijk om met die dikke buik zo heel dicht bij het kroegvolk te staan; want je stond niet ver weg op een toneel, maar tussen de mensen in, op een vlondertje. En iedereen gaapte me zo aan... Eén keer wees iemand uit het publiek op mijn buik, en riep: "Da's ook met geen houtje gedaan!" Dat vond ik vreselijk! Nu loop je met je zwangerschap te koop, maar vroeger verhulde je het: op het toneel viel er natuurlijk niet veel te verhullen. Ik schaamde me eigenlijk. Tegenwoordig plan je de kinderen, toen moest je maar afwachten. Met de tweede op komst – ik was te ziek dat ik rondliep – stond ik ook weer in de kroeg te zingen. Maar ik moest vaak overgeven in die benauwde lucht, en dan wist ik geen raad met mezelf: o god, als ik het maar binnen kan houden. Na de tweede ben ik toch maar uitgescheje met optreden.

Ik kreeg er uiteindelijk zes: twee meissies en vier jongens. We leefden, zo goed en zo kwaad als het ging, van het pianospel van mijn man. Maar in de crisisjaren kon Johan geen werk meer vinden. Er wás geen werk, en zeker niet voor een pianospeler. Sommige zaken hadden nog wel een piano staan, maar zelfs die namen in die tijd luidsprekers met muziek van de radio; dat was veel goedkoper. Ander werk kon mijn man niet vinden. Dus liep hij in de steun: vijftien gulden was dat, met zes kinderen. Twee keer per dag moest Johan gaan tekenen, stiekem werken kon dus niet. En áls hij een keer werk had, moest hij tweederde van zijn loon afstaan. Dan zei ik weleens: "Doe dat es 'n keer niet, ik zit om die centen te springen." Maar ja, hij dorst het niet. Nou huurde ik gelukkig niet duur in de Van Lennepstraat: vijf gulden vijfenzeventig in de week. En ik spaarde nog elke week een kwartje, zodat ik met oudjaar ook eens oliebollen kon bakken. Maar cadeautjes met kerst, of Sinterklaas, waren er niet bij. Wij moesten tevreden zijn met niks in de crisistijd.

Ze hebben Johan nog in de werkverschaffing geduwd; moest hij wachtlopen langs de veiling, opdat er niks gestolen werd – zo arm was de tijd. Maar hij had maar één oog. Wat kon hij nou controleren? En toen is hij ook nog een keer in het water gelopen; lag m'n man daar in het donker, in een kouwe sloot... Later stopten ze hem weer ergens anders in de werkverschaffing, ver weg; moest-ie een week wegblijven. Dat vond ik niet erg. Johan was nogal een mopperkont. De kinderen vonden het ook lekker rustig. En hij deed toch niks thuis. Het was geen vader die zei: "Ik zal eens goed voor mijn kinderen zorgen." Nee, nee! Moeders kon d'r bed uit, hij niet, daar had hij míj voor. Een vrouw was eigenlijk niet in tel. Je kon het huishouwen regelen, afgelopen. Elke cent draaide ik om. En nooit kon ik de kinderen eens iets nieuws geven. Ik was blij als ik wat kreeg van iemand en maakte dan van een oude jurk wat voor een van me meissies. "Oud maakt nieuw", was mijn motto.

De Tweede Wereldoorlog ben ik ook met horten en stoten doorgekomen. Toen was het nog erger hongerlijden dan in de Eerste Wereldoorlog en in de crisistijd. In de beginjaren van de oorlog kon je nog weleens wat opscharrelen. Je kreeg wat in de gaarkeuken of een schep eten van de Kerk. Pap, erwtensoep. Dat vonden m'n jongens niet lekker; maar ja, ze hadden honger. En ik at het met smáák op, al zat er geen smaak aan. Maar op het laatst was er niks meer. Ik kon zelfs geen suikerbieten meer krijgen bij de boeren rondom Utrecht – die werden overstelpt met mensen. En mijn laatste aardappelschillen had ik gekookt en opgegeten. "We moeten maar op pad," heb ik toen gezegd. Er liepen hele hordes mensen richting het oosten. Je had geen idee hoe ver je eigenlijk moest lopen om ergens voedsel te bemachtigen... Sommigen hadden nog een fiets, als-ie niet werd gepikt. Wij hadden alleen onze voeten. En een oude kinderwagen waar telkens een wiel afliep. In het begin zong je maar wat: "We gaan de wijde wereld in, lopend op lijn twee", dat waren je benen. Je zette er met goede moed de pas in: "Ik neem een kloek besluit, en trek er maar eens lekker tussenuit", maar je begon vanzelf langzamer te lopen. Want je was eigenlijk ondervoed. Ik woog nog maar honderd pond. En mijn voeten zwollen op. Maar ik liet niet blijken dat ik moe was – nee, zeg! Dat kon niet; ik was met mijn dochters op zoek naar éten. Maar als je weer een flinke regenbui over je heen kreeg, viel het niet mee. En dan die schietpartijen! De geallieerden schoten vanuit laaghangende vliegtuigen op militaire wagens, maar dus ook op ons als wij daar toevallig liepen. Je kon wel een gat langs de weg induiken, maar daar zag ik geen heil in. Weet u wat ik dacht? Kómt er wat, dan ontloop ik het toch niet. M'n dochters vluchtten die gaten in, maar ik bleef gewoon staan waar ik stond – ik ben nogal gelaten.

We zijn helemaal naar Barchem gelopen, in de Achterhoek. Overal belden we aan en vroegen om voedsel, wát dan ook, en om onderdak – daar waren we ook niet zo kieskeurig meer in; we lagen in een koeienstal, of sliepen op een hooizolder. Soms was het druk. De boeren hadden een verschrikkelijke aanloop, het was onvoorstelbaar hoeveel volk daar liep. En de boeren werden vaak nog bestolen ook. Dus je kreeg zéker niet altijd wat. Ik zeg krijgen, maar het was natuurlijk kopen. Al hoefde ik niet veel te betalen, dat kon ik trouwens ook niet. Maar ik weet nog wel – en zal het nooit vergeten – dat we bij Zwolle zomaar ergens binnen werden geroepen en een boterham kregen, helemaal voor nop!

Op de terugweg kwamen de Duitsers in je karretje kijken wat je meegesmokkeld had; had je bijvoorbeeld een grote kaas, dan pikten ze hem in. Ons hebben ze niks afgepakt, zoveel hadden we ook niet in de kinderwagen liggen. En we kwamen zelfs één Duitse soldaat tegen die medelijden had met ons. Hij bood m'n dochter aan om bij hem achter op de fiets te springen. Wel een risico: je moest maar afwachten wat voor kerel het was. Maar ze kón niet meer, dus toen heeft ze 't maar gedaan. Het bleek een nette Duitser te zijn. "Ich hab der Krieg auch nicht gewollt," zei hij. Hij vond het vreselijk dat-ie zijn gezin in de steek had moeten laten. Tot het volgende dorp kon m'n dochter met hem meerijden. Daar heeft ze toen even kunnen uitrusten totdat ik er met mijn andere dochter aankwam.

Ik geloof dat we een goeie week onderweg zijn geweest. Toen kwamen we thuis met kapotte voeten, opgezwollen benen, een zakje rogge en wat haver; dat kookte je met water, melk had je niet. Maar ik vond het heerlijk.

Later heeft mijn jongste zoon, dat was nogal een deugniet, nog een keer een brood onder het zeil van een Duitse vrachtwagen vandaan gepikt; toen heb-ie een mep gekregen van een mof. Maar wat maakte het uit, je hád weer wat. Als er een kolentrein binnenkwam, die zwaar werd bewaakt, ging-ie er ook op af. Op het moment dat de bewaker even niet keek, sloeg hij toe; zo bemachtigde mijn jongen een zakkie met kolen! Maar hij heeft ze voor een gulden verkocht aan een dame. Toen hij dat trots vertelde wérd ik toch kwaad: "Wat heb je nou an die gulden? We hadden kolen moeten hebben." Het was bitter koud. Hij sprong op en is nóg een keer over de sloot gesprongen, naar het spoor waar de wagons stonden. En hij heeft weer wat kunnen pakken. Maar toen hebben die jochies – hij en zijn vriendjes – wel erg zware meppen gekregen van de Duitse militairen.

Het was best gevaarlijk, op den duur werd er zelfs geschoten... Niet op mijn jongen, gelukkig.

Mijn huwelijk werd er in al die jaren niet beter op. Het gíng eigenlijk niet meer op den duur. Scheiden wilde ik niet, dat hóórde niet. Maar ik kon het niet meer aan. Ik was zwaar ziek geworden van een middenoorontsteking. Toen ik in het ziekenhuis kwam met mijn dochter – mijn man ging heus niet mee – konden ze niet geloven dat ik het zolang had volgehouden. Ik had vreselijke pijnen, en was doodziek. Het was kantje boord: ik ben er bijna aan onderdoor gegaan. En omdat ik er te lang mee had doorgelopen, ben ik aan één kant doof geworden. Toen ik thuiskwam, kon ik een hele poos niets meer. Rust moest ik hebben, hadden ze in het ziekenhuis gezegd. Maar ja, mijn man dééd niks. "Je werkt maar gewoon door," zei hij. Als ik weer eens zo ziek als een hond op de grond zat, en niet meer kón, dan ging hij heus geen dokter halen. Dus ik sukkelde maar door. Toen leerde ik Kees kennen. Hij was alleen. En bij hem kon ik wel uitrusten, zei hij. Dat heb ik maar gedaan. Toen ik daarna bij mijn man wilde terugkomen – dat vond ik toch mijn plicht – had hij de boel inmiddels verhuurd, om aan de kost te komen. Ik was geen baas meer in eigen huis: dat was de druppel! Maar Johan bleef gewoon verhuren...

We zijn uiteindelijk uit mekaar gegaan, maar ik ben áltijd de was blijven doen voor m'n man, tot z'n dood aan toe. Kees wilde trouwen. "Daar begin ik niet meer aan," heb ik gezegd. Maar toen Johan overleed, hebben mijn kennissen me opgedrongen om het toch maar te doen; want als die tweede man dood zou gaan, zou ik op straat staan met niks. Zo ben ik op mijn tweeënzestigste nog in het huwelijksbootje beland. Maar liefde was het niet. Met mijn eerste man in het begín wel. Toen hield ik van hem om zijn muziek. Ik heb hier geen foto staan van mijn tweede man, die ook allang is overleden. Maar het portret van mijn eerste man, van Johan, staat nog altijd op het buffet... Weet u wat het was: de armoede. Die maakte het er niet beter op wat de liefde aanging. Als je altijd maar de endjes aan mekaar moet knopen, groei je uit mekaar. Maar ik heb nooit een hekel aan Johan gekregen, ondanks zijn gemopper.

En tot vorig jaar heb ik Joop in huis gehad, mijn zieke zoon. Zijn laatste jaar was een verschrikking. Hij heeft alle ziekenhuizen van binnen gezien. En doodziek werd hij uiteindelijk weer naar huis gestuurd. Hij kon nergens anders terecht. Het leek me niet eenvoudig; een zieke in huis op mijn leeftijd. Toen ik met Joop thuiskwam, heeft mijn schoonzoon naar het ziekenhuis gebeld. En weet u wat ze daar zeiden? "Uw schoonmoeder heeft negenenzestig jaar voor hem gezorgd, dan kan ze het nu ook nog wel even." Toen was ik negenennegentig! Joop had dikke benen, en kon niks meer. Hij was helemaal óp – longen niet in orde, hart niet in orde. Het is eigenlijk een wonder dat hij nog zo oud geworden is, want hij heeft van jongs af aan een gaatje in zijn hart gehad. Nu zouden ze dat gemerkt hebben, toen niet. Hij had eigenlijk opgenomen moeten worden... Dag en nacht was ik voor hem bezig. "Moeder doet u dit even?" en "Moeder doet u dat even?", zo ging het maar door. Dat kon Joop ook niet helpen. Ik hoorde hem niet altijd, want aan één kant ben ik doof en de andere kant wil ook steeds minder. Dus ik had een grote bel naast zijn bed gezet. Maar soms hoorde ik de bel ook niet; dan was ik zo moe dat ik even in slaap viel, zonder gehoorapparaat. Op het laatst kon Joop niet meer op de wc komen. Moest ik hem erop zetten. Hij begon raar te praten en te fantaseren – dacht-ie dat er allerlei spullen weg waren, maar die stonden dan nog gewoon op hun plaats. Het was zwaar. Maar ik heb doorgebeten. Op een zaterdag, toen het echt niet meer ging met hem, is hij naar het ziekenhuis gebracht. "Ik ken niet meer," zei Joop met een gebroken stem. De volgende dag was hij dood. En nou mís ik hem zo... Als ik de tafel dek, zet ik nog altijd een bord voor hem neer. En soms praat ik tegen hem als ik het eten opschep: "Ja jochie, dat lustte je zo graag..." Daarna zit ik met lange tanden te eten omdat hij niet mee kan eten. Maar ja, daar moet je overheen. Dan zeg ik tegen mezelf: zet Joop z'n bord opzij, en eet nou es door!

Ik heb de honderd gehaald. Hoe dat kan, is mij een raadsel. Als je het werk bekijkt dat ik heb verricht, zou je zeggen: dat volbreng je niet, om daarmee honderd jaar te worden. Want ik was dag en nacht bezig. 's Morgens viel ik vaak in slaap als ik even zát. Maar even daarna werd ik vanzelf wakker; ik moest weer aan de gang. Je moet verder, hè, telkens weer. Je kan je kop er wel bij laten hangen, maar daar héb je niks-an. Ik probeer nog steeds zoveel mogelijk zelf te doen. Zo blijf ik in beweging. Daar gaat het om. En het klinkt misschien gek, maar ik kan me niet indenken dat een leven zo kórt is eigenlijk, al is het mijne dan honderd jaar.'

Op 2-7-2005 is Wilhelmina van Rijnsoever-Dropsie overleden.

'Ik ben altijd op de kouwe grond gebleven'

CEES MIMPEN
12-10-1899, DRUNEN, NOORD-BRABANT

De pet over de ogen, de broek halfopen en de benen omhoog: Cees Mimpen doet zijn middagdutje in de luie stoel. Nooit lang, dat is niet nodig. Als een ferme bejaardenverzorgster hem wakker schudt – 'Ga eens een bietje netjes zitten, ge wordt geïnterviewd' – is hij meteen goed bij; rechtop, de rits snel dicht en de pet weer op het hoofd. Mimpen is mager, zijn gezicht een beetje uitgeteerd, maar opvallend beweeglijk en bijna springerig als hij de familiefoto's aanwijst: 'Daar hangt mun huishouwen! Twee mèskes en ene jongen. Daarboven hangt mun vrouw en daarnaast mun huis!' Zijn leven hangt aan de muren waartussen hij zijn laatste jaren slijt. Net als enkele Maria's en een Jezus in pastelkleuren, platen die Mimpen van 'den buurt' heeft gekregen.

Cees Mimpen praat maar door: snel, hard en Drunens. Tot hij verbaasd vraagt: 'Ge maakt toch een boek? Schrijfde gij dan niks op?' Dat zijn verhaal wordt opgenomen, wil er niet meteen in: 'Zit mun stem in dat apparaatje? Hoe kan dat nou?' Mimpen slaat tegen de microfoon. 'Met diejen borstel? Godverdomme, dat is gewoon een mirakel! Wat zijn er toch een uitvingen, war.' De Brabantse gemengde boer weet niks van microfoons, maar alles van zakendoen: 'Ik zit hier nou wel met oe te praten, maar kan ik ook nog iets rekenen voor mun verhaal?' Hij is een eeuweling met nog iets branieachtigs. Als het niet te lang duurt – 'De bejaarden uit Drunen zitten op mijn te wachten in de zaal!' – wil Mimpen zijn levensverhaal wel even kwijt.

'Mun vrouw lag ineens dood op bed. Achtenzestig jaar oud. Wat was het geval? Ik zat gewoon samen met onzen Bertus in de kerk; we gaan altijd in Kuijk. We liepen weer naar huis en daar lag ze, dood op bed. Een hartstilstand, zei den dokter. Daar zat ik dan... Ik kwam niks te kort, want ik kon koken; ik had mun vrouw altijd geholpen. Maar toen munne jongen, onzen Bertus, een hersenbloeding kreeg, een jaar of zeven geleden, ben ik ermee uitgescheeje. Ze kwamen het eten voortaan brengen. Die gezinsverzorgsters. En ze kwamen ook nog afwassen en alles bij mekaare. Toen ik bekant honderd jaar was, op twee maand na, zeiden ze tegen mijn: "Mimpen, als ge wilt, kunde naar het bejaardenhuis, want nou is er een plèkske vrij; dan komde in de kamer van Loeske." Dat is een zuster van mijn die ook nog diep in de negentig is geworden. "En anders," zeiden ze, "moette later misschien naar Eikendonk." Daar zitten die heel gebrekkigen! Toen ik dat hoorde, heb ik meteen besloten, en nou zit ik hier al anderhalf jaar. Maar ik heb altijd hard getuind en geboerd. En tweeëndertig jaar lang zelf gekookt: dat doet mijn geen man na!

Hoe ik het hier vind? Ja, goed natuurlijk! Ik zat liever thuis, maar ik pas mun eigen overal bij aan, war. Ik heb een goej bed, dat ik omhoog en naar beneeje kan draaien. Ik kom niks te kort. 's Middags brengen ze het eten. Dat is allemaal best. Maar ja. Het moest toch niet kunnen allemaal, war? Mun vrouw ineens dood en munne jongen een hersenbloeding... Ik had altijd veel winterwortelen, en onzen Bertus bracht het wortelafval weg. Hij had weer ene wagen rotzooi weggebracht en kwam thuis. "Vat eerst maar koffie," zei ik. Het was tegen twaalf uur, ik ging naar binnen en toen lag-ie daar: dwars over de keukenvloer. Ik heb achter mekaare den dokter gebeld, en die zei dat onzen Bertus verlamd was. Toen moest-ie naar Mariaoord. Maar inmiddels zit-ie bij ons Cor en onze Riek, mun twee mèskes, en daar heeft onzen Bertus het goed.

Een stuk of honderd zitten d'r hier: bejaarden. Maar als we in de zaal zitten, ben ik den oudste. Ik zat zestig jaar bij den Boerenbond van Drunen en Elshout. Op een vergadering zegt den burgemeester: "Drunen en Elshout samen hebben twintigduuzend inwoners. Mimpen is daar den oudste van, en hij is nog goed bij ook!" Ik kan goed slapen en eten en ik ga altijd naar de zaal. Het is dat gij d'r nou bent, maar anders zat ik er allang. In de zaal zitten we met een hupke van een man of zeven uit Drunen aan tafel, en ik heb de meeste tijd het woord. Het is een grote zaal en d'r is altijd wat te doen: dan kienen, dan ballen gooien. Ik doe nog altijd mee. Ge kunt daar gewoon koffie vatten en het kost niks. Dat is mooi, war?

Ze hebben allemaal veel met me op hier. De zusters ook. Omdat ik zo door-en-door oud ben. Want ze worden allemaal geen honderd jaar! En als ik verjaar, dan krijgt de hele zaal koffie met gebak. Witte wat het is: ik pas mun eigen gewoon aan. Dan hèdde het overal goed. Ons Cor en onze Riek komen vaak langs, en op zondag komt onzen Bertus ook mee. Hij is verlamd, maar daar hebben ze zo'n wagen voor. Ik kom niks tekort en ik heb het mooi voor mekaare, maar het moest toch niet kunnen dat hij verlamd is. Maar, ja. Hij is nou naar Egypte toe, met iemand die hem in zijn wagen kan tillen. Ik ben ook nog eens op vakantie geweest. Toen heb ik vlak bij de paus gestaan; van hieraf naar de kast, zo vlakbij!

Witte gij wat ze voor dat kastje geboden hebben? Vijfduuzend gulden! Het is mooi uitgesneden spul. Maar ons Cor en onze Riek zeggen: "Ge moet niks verkopen zolang ge daar nog zit." En om kort te gaan: ik had een schoon huis, vroeger. Ge ziet het daar hangen. Ik ging hiernaar toe, en toen kwam d'r een vent langs. Hij wou mun huis wel kopen. Zeven ton wou-ie geven. Maar ik belde den notaris en die heeft het publiek verkocht in den herberg. Voor een miljoen! Toen ik mun huis bouwde, kostte het me vierduuzend gulden. "Dat is nog nooit voorgevallen," zei den notaris.

Wanneer ik mun huis gebouwd heb? Toen ik ging trouwen. Met Elisabeth de Kort, maar die kende gij toch niet. Ik heb er eerst een heel tijdje mee gelopen. Ik leerde haar kennen in Sint Michielsgestel. Dat kénde toch wel, war? Daar woonde een zuster van mijn en daar moest geoogst worden. Met zes man kwamen ze helpen, die van De Kort. Vier jongens en twee mèskes. Nou, toen kreeg ik er praat mee en zo is het stillekes aan aangewakkerd. En het is altijd goed blijven gaan. Waarom ik haar leuk vond? Ze kon goed meedoen en alles, war. Kunde gij nou begrijpen dat er zo veel scheien van mekaare? Ge moet met mekaare om kunnen gaan, al gaat het éfkes niet zo goed. Nou ligt ze in Nieuwkuijk, mun vrouw. Ik heb daar een mooie grafzerk laten bouwen en daar ga ik ook naar toe. Maar da's duur, zo'n zerk!

Als ge van hieraf naar Kuijk rijdt, dan staat daar op den hoek een herberg. En daarvoor staat mun bank; mun naam en alles staat erop. Een soort erebank. Ons Bep, mun zus, heeft er ook ene: die werd honderdenvier. Wij zijn van een heel sterke natuur. De bank van ons Bep staat hier voor het bejaardenhuis. Toen ik honderd werd, wouwen die wethouwers dat die bank van mijn naast ons Betjes bank kwam te staan. Maar dat wou ik niet; twee banken nèffe mekaare. Den buurt zei: "Dat zal toch niet gebeuren." Ze gingen naar den burgemeester en zeiden: "Mimpen wil hem bij ons op den Kasteeldreef en Mimpen mag zunnen bank zetten waar-ie zelf wil." En nou staat er ene mooie bank op den Kasteeldreef. Met een lantaarnpaal van honderdvijftig jaar oud d'r naast.

Daar op den Kasteeldreef ben ik geboren en getogen. We waren met twaalf kinderen: zes jongens en zes mèskes. Met mun vrouws kant erbij waren we met achttien man. En ik ben nou nog alleen over. Maar ze zijn allemaal oud geworden: de meesten van mun broers en zusters werden diep in de negentig. Dat zit in den aard, war. Maar ik heb altijd hard gewerkt en veel sigaren gerookt. En ik rook ze nog. Eentje, soms twee per dag. Ik heb er zat. Ik heb altijd veel geluk gehad; ik kan goed opschieten met de mensen en alles bij mekaare. En ik kon goed monica spelen. Nee, nou doe ik het niet meer. Maar dat heeft altijd goed gegaan toen ik nog thuis was. We woonden op een ouwe boerderij en alle broers en zusters brachten iemand mee. Dan werd er gezongen en gedanst, en ik maakte muziek. Zelf geleerd, ja. Nooit geen les gehad. Monica spelen, dat doede gewoon!

Mun vader was ook een gemengde boer. Hij had beesten en een tuinderij, en dat had ik ook weer: ik heb mun boerderij recht tegenover ons thuis gebouwd. Op eigen grond, dicht bij ons vader en ons moeder. En ik heb daar altijd goed geboerd, vooral met witlof. Ik had een keer twee kuilen vol liggen. Er kwam een vent die mun witlof wou zien. Hij zei: “Ik geef duuzend gulden voor elke kuil.” Maar ik deed het niet. Ik heb het er allemaal zelf uitgehaald, den buurt kwam helpen met schoonmaken. Toen heb ik het in veertien dagen tijd vrij verkocht voor vierduuzend gulden! Daar stond heel Drunen van te kijken. Zoiets was nog nooit voorgevallen op den Drunense veiling.

Ik had er altijd een paar man bij om mee te plukken. Want ik had veel aardbeziën ook. En frambozen. Allemaal op de kouwe grond. Toen kwamen de kassen. Maar dat is niks; lang zo lekker niet als van de kouwe grond. In die kassen zit het in bakken, war. Dan gaat er te veel water in, in den witlof. Ik ben altijd op de kouwe grond gebleven, heb nooit geen kassen gehad. Concurrentie? Die had ik niet, want die kassen kosten duur! Daar moet in gestookt worden. En ik had goej spul. Dat brengt op. Sperziebonen, snijbonen, prinsèskes. En kortse bonen. Hèdde daar nooit van gehoord? Dat waren van die mooie staakbonen, maar die ziede nou niet meer.

Eèrpel had ik er ook bij. En koeien, war. Dat heeft altijd goed gegaan. Crisistijd? Welnee, dat ging wel. D’r waren natuurlijk armen en rijken. Maar iemand die werken wil, kan er goed komen. Ik heb altijd veel verdiend. Zelfs in de jaren dertig. Ik had goed verstand van tuinen. Van hoe ge het bewerken moest en alles bij mekaare. Ik ben naar de landbouwschool gegaan ook, hier in Drunen. Dat moet wel als ge een tuinderij hebt; dan moette weten hoe ge de boel moet behandelen. Ik heb lang doorgeleerd op de landbouwschool. Ik was bij ons thuis den eenigste die zo lang op school heeft gezeten. Tot m’n twintigste geloof ik, maar precies weet ik het niet meer.

Toen ik de boerderij op moest ruimen, zeven jaar geleden, had ik nog een heel’ tuinderij en vijf koeien. Ik ging ze altijd op de fiets melken want ze stonden in den weierij verderop, net bij ons over den dijk. Voorop de fiets zat een pakkendrager waar ik mun roombus mooi op kon binden, en dan ging ik ze twee keren op een dag zitten melken; ik heb mun koeien nóóit met een machine gemolken. Gewoon met de hand, en dat heeft altijd mirakels goed gelopen. Maar, ja. Ik kon het niet meer voortzetten. Als ge drieënnegentig bent, kunde d'r niet meer voor zorgen. Dan bènde te oud. Maar ik vond het heel erg dat ik de boel op moest ruimen. Den eersten nacht hier heb ik niet geslapen; dat komt nooit voor! Alles ging weg. Mun huis, mun beesten, mun land. Daar is niks leuks aan... Maar dat gaat wel over. Welja! Ik heb nou een televisie ook. En die mooie klok heb ik gehad van den burgemeester, toen ik zestig jaar bij den boerenbond was.

Ik heb altijd een mooi leven gehad, dat durf ik gerust te zeggen. Ik ging graag de kermissen af, met mun kameraad uit Kuijk; dat was het allermooiste wat er maar was. We waren altijd met twee man, samen gingen we den hort op. Dan gingde met dat mèske uit, dan weer met een ander: ge wit wel hoe dat gaat! Mun kameraad is dood nou. Maar wat wilde? Ik ben ook door-en-door oud, war? Ik weet nog dat er maar één auto reed in heel Drunen en Kuijk, en ik heb de eerste vliegtuigen zien overkomen. Ik weet zelfs nog dat er ene zeppelien boven Drunen hing.

Waarom ik de pet op heb? Ik heb altijd een pet gedragen. Als ik in de zaal zit, zet ik hem af. Maar in mun kamertje zet ik hem meteen weer op. Of ik trek hem over mun ogen en dan ga ik lekker rustig liggen slapen. En ik kán goed slapen! Nooit geen moeite mee gehad, behalve dan die ene nacht. Da's veel waard, want als ge niet kunt slapen is de nacht lang. De mensen zeggen tegen mijn: navenant dat ge zo oud bent en nog zo gezond, da's bekant een wonder! Ben ik nooit somber? Wat wil dat zeggen? Dat woord ken ik niet. Treurig? Ja, in het eerst toen mijn vrouw pas dood was, toen was het allemaal heel anders. Maar dat moet niet te lang duren. Chagrijnig zijn, dat hoeft niet. Nee, daar hédde maar last van!

Maar d'r gebeuren natuurlijk wel gekke dingen: harten staan stil, hersenen gaan bloeden. En in het buitenland is het nog gekker; ge moet de kranten maar eens lezen! Ik lees de krant elke dag. Zonder bril ook, als het moet. Moette eens kijken wat een oorlogen d'r zijn in Jeruzalem; die protestanten, of ik weet niet wat het daar voor lui zijn, die tegen mekaare allemaal oorlog voeren. Alle dagen vallen er een hoop dooien. Wat moette daar nou van denken? Niemand die het weet.

Mun geloof? Altijd katholiek geweest. Drie avonden in de week is hier mis in de kapel. Ga ik altijd naar toe. Maar ik heb vier jaar niet naar de kerk kunnen gaan, omdat ik er wijd vanaf zat; en ik kon Jan, Piet en Klaas niet meer achterna lopen. Van mun geloof gevallen? Nee, ik ben d'r nooit van afgevallen. Het zal allemaal wel zo moeten zijn, ik weet het ook niet. Onzen Bertus ziek, en mun vrouw dood... Hier zit een pater, alleen voor de bejaarden. Ik heb met die pater weleens zitten praten. Ik zeg: "Nou moette eens kijken wat er allemaal gebeurt: nou dit, dan dat. Dat moest toch allemaal niet kunnen?" "Ja, Mimpen," zegt-ie. "Waarom dat gebeurt, daar kan ik ook geen antwoord op geven." Maar ik durfde niet te zeggen: "D'r bestaat niks." Dat hield ik voor mun eigen – al dacht ik het toen wel éfkes: dat er geen Lieve Heer was. Maar zoiets zegde niet tegen een pater. Dat gaat niet! Ik heb wel tegen hem gezegd: "In de krant staat dat gelovigen, roomsen en protestanten, tegen mekaare vechten, en ik kan maar niet begrijpen dat Onzen Lieve Heer daar geen stokske voor steekt!" "Tja,"zegt die pater, "daar moette maar niet over piekeren."

Het is altijd druk in de kapel. En ik blijf ook maar gewoon gaan, want ik weet het ook allemaal niet. D'r zal wel iets bestaan van een God, maar hoe het nou krek zit dat begrijp ik ook niet. Maar ik heb nou twee oorlogen meegemaakt: van veertien op achttien en van veertig op vijfenveertig. En degenen die er niks aan deden, aan d'r geloof, die liepen toen het hardst naar de kerk! Als de mensen bang worden dan gaan ze wel.

Den dokter zegt: "Ge bent nog zo gezond als ene goeje vis!" Dus ik heb nog voor vijf jaar bijgetekend, hier in het huis. Ik mankeer niks, dan moette verder maar afwachten, is het waar of niet? Maar ik hoop dat het nog een paar jaar duurt, voor ik naar mun vrouw ga. Den directeur van die zaak hier, van het bejaardenhuis, kwam een keer naar me toe. "Mimpen," zegt-ie, "als ze allemaal zo waren zoals gij, dan had ik personeel zat." Ik heb de zusters niet nodig. Ik kan mun eigen nog verschonen en aankleden. Het is krek met wassen. Maar anders heb ik ze niet nodig. En ge moet maar eens in de zaal kijken, wat daar allemaal zit! Wat een hoop ongelukkige mensen... Hoe dat komt? Nou vraagde iets waar ik geen antwoord op kan geven. Ik heb gewoon geluk en ik pas mun eigen aan. Maar nou ga ik naar de zaal! Ik heb zat gepraat.'

Cees Mimpen staat op, en wandelt vlot met stok richting zaal. Hij staat nog even stil: 'Hédde alles nou in dat apparaatje zitten? Mag ik het horen...? Verrek! Dat ben ik... Ik kan maar niet begrijpen dat ze zoiets kunnen maken. Gij wel?'

Op 28-3-2002 is Cees Mimpen overleden.

'Een paard kent zijn vrienden gauw'

ANTOON BRUNIA
12-6-1900, ROTTERDAM, ZUID-HOLLAND

Zijn bejaardenhuiskamer staat tjokvol beelden en schilderijen, opgesteld in zelf getimmerde uitstalkasten met professionele verlichting: Antoon Brunia woont in zijn eigen museum. 'Ik heb hier vrouwen in allerlei posities,' verklaart de oud-hoefsmid, omringd door stijlvolle naakten en springende paarden in brons. 'Een vrouw ligt nou een keer makkelijker voor de kunst dan een kerel. En ach... het paardenschoon! Dat blijft trekken.' Met de grove smidshanden, die reeds in 1911 kachelpijpen in elkaar draaiden, 'walsen, boren en vastklinken', wijst Antoon Brunia teder naar zijn collectie. De neus krult, de ogen glanzen boven zijn rood verweerde wangen. Het 's avonds laat op de Kruiskade rondzwervend arbeidersjochie dat amper kon schrijven, ontdekte op hoge leeftijd dat hij kunstenaar was. 'Mijn lot,' zegt hij, 'ben ik ontstegen.'

'Wat ik gedaan heb in mijn leven? Veel! Maar ik heb geen opleiding gehad. Zelfs de lagere school maakte ik niet af. In de vijfde klas werd ik eraf gehaald, ik moest gaan werken. Je had vroeger niks te zeggen, hoor! Ik ging gewoon met m'n vader mee naar de fabriek. Maar daar had ik een verschrikkelijke hekel aan; vader heeft me er aan de voorkant in gebracht, en achter liep ik er weer uit. Toen hij 's avonds thuiskwam, wou-ie me een uitbrander geven. Maar dat was niet nodig, want in die tijd kon je als jochie zó bij een baas terecht. Dus de volgende dag ging ik naar een kachelsmid, want ik wou per se smid worden. Mijn oudste zuster – zeventien jaar ouder dan ik – had kennis aan een hoefsmid van de militaire dienst; die man had het buitengewoon goed. Hij droeg sporen aan z'n laarzen en als hij langskwam ging ik aan die wieltjes zitten draaien, dat vond ik zoiets moois! Ik word ook korporaal-hoefsmid, besloot ik al vroeg. Dat kon niet ineens, dus ben ik begonnen bij een burgersmid als leerling-kachelsmid.

Mijn eerste dag herinner ik me nog precies. De burgersmid stond een kachelpijp te maken toen ik binnenkwam. Daar heb ik goed naar gekeken; elk detail plempte ik in mijn hersentjes. Toen hij klaar was, vroeg ik: "Mag ik ook zo'n pijp maken?" Hij lachte me uit. "Wat wou jij nou maken? Je kan nog niks!" Onzin, dacht ik en zei: "Zo'n pijpje kan ik wel maken." Dat kon niet bestaan. "Als ik het még doen, dan zál ik het ook doen!" zei ik. En ik héb het gedaan! Niks moeilijks aan. Je knipt een stukkie uit een plaat ijzer, berekent de diameter, en dan is het gewoon: walsen, boren en vastklinken – zo gaat dat. Mijn pijp was prima gelukt; hij is meteen verkocht. Ik was zó goed voor de dag gekomen dat de smid zei: "Je kunt blijven, aan jou heb ik wat." En hij hééft ook wat aan me gehad. Ik volgde al zijn werkzaamheden, sloeg ze op in mijn kop, klaar. Even kijken en ik dééd het. Groot was ik niet, maar ik had spierballen! Geen van de jongens uit onze buurt kon mij aan. Ik was niet bang, om de donder niet. Er waren grotere jongens die bang van míj waren. Als ze mij niks deden, hadden ze niets te vrezen, ik voetbalde er liever mee dan dat ik met ze vocht. Vader werkte als ketelmaker op een scheepswerf; dan weet je het wel. Maar veel méér dan spierballen kreeg ik niet mee.

Op de Kruiskade ben ik opgegroeid. Tussen de arbeiders. Al waren die kinderen pas zeven jaar oud, ze hielpen al mee. Daar werd niet naar gekeken. Ik begon ook al met zeven jaar; zo nu en dan mee naar de werf. Daar kreeg je een bezem in je handen en dan moest je achter een draaibank de boel aanvegen. Je bleef gewoon thuis van school. Er was weleens een onderwijzer die daar wat van zei. Maar daar hield het dan mee op, je hoorde er niks meer van. En het Rijk deed er weinig aan als zo'n kind niet naar school ging. Schandalig, nietwaar? Ik was meer ván school dan eróp. Praatjes had ik genoeg. Maar lezen en schrijven? Dat kon ik toen niet! Ik wist eigenlijk niet eens wat "taal" was. Alleen mijn naam kon ik schrijven; of hij precies goed op papier stond, weet ik niet, maar hij leek erop.

We hadden het niet breed thuis. Er waren centen nodig. Vader keek zo nauw niet; hij werkte en dronk zijn potje bier. Naar de kinderen keek hij niet om. Mijn moeder was vroeg dood, ik was nog maar zes toen ze stierf – tbc, hè. Maar ik ben haar nooit vergeten. Ik zie haar nog zó voor me. Neem me niet kwalijk, ik veeg even m'n tranen weg. Ze ontroert me nog steeds. Ze was zo'n lieve vrouw... Een echte moeder, de kinderen waren alles voor haar. Toen ze stierf, viel de hele boel uit elkaar. Vader heeft haar werk nooit overgenomen. Is nooit in ons geïnteresseerd geweest. Zelfs mij, de jongste, liet hij links liggen.

Ik werd onder voogdij geplaatst. Zo kwam ik bij een boer in Vlijmen terecht. Een beetje meehelpen met hooien en meer van dat soort dingen. De eigen kinderen hielpen ook mee. Het waren aardige mensen: ze lieten mij niet harder werken dan hun eigen bloed. En omdat ze zo goed voor je waren, deed je ook alles wat die mensen graag hadden. Een fijne tijd was dat. Maar na een poosje kwam vader mij opzoeken. Hij had nooit voor mij gezorgd, dus hij mocht eigenlijk niet bij mij komen – zo was dat wettelijk geregeld. Maar hij is aan het snuffelen gegaan en kwam erachter waar ik zat. Toen was het afgelopen; ik moest mee terug naar huis. En daar was het weer precies hetzelfde. Een ellendig leven. Vader keek niet naar me. Hij zat op de fabriek of in de kroeg, dus ik liep op straat. Wat doe je anders als jongen? Kattenkwaad uithalen? Nee, daar was ik geen persoon voor. Dat heb ik nooit gedaan. Ze zeiden altijd: “Wat een braaf ventje is dat.” Ik had daar gewoon geen zin in. En dat is misschien mijn redding geweest. Wat ik dan deed op straat? Krijgertje spelen en al dat soort van dingen meer. Ik zwierf rond tot vader weer naar huis kwam; vaak pas om twaalf uur 's nachts. Het enige wat hij dan van mij wilde weten, was hoeveel ik die dag had verdiend.

Later ben ik nog verschillende keren onder voogdij geplaatst. Vader kwam mij elke keer weer halen. Eén keer, toen ik wist dat hij kwam, ben ik weggelopen; ik wilde hem niet zien. Ik begreep maar al te goed wat hij me aandeed, al was ik nog maar een kind. Er is wat met me gedraaid, hoor! Dan werkte ik in Rotterdam, dan bij een boer, dan – een enkele keer – zat ik even op school. Uiteindelijk werd ik teruggeplaatst naar huis en moest ik naar die fabriek waar ik aan de achterkant weer uitliep. Ik heb niet zo'n beste jeugd gehad, maar daar kom je doorhéén.

De moeilijkheid was alleen dat ik niet vooruit kon. Ik had maar vijf klassen lagere school: daarmee kon je op geen enkele cursus terecht. Op elke opleiding waar ik me meldde, stuurden ze me weg. Je moest per se de lagere school afgelopen hebben. Nou, dat vond ik, als kind al, radicaal fout. Ze moeten juist de kinderen helpen die dat niet hebben! En ik wou hogerop; dat heb ik altijd in me gehad. Ik wou niet worden zoals mijn vader, en wilde weg uit het arbeidersmilieu. Daar moest je voor vechten. Ik had geen beste aanloop, maar ik kon wel goed werken. Ik moest er zelf iets van zien te maken, dat had ik wel begrepen. En dus werkte ik niet alleen bij een burgersmid, maar had ik er ook nog allerlei baantjes bij, zoals hoeden uit een hoedenzaak thuisbezorgen bij de kopers. Ik kreeg er maar een bitter schijntje voor. Maar met een paar centen was ik blij. Ik deed boodschappen voor de mensen, ventte langs de deuren in mijn vrije uren. Ik deed van alles, maar nog niet veel goeds.

Ondertussen had ik nog steeds mijn droom: hoefsmid worden bij de cavalerie. Op de dag dat ik zestien werd, kon ik eindelijk tekenen. Ik deed dat puur en alleen met de bedoeling om naar de militaire hoefsmidschool in Amersfoort te gaan, zo werd dat ook vastgelegd. Maar eerst moest ik worden "afgericht" tot soldaat. Toen ik zo ver was, werd ik naar het veldleger in Brabant gestuurd. Daar kon ik meteen soldaat gaan spelen, want het was 1916: we zaten midden in de Eerste Wereldoorlog, al waren we dan neutraal. In het veldleger was ik de jongste. Alle miliciens moesten in dienst blijven in '14-'18. Veel gemobiliseerde mannen waren ook al wat ouder; er waren kerels bij van vijfendertig jaar die niet naar huis mochten. Zij móésten, ze snapten er niks van dat ik er vrijwillig zat. "Wie gaat er nou als beroeps?" lachten ze me uit. Maar de sfeer was goed. Een beetje marcheren, een beetje oefeningen maken. Al waren er ook opstandjes. En als beroeps moest je politiedienst doen. De miliciens die niet gewillig waren, moest je in het gareel houden. Ik speelde het altijd zo, dat we van plotselinge vijanden weer vrienden werden. Dat ze konden zeggen: "Die vent is zo kwaad nog niet." Ik had mijn persoonlijkheid mee, ik ben van nature vriendelijk.

Maar je eigen mensen aanpakken was toch een vervelende klus. Kwartierarrest bijvoorbeeld: dan moest ik de onwillige miliciens bewaken – dat is niet leuk. Eén keer werd ik naar een grotere opstand gestuurd, ergens in het oosten. De barakken stonden er al in de fik. Toen heb ik de kantjes eraf gelopen. Ik reed naar de onlusten toe, maar ben meteen omgekeerd, zodat ik niet tegen medesoldaten hoefde te vechten. Dat ging mij te ver. Niemand is erachter gekomen, geen mens wist precies wat er allemaal gebeurde. Het was daar een rommeltje bij mekaar! Godzijdank ben ik dus niet gestraft. Uiteindelijk hebben ze de boel geloof ik weer gesust met wat vakanties, want die dienstplichtigen wilden vaker met verlof. Dat kun je ze niet kwalijk nemen.

Toen de Eerste Wereldoorlog voorbij was, kon ik naar de hoefsmidschool. Je moet daar eigenlijk vier jaar leren. Maar met mijn ervaring bij de burgersmid was ik erg goed in de praktijk. Daarom werd ik voortijds weggestuurd. De kazernes zaten na de demobilisatie om jonge smeden verlegen; miliciens die tijdens de oorlogsjaren het paardenonderhoud hadden gedaan, vonden het welletjes en gingen naar huis. Het leger kon ze niet tegenhouden. Dus mocht ik als eerste leerling van de hoefsmidschool gaan waarnemen als zelfstandig hoefsmid. Al was ik dan een snotneus. Ik was amper achttien en kreeg een compleet eskadron paarden in een kazerne in Amsterdam. Maar de andere smeden in de kazerne zagen het liever anders: ze wilden mijn paarden erbij hebben. Daar konden ze achtenhalve cent per paard per dag extra van beuren! Dus ze stapten naar de ritmeester: "Die jongeman is wel door de school gestuurd, maar hij is te onervaren. Hij kan dit werk niet aan." Afijn, ik werd tot de grond toe afgebroken. En de ritmeester luisterde naar die lui. Ik protesteerde wel, maar ik was maar een simpel soldaatje. De ritmeester geloofde natuurlijk de korporaal-hoefsmeden, dus hij zei: "Ik gelast je om smidshulp te worden." Nou, als ze je gelasten, dan moet je wel. Maar ik had er geen zin in. In die hele gelasting niet. Ik stuurde een telegram naar het ministerie van Oorlog, waarin ik de minister te spreken vroeg. Ik mocht komen notabene! Dat leek geen probleem; ik had als militair vrij reizen, maar de ritmeester probeerde er een stokje voor te steken. “Voor dit uitstapje krijg jij geen vrij reizen,” zei hij bits. Maar nou was ik niet mals: “Als ik geen vergoeding krijg,” antwoordde ik, “dan zal ik het ministerie schrijven dat ik geen vrij reizen krijg en dat ik dus niet kan komen.” Woest werd de man. “Waar haal je die brutaliteit vandaan?” gilde hij. Ik vond mezelf helemaal niet brutaal: “Ik kom alleen op voor mijn rechten. En daar stap ik niet van af, daar ga ik gewoon mee door.”

Uiteindelijk kreeg ik mijn zin en ging ik praten. Nee, ik heb niet met een ambtenaar, maar met de minister zelf gesproken. Dat weet ik zeker, ja. Alleen zijn naam herinner ik mij niet meer. Hij heeft me kort ontvangen. Ik moest wel in de houding blijven staan, dat was nou eenmaal regel: de minister van Oorlog was een generaal. Maar we konden gewoon met elkaar praten. De minister zei dat hij mijn geval zou laten onderzoeken. Daarna is alles goedgekomen. Ik mocht waarnemend smid blijven, kreeg mijn 86 paarden terug en had het geld weer in handen. De korporaal-hoefsmeden konden mijn bloed wel drinken!

Je had als militair hoefsmid je eigen smederij. Voor ieder eskadron was op de kazerne een aparte werkruimte waar de vuren stonden. Je kocht zelf ijzer in, besloeg zelf je paarden. Dat eskadron was je leven. En je leidde een vrij leven, want je was behoorlijk zelfstandig. Ik vond het leuk om zelf mijn gereedschap te kopen en had er zelfs geen hekel aan om de huur te betalen voor mijn werkplaats. En nou kon ik zelf een smidshulpje nemen dat de poten schoon moest maken. Daar kreeg-ie twee kwartjes per dag voor. Maar er waren genoeg jonge arbeiders blij mee. En ik was van nature een persoon die makkelijk was om mee om te gaan, dus mijn hulp bofte ermee.

Ik ben maar korte tijd waarnemend hoefsmid gebleven. Maar de ritmeester – met wie ik zo’n slechte start had gemaakt – gaf me wel goeie referenties toen ik wegging. Terug op school kon ik achter mekaar examen doen. Ze hadden me het diploma net zo goed metéén mee kunnen geven: ik had ervaring genoeg. Nu ik officieel was afgestudeerd, was ik ook korporaal-hoefsmid. Met prima vooruitzichten; ik verdiende meer dan een opperwachtmeester, omdat ik een vak had.

Ik kon meteen terecht in Breda. Daar had ik een echte baan. Helemaal zelfstandig, niet meer gelieerd aan school. Dan ben je klaar, hè! Mijn neus krult nog van trots als ik dit vertel, ja. Ik was geen arbeider meer, maar een vrij man! Want ik was eigen baas zolang ik alle paarden van mijn eskadron maar eens per maand besloeg. Nou zijn er paarden die in een mum van tijd door hun ijzers heen zijn; die maar wat aansloffen. En je hebt paarden waar je de ijzers van afhaalt om de voeten te bekappen, en ze er zó weer onder kunt zetten omdat er geen sleetje aan zit. De ene was al na drie weken door zijn ijzers heen, de ander liep er acht weken op. Da's net eender als bij mensen; ik heb ook altijd weinig gesleten.

Het geheim van de smid? Goed kijken. Je moet die poot goed in je op kunnen nemen, als een foto in je hersens. Dan kun je de poot op je knie leggen, het oude ijzer eraf halen en de voet bijkappen. Als wij niks aan onze nagels doen, krijgen we ook rare vingers, nietwaar? Je pakt vervolgens een stuk ijzer, maakt het heet, en zet het in de vorm. Dan duw je het hete ijzer even tegen de voet aan, zodat het overal draagt – want als het niet dráágt, loopt het dier te sloffen. En dan kun je het ijzer eronder slaan. Sommige paarden zijn een hele klus: die gaan hangen. Als je de achterpoot van zo'n beest op je knieën hebt, gaat-ie op je steunen en kun je hem bijna niet houden. Maar als een paard gewoon op z'n drie poten blijft staan, voel je 'm amper.

Ik vond het geweldig leuk om een paard onder handen te nemen. Alleen al het feit dat je dat beest kunt helpen met nieuwe ijzers; dat je weet dat je dat paard goed doet. Dat werkt helemaal op je in. In je hart is zo'n paard je eigendom, ook al is het natuurlijk van het Rijk. Ik had een goede band met de dieren. Ik had er paarden bij die mij gewoon achterna kwamen. Een paard kent zijn vrienden gauw! En is hij eenmaal met je bevriend, dan ben je ook goed bevriend. Dan komt hij graag bij je en dan gaat hij met z'n neus over je gezicht heen.

Maar één keer ben ik door een paard tegen de muur aan geslagen. Ik hield z'n achterpoot vast, en pats! Ik had een flinke klap te pakken, want daar zit kracht achter. Dat dier heb ik uiteindelijk niet meer beslagen. Het was een Belgisch paard uit de Eerste Wereldoorlog; het was te wild geworden.

Ik werkte graag in Breda. En hard werken vond ik doodgewoon. Alleen op zondag kocht ik een glaasje bier. Heel anders dan mijn vader, ja. Maar ik hield met het militair hoefsmeden op vanwege onze ritmeester, zo'n vent uit het hogere milieu. Hij sloeg de mensen! Als ze naar zijn zin niet snel genoeg werkten, gaf hij ze een opdonder. En daar kon ik helemáál niet tegen. Ik word nog kwaad als ik het vertel. Iedereen moest maar voor hem buigen. Ik ook. Maar ik bóóg niet. Dat was mijn natuur niet. Op een dag – de aanleiding weet ik niet meer – wou hij mij ook een klap geven. Ik pakte mijn karabijn en zei: "Als u mij aan durft te raken, sla ik u met deze karabijn de hersens in." Nou, dat was te veel gezegd in militaire dienst. Onmiddellijk kwam er een wachtmeester met zes militairen aan; ik moest de provoost in, de soldatengevangenis. Ik kreeg stalen beugels om mijn benen en lange kettingen aan mijn polsen. Zo zat ik daar, als de grootste boef die er bestaat. Als een dief of een moordenaar. Ik kon me amper bewegen. 's Nachts zat ik er nóg aan vast en moest ik maar zien hoe ik sliep.

Toen het praatje rondging dat ik in de provoost zat, werd er gezegd: "Dat bestaat niet." Ze konden op de kazerne niet geloven dat ik zomaar agressief was geworden. De paardenarts vond mij een buitengewoon aardig jong. Ik deed altijd boodschapjes voor zijn vrouw, dus ik stond goed bij hem aangeschreven. Zo waren er meer die niet wilden geloven dat ik nou zo'n boef was. Die hebben de koppen bij mekaar gestoken en toen is het zaakje onderzocht. De ritmeester heeft ongelijk gekregen en is voor straf overgeplaatst. En ik kwam vrij. Ik ben nog een poosje gebleven omdat ik mijn tijd uit moest dienen. Maar daarna ben ik vertrokken. Ik kon die hele militaire dienst niet meer zien. De nieuwe ritmeester was een goeie man. "Brunia, blijf nou in militaire dienst," smeekte hij. "Hier heb je een goeie boterham. En van mij zul je geen last hebben." "Het spijt me, beste man," heb ik gezegd, "maar ik kan hier niet meer tegen." Ik kon het niet velen dat ze de baas over me speelden. Ik wilde helemáál zelfstandig zijn; wel mijn plichten doen, maar vrij zijn. En in dienst stond je toch onder een ritmeester. "Ik vind mijn weg wel in de burgermaatschappij," zei ik bij het afscheid.

En ik héb mijn weg gevonden. Ik ging terug naar Rotterdam. Daar kon ik bij een smid aan de slag. Maar ik wilde hogerop. Dus begon ik langzaam maar zeker mijn eigen smederij. Prachtig was dat; echt eigen baas zijn, met niemand d'r boven! En het líep. Want als ik één keer voor de mensen gewerkt had, kwamen ze terug. Omdat ik goed werk leverde. Ik deed alles, van paarden tot kachels. De paarden deed ik gewoon op straat; die hele smederij van mij was eigenlijk niet meer dan een keldertje, waar geen paard in kon. Maar buiten beslaan was toen geen probleem; dat zie je niet veel meer, is het wel? Jazeker, in die tijd zat er toekomst in het paardenbeslag. Veel auto's waren er niet, er liepen nog paarden genoeg rond.

Maar de drang om hogerop te komen was nog niet verdwenen; ik wilde gaan studeren. Waarom? Ze lieten me niet toe! Een betere drijfveer was er niet voor mij. Eerst moest ik mijzelf fatsoenlijk leren lezen. Ik kon het al wel een beetje van mijn spaarzame bezoekjes aan de lagere school, maar niet best. Dus ben ik aan het prutsen gegaan; ik nam een boekje voor me en ging dat zitten spellen. Door goed te kijken en te tellen, probeerde ik de woorden aan mekaar te breien. In het begin zag ik geen verbanden. Maar toen ik eenmaal de kijk kreeg, ging het lezen vanzelf. Zonder lagere school kon ik op geen enkele technische cursus terecht, maar via mijn neef, die leraar was, kon ik op een dag toelatingsexamen doen voor de technische school; dat had hij voor mij geregeld. En ik, die daar nooit had mogen zitten omdat ik zogenaamd niets wist, ben daar gewoon voor geslaagd! Ik had kennis zat. Uit de praktijk. Ik had het alleen nooit kunnen bewijzen. Toch was de technische school een stap te ver. Ik kon het onderwijs niet volgen, want daar moest je wat Engels voor kennen. Dat kon ik natuurlijk weer niet. Ik leek gedoemd om altijd zo laag mogelijk te blijven.

Toch ben ik mijn lot ontstegen. Ik ontdekte dat ik, zonder dat rottige Engels, wel praktijkaktes kon halen; en die héb ik gehaald. Vier nijverheidsaktes en een tekenbevoegdheidsakte. Dat zijn er dus vijf! Allemaal in de avonduren gedaan, want overdag stond ik in mijn smederijtje. Vaak zat ik tot drie uur in de nacht te studeren. Op een school zat ik niet. Ik kocht gewoon zelf de boeken, las ze, en deed examen. Les heb ik dus nooit gehad, maar ik haalde betere punten dan veel dagstudenten die wel onderwijs volgden. Eén keer lezen en klaar; ik had een buitengewoon goed geheugen. En nu nog, al ben ik soms vergeetachtig. Nee, ik zit niet op te scheppen. Ik kan zelf nog niet begrijpen hoe ik dat volhield: studeren, een paar uurtjes slapen en hup die smederij weer in! Ik had een ijzeren gestel, dat had ik dan cadeau gekregen. Misschien van een God, ik weet niet of die bestaat. Maar voor de rest heb ik het zelf moeten bewerkstelligen, want veel meer dan dat gestel kreeg ik niet mee. Uiteindelijk had ik wel al die aktes in mijn zak. Het bewijs dat ik goeie hersens had. Ik heb die lui die mij op cursus hadden geweigerd, laten zien dat ze stommelingen zijn!

Mijn kennissen verklaarden me voor gek; een of twee aktes was meer dan genoeg geweest. Niet voor mij. Ik wilde naar de top, bewijzen dat ik het kon! Neem mijn vader; wat heeft die nou bereikt? Hij heeft alleen maar in de fabriek gestaan en is nog het verkeerde pad opgegaan ook. Ik wilde het anders doen. Toen ik mijn aktes had, was ik volledig leraar: een beroep met aanzien. Ik kon meteen als invaller aan de slag. En op een dag – vraag me niet naar jaartallen, ja, mijn geheugen is toch wel wat slechter dan toen – kwam er een plaats vrij voor een leraar bankwerker op een ambachtsschool in Limburg.

Daar stond ik dan, een leraar die zelf amper les had gehad. Een voorbeeld had ik dus niet. Maar eigenlijk wás ik allang leraar, van nature bracht ik altijd al kennis over aan hulpsmids of andere hulpjes. Ik vond het leuk om die jongens wat mee te geven; dan konden ze iets wat een ander niet kon. En dan hadden ze wat bereikt. Ik heb andere jongens altijd vooruit willen helpen, misschien omdat ik zelf niet door had mogen leren. Wat ik wist uit de praktijk, bracht ik nu wat officiëler over en vulde het aan met wat ik las en hoorde.

Ik heb nooit een leerling uit hoeven schelden. Als er een vervelend was, legde ik mijn hand op zijn schouder en keek ik hem indringend aan: "We zijn nu nog goede vrienden. Hou dat zo." Daar waren ze veel gevoeliger voor. Ze kregen een rode kleur. Want ze voelden een menselijke band. "Die man wil ons helpen," dat begrepen ze wel uit mijn handelingen. Als ik een jongen een opdracht gaf, vroeg ik hem vriendelijk of hij even wilde luisteren. Ik had het hem ook botweg op kunnen dragen. Maar dat heb ik nooit gedaan, ik had altijd eerbied voor een ander. En ik had natuurlijk gezag.

Toen er een nieuw schoolhoofd nodig was, hoefden ze geen advertentie in de krant te plaatsen. Het hoofd zat er al: ik, met al mijn aktes. Je moet wat in je mars hebben als hoofd. Goed lesgeven, de jongens onder de duim houden zonder geweld te gebruiken. Dat kon ik. En ik stond goed te boek; ik gaf buitenschools bijles aan jongens die niet zo snel waren. Met wat extra uitleg begrepen ze het vaak wel. Een schoolhoofd dat zelf de lagere school niet had afgemaakt: dat heb ik toch mooi voor mekaar geprutst! Ik heb altijd alles willen weten en uit willen pluizen. Dat is mijn vorm van les nemen geweest.

Of mijn vader trots op mij was? Ik heb hem nooit verteld dat ik het zo ver heb geschopt. Hij is dus nooit trots geweest. Ik heb hem nog weleens in Rotterdam gezien, op een afstand. Maar ik keek hem niet aan. Iemand die niet voor zijn kinderen zorgt, die kan ik toch geen vader meer noemen? Ik heb nooit iets van hem begrepen, ik begreep alleen dat hij niet deugde. Hij liet mij voor oud vuil. Ik heb niet altijd zo'n mooi leven gehad, maar ik ben er wel gekomen. Van een ongelukkig leven heb ik een gelukkig leven gemaakt. Door áán te pakken.

Met mijn eigen kinderen heb ik het heel anders gedaan: ik stond voor ze klaar. En ze hebben allemaal gestudeerd. Ik kon ze geven wat ik zelf niet heb gekregen. Mijn oudste zoon is zelfs dokter in de wis- en natuurkunde geworden. Hij zit nog steeds te denken en te rekenen, terwijl hij allang gepensioneerd is. Daar staat iedereen versteld van, een buitengewoon knappe kerel. Ik heb hersens en dat hebben mijn twee zoons en twee dochters weer van mij meegekregen. Het zijn stuk voor stuk knappe koppen.

Kijk, daar boven het bed hangt mijn trouwfoto. Een lieve vrouw, nietwaar? Een zus van haar was met mijn oudere broer getrouwd. Zo heb ik haar leren kennen. Ik was eerst niet zo gek op mijn vrouw. Ik werd op haar af gestuurd, omdat zij van huis uit nogal verlegen was. Maar ik keek d'r geeneens aan. Ik merkte wel dat haar ouders graag wilden dat ik met haar zou trouwen. Zij was eigenlijk een beetje bang van mensen. En ik was geen bazig type. Dat zagen ze zitten. Maar ik niet.

Ik ging liever uit: zingen in koren. Weet u hoe ik ontdekt ben? Tijdens het beslaan van de paarden! Dan stond ik altijd buiten op straat te zingen. Doodgewone Rotterdamse straatliederen, hoor! "Het is vier uur en je bent nog niet thuis, buiten loeit de storm, heel alleen zit ik hier in huis, in huis met dat arme worm." Dat soort simpele teksten, over de zee. Ik zong uit volle borst, zoals zoveel mensen in die tijd op straat deden. Als ik bezig was, kwam er regelmatig een meneer naar mij kijken. Op een dag vroeg ik hem waarom hij dat deed. "U weet het zelf misschien niet," zei hij, "maar u heeft een prachtige stem: een lyrische bariton." De man bleek zangleraar te zijn. "Ik een mooie stem?" dat had ik nooit geweten. "Ik zing maar doodgewone liederen, ik snap niet dat u daar nou zo graag naar luistert." Maar hij was zo gek op mijn bariton, dat hij me gratis zangles wilde geven. Zo leerde ik muziek lezen en ben ik zanger geworden. En toen ontdekte ik pas echt mooie zangstukken. Een goed kerklied is stukken beter dan zo'n zeemansliedje. Ik werd overal gevraagd en omdat ik solopartijen zong, kreeg ik betaald door de kerkkoren. Gratis les krijgen en ook nog centen verdienen met zingen! Niet dat ik nou zo kerks was. O, nee! Ik had een bloedhekel aan de kerk. Als kind werd ik er weleens heen gestuurd. Dan zat je daar op je blote knietjes op een houten kinderbankje. Dat deed me een pijn! Kinderen telden gewoon niet mee in die tijd. Ze moesten de pastoor op zo'n bankje zetten!

Afijn, ik had dus eerst geen zin in mijn vrouw. Ik merkte wel dat haar familie er werk van maakte dat ik haar zou trouwen; dat is voor zo'n meisje ook niet leuk. Ze voelde natuurlijk wel dat het niet wederzijds was. Maar ik bleef haar zien en op den duur dacht ik: ze heeft wel een goed karakter. Het is misschien toch wel iets voor mij. Je wordt mekaar een beetje eigen. En dat verandert in een soort liefde. Die groeit, door de jaren. Maar verliefd? Dat ben ik nooit geworden. Dat speelde toen niet zo. Het was belangrijker dat je met mekaar overweg kon.

Ik had er uiteindelijk een lieve vrouw aan. Lief voor de kinderen, maar ook voor mij... Sorry dat ik nu wat huil, ik mis haar zo! U bent volwassen, dus ik kan het rustig zeggen: als je bij elkaar wilde komen, als man en vrouw, en zij had daar om de een of andere reden niet zoveel zin in, dan kon ze dat gewoon zeggen. En dan zei ik: "Dan doen we het niet." Ik heb nooit gezegd: "Ik ben de man, dus je moet dat doen." Nooit! Ik heb altijd eerst gevraagd of ze zin had. Geen zin? Dan gebeurde het niet. Absoluut kameraadschappelijk waren we. Dat is pas liefde. En die heb ik gehad. Daar kon niets tussen komen. Niets!

En de kunst? Die is er altijd, tussen de bedrijven door, geweest. Als ik iets leuks zag, maakte ik er een schets van. Of ik nam het in me op als ik onderweg was om ergens een kachel te gaan repareren, en werkte het later uit. Heel Krooswijk legde ik vast. Van daaruit ben ik de binnenstad gaan schetsen. En zo heb ik half Rotterdam getekend. Die tekeningen moeten nog overal rondzwerven. Voorbeelden heb ik niet gehad. Ik ben gewoon zelf aan het tekenen en beelden maken geslagen. Als kind maakte ik krabbeltjes. Later werden dat tekeningen. En nog later schitterende kunstwerken. Na mijn pensioen had ik niks meer om handen. Toen ben ik gaan produceren, onbegrijpelijk veel. Puur uit verveling. Op een dag werd er een speciale tentoonstelling gehouden in Maastricht, waar leken en professionele kunstenaars aan mee mochten doen. Ik doe mee als leek, dacht ik, en leverde beelden en schilderijen in. Die bleken buitengewoon goed te zijn, want bij het inschrijven werd ik niet bij de leken, maar bij de professionele kunstenaars ingedeeld. "Wat heeft u een mooi werk gemaakt!" zeiden de kenners. Ineens was ik kunstenaar, zonder dat ik het zelf wist. Op dit ogenblik maak ik nóg schetsjes. Je moet bezig blijven. Daar leef je toch voor? Het liefst leg ik paarden en vrouwen vast. Een vrouw ligt voor de kunst nou een keer makkelijker dan een kerel – de vorm trekt meer. Ik kan van geen vent houden, hoor! En ach... het paardenschoon! Dat blijft trekken.'

Op 13-6-2002 is Antoon Brunia overleden.

'Ik blijf eigen baas'

SOPHIE SMIT
8-8-1896, ZIERIKZEE, ZEELAND

De oude juffrouw Smit leeft in een rommelig kamertje. Met pluchebeesten op de grond en ingelijste katten aan de muur, geen portretten van mensen. Zelfs op het kussen in haar stoel is een zoet kijkende angora afgebeeld. Maar echte poezen lopen er niet. 'Dat mag niet in het huis,' zegt Sophie Smit met donkere stem. Ze heeft een mannelijk gezicht met kleine ogen. Haar bril is hoekig, het haar zilvergrijs.

Soms loopt juffrouw Smit de drie meter naar het toilet; een afstand waar ze de tijd voor neemt. 'Wonderbaarlijk dat ik dit nog kan,' stelt ze tevreden vast. 'Mijn leven lang heb ik overal naar toe gelopen: ik profiteer er nóg van.' Soms komt er koffie, soms een warme hap. Verder gebeurt er niet veel in het kamertje van Sophie Smit. Alleen de koperen klok laat elk kwartier luidruchtig van zich horen, terwijl de Zeeuwse juffrouw vertelt over de armoe van toen. En toch vindt ze de tijd van vroeger beter: 'Hoort u nu nog iemand fluiten?'

'Ik ben altijd erg gecharmeerd geweest van beesten. En beesten van mij. Ik had lange tijd een kauw die mij elke dag kwam ophalen van huis. Hij wandelde gezellig met me naar het bos. De eerste keer kwam er een mevrouw naar me toe: "Weet u wel dat er een vogel achter u aan stapt?" Ik keek om en zag mijn kauw. Sinds die dag bleef hij bij me. Ik nam altijd een zakje brood voor hem mee; het was natuurlijk geen pure liefde van dat beest. Dat snap ik ook wel. Maar toch... Een paar jongens uit de buurt vonden mijn kauw leuk, ze wilden hem ook weleens voeren. Ik gaf ze mijn broodzak. Maar nee, hoor: wég was-ie! Ik moest hem voeren, niemand anders. Met mijn zwaan had ik ook zo'n fijne vriendschap. Ik hoefde maar "Zwaantje!" te roepen, of hij kwam al aanzwemmen. Op een dag kwam hij niet meer opdagen. "Je zwaan zwemt in de vijver verderop," zeiden de mensen uit de buurt; was-ie verhuisd. Ik ben er direct op afgegaan, maar die beesten lijken allemaal op mekaar – ik wist niet welke de mijne was. Maar ik riep: "Zwaantje!" en daar was-ie al. Wat beesten in mij zien? Ik hou van ze, dat moet het wezen. Dan is er aantrekkingskracht, begrijpt u wel? Tuurlijk, ik geef ook wel wat om mensen, maar veel méér om beesten. Al ben ik wél gek op Amsterdammers, die zijn zo vlot! Heel anders dan de Zeeuwen. Ik heb lang in Amsterdam gewoond, het was er stukken beter dan in Zierikzee.

Als ik aan Zeeland denk, zit ik weer op het fröbelschooltje; de bewaarschool zeiden we vroeger. We zaten met een heel stel naast mekaar gepropt op een klein bankje – dat kon toen nog – en de juffrouw vroeg: "Zitten alle kindertjes eerbiedig?" "Jaaaa, juffrouw!" riepen wij dan in koor. Je handen moesten netjes gevouwen zijn. Anders was het niet eerbiedig genoeg. We kregen een griffel en een smoezelige lei, maar ik kon nog helemaal niet schrijven. Ik kraste maar wat. Als je twee kanten vol had, moest je de lei omhooghouden. Dan veegde dat mens het uit en kon je weer opnieuw beginnen. Een echt kreng was het. Ze heeft me nog eens in mijn gezicht gebeten, een heel stuk uit mijn wang! "Zeg maar tegen je moeder dat je op het grind gevallen bent," zei ze. Ik kwam thuis en deed braaf wat die juf mij had opgedragen. Maar moeder zei: "Kom eens in het licht staan." En toen ik onder de lamp stond, gilde ze: "Er zit een gat in je wang!" Witheet ging ze met me naar de bewaarschool. Die juf moest op het matje komen, en ze werd meteen weggepoetst. Waarom ze mij gebeten had? Ze vond zeker dat ik lekkere wangetjes had, want ik was een knap kind vroeger. Iets stouts had ik niet gedaan, of ik moet het niet door hebben gehad: ik snapte toch al niets van de regels. Neem nou mijn eerste dag op de lagere school. Toen moeder vroeg hoe het geweest was, zei ik: "Leuk! Ik heb de hele dag op het bankje voor de klas mogen zitten." Ik was ervan overtuigd dat ik daar had mogen zitten omdat ik zo'n schat was.

Maar moeder lachte me uit en zei dat het een strafbankje was. Had ik kennelijk weer iets verkeerds gedaan, al zou ik nou nog niet weten wat.

In de tweede klas had ik opnieuw een vervelende lerares: juffrouw Krensen, ik vergeet haar nooit. Alle zeventien kinderen in ons boerenklasje moesten de tafels opzeggen. De meesten konden dat niet, dus zei Krensen: "Sophie, zeg jij ze maar op." En daar ging ik: "Een maal een is een, twee maal een is twee." Foutloos, tot de twaalfde tafel toe. Dat vond die juffrouw zo knap van mij dat ze me een mooi cadeautje beloofde. Maar het kwam maar niet. "Je mag er niet om vragen," zei moeder, "dat is niet netjes." Dus bleef ik geduldig wachten, want zomaar een cadeau kreeg niemand in die dagen. Eindelijk, een eeuwigheid later, zei juffrouw Krensen: "Sophie, je krijgt van mij nog een presentje." Ik was in de hemel! Maar wat kreeg ik? Een afgekloven potloodstompje. Dat was mijn lang verwachte cadeau. Waardeloos! Toen ik thuiskwam heb ik het in een hoek gesmeten.

Niet dat ik iets luxueus had verwacht, daar was het de tijd niet naar. Het was eerder armoe, die eerste jaren van de twintigste eeuw. Er kwamen weleens kinderen het kleermakerszaakje van mijn vader in, die mijn moeder om een boterham vroegen. "Als je hem in de winkel opeet, krijg je er nog een," zei moeder dan. Er zat niet eens iets op, maar die kinderen waren blij dat ze wat binnen kregen; zo'n honger hadden ze. Er waren ook wel kinderen die maar deden alsof, die haalden brood op en verkochten het dan door aan een boer voor zijn varkens. Maar er liepen genoeg kinderen rond met een rammelende maag.

En de mannen uit de armste buurten, met de grootste huishoudens, zaten in de kroeg. Niks deden ze! Hun vrouwen liepen te bedelen om kleren voor de kinderen. Of ze zochten kruukels: alikruiken, die vastkleefden aan de stenen bij de waterkant. De visserijpolitie zat achter die arme vrouwen aan en deelde bekeuringen uit. Als ze de boete niet betaalden, gingen ze de gevangenis in; omdat ze een maaltje kruukels hadden geraapt! Wij woonden op de Appelmarkt en op de Mol, bij ons achter, zat het gevang. De kinderen van die vrouwen liepen er 's avonds heen en riepen om hun moeder; jarenlang heb ik dat aan moeten horen als ik al in bed lag. Vreselijk, wat een onrecht. Die arme kinderen zwierven gewoon over straat. Soms kregen ze een oude broek van een van mijn broers of een afgedragen jurk van mij, die voor hun veel te lang was. Ze hadden niet de puf om hem in te korten, dus meestal liepen ze er voor gek bij. Maar in die buurten liepen ze allemáál voor gek in kleren die niet pasten.

Kaailopers noemden we de vaders die zopen; zodra ze één cent verdiend hadden, met een vrachtje of zo, dronken ze die op in een kroeg op de kaai. Kan ik nóg kwaad om worden. Hun vrouwen moesten flink aanpakken om nog wat bij te verdienen, want ze hadden haast niet te eten – ondenkbaar is dat nu. Als ze geluk hadden, troffen ze op de kaai een handelaar die ze grote mudzakken met erwten meegaf. Dan gingen ze thuis, met al hun kinderen, "erwten zoeken": de slechte exemplaren eruit halen. Op een tafel voor het raam, de enige plek met wat licht in de donkere huisjes. Ik ben er vaak genoeg langsgelopen, ik was nogal nieuwsgierig aangelegd. Een deel van de erwten mochten ze voor zichzelf houden; daar kookten ze soep van, met verder niks erin. En als de zakken uitgezocht waren, moesten de vrouwen weer met de goeie erwten op een handkar over een steil weggetje omhoog terug – dat is toch geen vrouwenwerk! Ze zagen er zo verwaarloosd uit. Achteraf denk ik: wat een uitbuiting!

Toch, hoe raar het ook klinkt, waren de mensen gelukkiger in die tijd; ze liepen met een blij gezicht rond. Ziet u dat nog weleens tegenwoordig? De mensen zijn niet meer tevreden. Ze hebben twee auto's voor de deur, maar daar zijn ze niet blij mee! Op vakantie naar Zuid-Amerika vinden ze maar doodgewoon. Geef mij de tijd van vroeger maar. Met al zijn ellende, ja. Of ik het verleden verheerlijk? Nee! De sfeer was gewoon stukken beter. Ik vind het helemaal geen leuke wereld meer. Toen werd er gelachen en gezongen op straat. Mensen liepen te fluiten, zelfs als ze bijna geen kleren aan hadden. 's Avonds liep je het blokje rond; de jongens de ene en de meisjes de andere kant op. Al hadden we verder niks – want wat was dat nou voor vermaak: een beetje rondlopen – het was gezellig. Met een kleinigheidje waren we tevreden; al is een afgekloven potloodje wel weer iets anders, ja.

Ik heb fijne herinneringen aan onze kleermakerszaak. Zo kwam er eens een mannetje de winkel in, dat riep: "Ik wil net zo'n rokje als de havenmeester." Een rokje! Zo noemden ze in Bruinisse een pak. Vergeet ik nooit, vond ik zo grappig. Vader maakte mooi spul, hij had zijn opleiding gehad in Brussel. Dat was heel wat voor Zierikzee, iemand die zijn vak in het buitenland had geleerd. Hij was een eersteklas kleermaker. Dus klanten had vader altijd genoeg. Maar toen ik een jaar of acht was, kwam de concurrentie van confectiekleding en verdwenen veel klanten. Die confectiekleren waren stukken goedkoper. Voor een pak van mooi laken kreeg vader een gulden of veertig. Die confectierommel kostte nog niet de helft. Gelukkig waren er ook nog wel wat gegoede mensen die het waardeerden dat vader zulke mooie kostuums maakte. Die wilden geen confectie. Ik bezorgde de pakken bij de mensen thuis. Bij meneer Doeleman, een rijke kerel, kreeg ik daar soms een kwartje voor. God, wat een geld! Maar jawel hoor, het moest natuurlijk weer de spaarpot in – zo was de tijd.

We waren altijd redelijk gegoede burgers geweest. Mijn moeder hoefde zich heus niet dood te werken; we hadden zelfs een tijdje een dienstbode in huis. En vader had een paar knechts. Maar toen de confectie kwam, was dat afgelopen. "Dit wordt mijn dood," zei vader. Hij vond het verschrikkelijk dat we het minder breed kregen. De visserijpolitie, die van de kruukelboetes, bleef tot ons geluk uniformen bij vader bestellen. De agenten verdienden voor die tijd vrij behoorlijk en stonden hoog in aanzien, dus op zondag wilden die lui geen gewoon pakje aan. Speciale uniformen kregen ze, zodat op hun vrije dag nog te zien was dat ze bij de visserijpolitie zaten. Vader gebruikte prachtig blauw laken uit Leiden, en biesde de uniformen af met glanzend koord. De visserijpolitie droeg het met trots. Maar op de Mol vestigde iemand een confectiezaak. En de eigenaar vond het idioot dat die opdracht maar aan één man werd gegeven, namelijk aan vader. Daar is toen een heel dispuut over geweest en uiteindelijk heeft de visserijpolitie gezegd: het is afgelopen met handgemaakte uniformen, we bestellen ze gewoon als confectie. Toen was vader zijn laatste goeie klanten kwijt. De mannen van de visserijpolitie hadden ook de pee in. Ze liepen voortaan in confectiepakken; die waren lang zo mooi niet.

Zijn klandizie werd steeds kleiner, maar vader is nog een hele tijd doorgegaan. Tot hij niet meer naaien kon. Het kleermaken was nog veel handwerk, slechts enkele dingen werden met de naaimachine gestikt. Toen de kramp in zijn handen te erg werd, moest hij wel stoppen. Hooguit een jaar of zestig was hij, maar dat was oud. AOW was er niet, dus hij moest van zijn spaargeld leven.

Zelf ging ik na de lagere school leren voor onderwijzeres, op een normaalschool. Hoofden van scholen van het hele eiland gaven daar buitenschools les. Maar ik ben er algauw opgestapt, want de leraren op die school waren weer nét zo vervelend als op de lagere school. Ik kreeg ruzie met de vrouw van de directeur, onze handwerkjuf. Die zat mij gewoon weg te pesten, ze had een hekel aan me. Dat wijf liet me zelfs zitten! Dat lag niet aan mijn prestaties, mijn handwerkjes werden afgekeurd terwijl ze gewoon goed waren. Ik had er helemaal geen zin meer in om zelf voor schooljuf te leren; stel dat ik ook zo zou worden! Thuis ging ik mijn moeder helpen.

Tot ik kon gaan werken bij de Vereniging voor Tijdelijke Hulp in de Huishouding. Die tijdelijke hulp was bedoeld voor mensen die geen kinderjuf konden vinden; er was een groot tekort aan huishoudelijk personeel. Ik mocht alleen werken in een gezin waar al een dienstbode was, zodat ik niet kon worden misbruikt als goedkope huishoudster. In het reglement stond nadrukkelijk dat je niet als dienstbode behandeld mocht worden en dat je een aparte kamer moest hebben. Ik was eigenlijk een hulp van een wat deftig soort, en kwam bij de beter gesitueerden. Ik zorgde alleen voor de kinderen; ik stopte ze in bad, bracht ze naar school enzovoort. Tegen etenstijd zorgde ik dat ze nette kleren aanhadden voor aan tafel. Ze noemden me "juffrouw" en meestal mocht ik gewoon met de familie mee-eten.

Ik leidde best een avontuurlijk leventje, want ik wist van tevoren nooit waar ik terecht zou komen. Via de vereniging kwam ik overal, en nergens werkte ik langer dan drie maanden. Bij rijke Zaankanters kreeg ik eens een prachtige kamer, heel royaal. En de meeste andere kamers waar ik gewoond heb, waren ook niet te bescheiden. Eens in de drie weken was ik een dag vrij. Fantastisch vond ik het allemaal. Weet u wat ik verdiende? Vier gulden in de week. Nu lach ik erom, destijds vond ik het een kapitaal.

Vijf jaar heb ik het volgehouden. Toen werd ik ziek. Ik mankeerde niets, maar ik was dood- en doodmoe en zag overal tegenop; niks voor mij, ik ben best een vrolijk type. Het werk – hoe mooi het ook leek – was eigenlijk veel te druk. Die gezinnen lieten je alles doen, al hadden ze een dienstbode. En "nee" zeggen deed je niet snel. Op zondag gingen meneer en mevrouw vaak de hele dag uit wandelen. Familie en vrienden brachten hun kinderen dan ook bij mij, omdat ze zogenaamd allemaal gek op mij waren. In plaats van met vier kinderen, zat ik er dan met acht, of twaalf. Dat werd te dol. Misbruik? Dat hebben die gezinnen uiteindelijk toch wel van me gemaakt, ja. Wat was ik blij toen moeder schreef dat ik naar huis mocht komen.

In Zierikzee knapte ik langzaam op. Toen ik in de krant een vacature zag bij de Insulaire Hypotheekbank, schreef ik een briefje. Ik had leren tijpen – typen, ja – en had in betrekking zelfs wat Engels geleerd, dus ik kon wel wat op een kantoor. Op een maandag, toen ik met moeder de was stond te doen, kreeg ik bericht: of ik meteen op de bank wilde komen. Daar werd ik in een kamer neergezet en even later kwamen twee mannen naar me kijken. "Vind je d'r goed?" vroeg de ene man. "Ja, best," zei de ander. Toen zat ik ineens op kantoor! Mijn moeder begreep maar niet waar ik bleef; ze dacht dat ik was gaan wandelen om onder de was uit te komen. Maar ik was direct in functie.

Zestig gulden verdiende ik in de maand. Dat was flink wat voor Zierikzee. Wat ik deed op kantoor? De boekhouding. Schrijven dus. Gewoon met de hand, ja. Het tijpen had ik voor niks geleerd, want er stond maar één tijpmachine en die mocht ik nog niet áánraken. Als er iets getijpt moest worden, deed de directeur dat. En dan alleen als het iets erg officieels was. De rest ging gewoon met de hand. Prima toch? Die computers van nu lijken me vreselijk. Goddank heb ik daar niet meer mee hoeven werken; ik zou me een stuk machine voelen achter zo'n ding. Alles wordt zo ingewikkeld gemaakt. Makkelijker juist? Ik kan het me niet voorstellen.

Toen de bank werd overgeplaatst naar Amsterdam, verhuisde ik gewoon mee. Geweldig, ik ging op mezelf wonen. Op een gracht! In een reuzeleuke stad, met vlotte mensen. Een hele overgang na Zierikzee, daar was niks te beleven. Maar in Amsterdam gingen we eens in de maand uit. Dan namen de collega's de vrouw mee en gingen we naar Wim Kan op het Leidseplein. Of eten bij de Chinees op het Rokin.

Ik heb nooit een hekel aan het kantoor gehad. Integendeel. Als we overwerkten, werden er lekkere broodjes gehaald bij Broodje van Kootje op het Leidseplein! Getrouwd met mijn werk? Dat was ik zeker. Het werk, daar leefde ik eigenlijk voor. Ik wilde het zo goed mogelijk doen, daar werd ik toch voor betaald?

Maar ik was wel druk, als werkende vrouw. 's Morgens op kantoor, tussen de middag boodschappen doen, meteen weer naar kantoor en 's avonds koken en aardappels schillen voor de volgende dag. Zes dagen in de week. Met veel overwerk. Want toen we fuseerden – tot de Hypotheekbank van Nederland – mocht ik pas naar huis als de post klaar was. Dat werd vaak laat. God, wat heb ik gewerkt in mijn leven! Als ik er niet uit kwam met de boekhouding, zei ik na sluitingstijd: "Geef mij de sleutel van de kluis maar, dan kan ik het uitzoeken." Maar soms kwam de directeur langs, 's avonds laat, en die zei: "Niet langer dan tot tien uur doorwerken, want ik ken je!" Of hij nam me de sleutel af en riep: "Dicht die boeken!" Ik ging rustig tot diep in de nacht door als ik er niet uit kwam.

Tot ik weer overspannen raakte. De dokter schreef rust voor. Maar de controlerend arts bekeek me even en zei dat ik meteen weer aan het werk kon. Hij had me niet eens iets gevraagd! Terug op kantoor kwam ik de directeur tegen, die mij vroeg hoe ik me voelde. "Beroerd," zei ik. Hij heeft me direct naar huis gestuurd, met de boodschap dat ik pas na veertien dagen terug mocht komen. Ik vond het fijn te merken dat ze toch zuinig op me waren.

Aan het werken moest natuurlijk een keer een einde komen. De pensioengerechtigde leeftijd was voor vrouwen nou eenmaal zestig jaar, voor mannen was het vijfenzestig. Maar ik vond het verschrikkelijk dat ik stoppen moest! Luieren is niks voor mij. Ik had gewoon heimwee naar kantoor. 's Morgens om negen uur wist ik me geen raad; wat moest ik doen? Iedere maand ging ik nog één keer naar de bank toe, dan hoorde je er nog een beetje bij. Ik had best nog een paar jaar kunnen werken!

Maar ik krijg een best pensioen, al meer dan vijfenveertig jaar. Vijf jaar lang heeft de bank het voor me betaald, omdat ik al op mijn zestigste ben gestopt. Dus ik heb niet voor niets al die tijd hard gewerkt. Dat hou ik iedereen voor die de kantjes eraf loopt: doe het niet! Wie werkt, wordt beloond. De goeien niet te na gesproken, maar tegenwoordig is het zoveel mogelijk verdienen en dan zo gauw mogelijk naar huis. Neem nou het eten wat ik hier krijg. Het smaakt nergens naar. Er is te weinig hulp in dit tehuis. En wat er aan hulp is, dat gelooft het wel. Op een paar na lopen ze er allemaal de kantjes af.

Of ik nooit een man heb ontmoet? Ach, mannen genoeg! Ik heb ze altijd met moeite op afstand kunnen houden, want ik was een knappe meid. Altijd bekijks, en ik heb avonturen genoeg gehad. Vooral in Amsterdam. Ik zat tussen de mannen, daar op kantoor. Er waren maar weinig dames. Dus ik had diverse minnaars, voor een poosje. Daarna ging het me weer vervelen. Dan gebeurden er weer dingen waar ik het niet mee eens was en dacht ik: duvel maar op! Je zat in Amsterdam, dus je had zo een ander natuurlijk. Mooie herinneringen? Nee, die heb ik er eigenlijk niet aan. Mijn langste verhouding duurde nog geen drie weken. Als het wat serieuzer werd, dacht ik: nee! Ik blijf eigen baas! Want als je trouwde, kwam je onder de plak van je man. Op kantoor waren ze ook al de baas; dan nog eens een man over de vloer? Dat werd me te gortig. Ik was altijd al zo betutteld door manvolk; thuis in Zierikzee stond ik zowat onder curatele. Er zwermden altijd jongens om me heen en ik was thuis het enige meisje, ik had alleen maar broers; ik werd continu door hen in de gaten gehouden. Daarom heb ik later mijn vrijheid willen houden.

En in een huwelijk is ook niet veel romantiek. Eenmaal getrouwd, werd je automatisch huisvrouw; dat zag ik niet zitten. Gelukkig ben ik nooit zwanger geraakt! Toen ik bij de Vereniging voor Tijdelijke Hulp in de Huishouding was, had ik hordes kinderen om me heen waar ik voor moest zorgen. Ik had geen zin om zelf aan die drukte te beginnen. Poezen, die vond ik leuk; ze zijn zo elegant. En onafhankelijk. Zodra ze me zien, zitten ze al bij me op schoot. Ik heb er altijd veel vriendschap van gehad. Het klinkt misschien idioot, maar ik vond ze interessanter dan mannen. Die gaan mij al snel vervelen. Modern? Ja, dat was ik wel. Geëmancipeerd? Nee, dat nou ook weer niet; dat vind ik zo'n rotwoord. Maar als ongetrouwde, werkende vrouw met veel verhoudingen leidde ik wel een onafhankelijk leven, ja. Ik kon doen wat ik wilde... God, ik heb wat mannen gehad! Ze zullen nu wel allemaal dood zijn.

Toen ik nog op kantoor was, kon ik geen beesten houden. Dan waren ze de hele dag alleen en dat vond ik zielig. Maar na mijn pensioen kwamen er van alle kanten poezen aanlopen, en die mochten bij mij blijven. Want het was wel erg stil, zo zonder kantoor. "Kom toch naar Zierikzee," zei m'n familie. "Je zit daar zo alleen in Amsterdam." Dus op m'n ouwe dag, het jaar weet ik niet meer, ben ik weer teruggekomen naar Zeeland. Er kwam een huisje vrij, en daar heb ik me toch wat beleefd! Er woonde een Belgische hoer boven me: dag en nacht kerels aan de deur. Vreselijk, wat een herrie en ellende. Daar heb ik in Amsterdam nooit last van gehad. En mooi is Zierikzee ook al niet meer. Helemaal verpest met die nieuwbouw. Alle stadjes zijn eigenlijk verprutst, ze zien er allemaal eender uit. Hoge panden met ik weet niet hoeveel ramen erin, het zegt me niks. Vroeger was dat wel anders. Er waren geen architecten die overal hetzelfde neerplempten. Ieder dorp en elke stad had zijn eigen stijl. Dat zéi iets. Toen ik bij de Vereniging voor Tijdelijke Hulp in de Huishouding was, kwam ik in plaatsen door heel Nederland, dus ik weet waar ik het over heb. Maar het oude werd gewoon gesloopt, als het nog niet was weggeschoten in de oorlog.

Ik heb twee wereldoorlogen meegemaakt. In de eerste oorlog kwamen de Belgische vluchtelingen naar Zierikzee gelopen. Buiten de poort werden barakken voor ze gebouwd. En alles kregen ze voor niks hier: kleren, eten, huisvesting. Het waren er honderden, waarvan er ook veel zijn gebleven; die wilden nooit meer terug naar België. Daar hadden ze niks, want het was niet bepaald de elite van België die hier zat. De Zeeuwen hebben veel voor de Belgen gedaan, hoor! Niet dat die barakken nou zo luxe waren, maar alle vluchtelingen werden opgevangen. Ze mochten hier ook gewoon aan de slag, als bakkersknecht of bediende. En ze trouwden met Zierikzeese meisjes. Ik keek er niet naar om, ik vond die Belgen maar niets. Er was er een die weleens een praatje met me kwam maken, maar ik had geen interesse.

De meeste Zierikzeeërs waren niet bepaald trots op de Belgen! We hadden zelf ook een hoop zorgen, we wisten niet of Nederland ook in de oorlog betrokken zou raken. Je bleef in spanning. Omdat we geen idee hadden wat boven ons eigen hoofd hing, was er vaak ruzie: heel wat Belgen zijn in mekaar geslagen. Een vreselijke tijd. Bij ons thuis hadden we geen honger, maar veel andere Zierikzeeërs hadden dat wel. En de Belgen kwamen hier de boel opvreten! Logisch toch dat er op ze gemopperd werd? Dat lijkt misschien niet zo aardig, maar vergeet niet dat het een tijd van grote schaarste was. Van alles en nog wat was op de bon. Ook die vieze worst, herinner ik me, die eenheidsworst. Geen idee waarom die zo werd genoemd, maar smerig dat-ie was!

Toch waren er ook momenten dat je met de Belgen te doen had. Vooral als de Duitsers weer bezig waren aan de Belgische kust. Vanaf het Bolwerk – dat vrij hoog ligt, bij de haven van Zierikzee – zag je de primitieve vliegtuigjes overkomen die een duikvlucht maakten en de kuststeden bombardeerden. We konden zelfs de vlammen zien! Dat was verschrikkelijk eng. Ik vond het idioot dat ik naar die beroerdigheid ging kijken, maar toch deed ik het; het was spectaculair. Maar ik keek nooit lang, want ik was ondertussen doodsbang geworden. Het was erg dichtbij. Pas nadat de oorlog al een poosje voorbij was, werd de angst minder.

In de tweede oorlog dook de angst weer op. Vooral 's avonds, als je de Engelse vliegtuigen hoorde overkomen die Duitsland gingen bombarderen. Ze verloren weleens bommen boven Nederland. En het idee dat er doden gingen vallen, al was het dan in Duitsland, vond ik akelig. Vader stuurde in de oorlog pakketten met etenswaren naar Amsterdam. Maar de hongerwinter heb ik in m'n piepkleine keukentje doorgebracht; alleen, met mijn brikettenkacheltje. De huiskamer was te groot om te verwarmen. Armoe troef. Dat was het. Ik heb niet éénmaal fatsoenlijk gegeten. Met speciale toestemming van de oorlogscommandant ben ik één keer op en neer naar Zeeland geweest. Het was een hele toer, en ik was doodsbang om getorpedeerd te worden. Dus echt genoten heb ik niet.

Maar ik heb toch meer mooie dan nare herinneringen. Vooral aan het kerstfeest op de zondagsschool. 's Morgens vroeg in het stikkedonker – er was amper verlichting buiten – liepen we in de gure wind, door de sneeuw naar de Lutherse kerk. Daar stonden de kinderen al te dringen om binnen te mogen. Als dan eindelijk de deur openging, zag je een pracht van een kerstboom met misschien wel honderd kaarsjes! Dat is nu misschien iets gewoons, álles is nu gewoon, maar dat was toen een sprookje; je kwam uit het duister, en ineens was er al dat licht. Een eenvoudige boerendochter las het kerstverhaal. Zo mooi, dat alle kinderen aan haar lippen hingen. Ik moest huilen van geluk, en dat doe ik soms nog als ik eraan terugdenk. We zongen met z'n allen en daarna kregen we een cadeautje. De arme kinderen kregen geen cadeautje, die kregen een onderbroek of sokken van de liefdadigheidsvereniging. Maar wij kregen natuurlijk geen ondergoed. Dat hadden we allang. Het is eigenlijk gemeen dat die arme kinderen apart zaten. Onder een kerstboom! Toch vond iedereen dat normaal. Toen wist ik eigenlijk ook niet beter. Maar nu ik ouder ben, denk ik: het was krankzinnig. Al waren die kinderen natuurlijk blij dat ze een beker chocolademelk kregen, en een kerstwegge, een speciaal kadetje. Maar van die doodarme kinderen is er niet één zo oud geworden als ik. De armoede is opgeheven en dat is een enorme verbetering, maar het is doodzonde dat de mensen zijn doorgeslagen naar de hebzucht.

God? Tja... Ik geloof wel in een soort godheid. Maar in een hemel? Ik weet het niet. Ik zit er vaak over te peinzen nu ik zo oud ben. Vandaag of morgen ben ik er niet meer: hoe moet dat nou? Maar dat ik binnenkort naar een hemel ga waar alles op rolletjes loopt, dat kan ik me niet voorstellen. Eigenlijk vond ik dat vroeger al iets raars, al heb ik wel braaf alle versjes van de zondagsschool geleerd waar de hemel bij te pas kwam. Nou ben ik ze vergeten. Maar ik weet nog wel wat er in mijn poëziealbum stond dat ik met mijn verjaardag van mijn tante uit Den Haag kreeg. Omdat ik zo van poezen hield, dacht ik dat ik een boekje over poezen gekregen had. "D'r staat niks in!" riep ik. Ik vond er niks aan. Maar onze dienstbode zei: "Ik zal er een mooi vers in schrijven." En ze schreef: "Engelen zijn er alleen in de hemel, hier op aarde zijn er geen. Maar zo er hier ook engelen waren, gij Sophie waart er een." Ik ben dus een engel, maar of ik nou in een hemel kom... Toch heb ik niet het gevoel dat het na de dood afgelopen is. Misschien kom ik wel terug op aarde als poes. Ja, dat moet hemels zijn!'

Op 25-7-2003 is Sophie Smit overleden.

'Door de oorlog ben ik in de fietsen beland'

MARINUS NIJK
17-2-1900, STEGGERDA, FRIESLAND

Een magere gestalte loopt te rommelen in de werkplaats. Dat doet hij sinds 1914. Marinus Nijk bestudeert zonder bril een antiek aandoend zadel en ruimt een paar schroefjes op. Hij was de fietsenmaker van Steggerda. En hij is het gebleven, al maakt Nijk geen fietsen meer. Komt er nog eens een klant aan met een lekke band, dan laat hij hem plakken door zijn bejaarde zoon Arend, die eeuwig jong blijft in het huisje naast dat van zijn stokoude vader. Maar het is Marinus die de losse onderdelen verkoopt.

De fietsenmaker woont in zijn stille winkel. In het kamertje achter de etalage met verouderde fietsmodellen. Rijwielen Electra M. Nijk tel. 281, vermeldt de verweerde gevel van het punthuis, dat naar vroeger ruikt. Als de werkplaats aan kant is, strijkt Marinus Nijk door zijn flinke bos wit-geel haar. Hij schuifelt de huiskamer in. Die is strategisch gelegen; Marinus kan vanuit zijn stoel de winkel, de werkplaats en het huisje van Arend in de gaten houden. Hij heeft zicht op de dingen waar het om draait. Driemaal daags loopt de oude man het erf over naar Arend en Alie, voor de koffie, de warme middaghap en de thee. Dat doet hij de laatste tijd een paar keer per week in zijn zondagse pak; Marinus Nijk denkt voortdurend dat het de dag des Heren is.

Even wil Marinus wel aan tafel om te vertellen. 'Maar veel tied heb ik niet. Mien huus mot ik ook nog poetsen.' Voortdurend kijkt hij op de klok en tikt hij met z'n vingers op tafel. Na een eeuw is er nog geen rust.

'Mien leven? Tja, wat mot ik daarover zeggen? Ik ben met veertien jaar begonnen. Mijn twee oudere broers moesten onder dienst, dat was in die Eerste Wereldoorlog. Dus toen zei mijn vader: "Nou mot jij maar komen help'n." Zodoende moest ik van school en ben ik thuis'bleven. Mijn vader had een smederij, maar dat werk was mij veel te zwaar. Och, jonge jonge jonge. Die zware hoepels om de wielen leggen! Ik had er geen kracht genoeg voor. En je had het peerd'nbeslag nog – och, man man man. Dat was geen werk voor mij. Toen kwamen de fietsen op en ben ik maar met de fietsen begonnen. Dat was licht werk, hè.

We zaten midden in het dorp. Voor was de smederij van vader, achter zat ik met mijn fietsen. Uit Vinkega en uit De Blesse kwamen ze met hun kapotte rijwielen naar mij toe. De mensen konden hun fiets nog niet zelf maken, in die begintijd. De fiets was onbekend. En fietsen konden ze ook al niet; ik sjouwde er maar achteraan. Maar sommigen hebben het nooit geleerd. In de zomervakantie verhuurde ik rijwielen. Soms met twintig tegelijk. Dat beurde goed. Och, het was mooi werk, man. Maar ja, dat is er nu helemaal af. Ze hebben allemaal een fiets tegenwoordig. Huren is er niet meer bij. En het zijn ook nog goeie fietsen. Die gaan niet kapot. Toentertijd had je hier maar twee soorten: de damesfiets en de herenfiets. Allemaal zwart, van Batavus uit Heerenveen. Nou heb je misschien wel twintig soorten; wat is dat nou voor een werk? Het is toch niet meer bij te benen? Dat moderne spul, met die ruwe zwarte banden, vind ik maar niks. Eén keer heb ik zo'n buitenlandse fiets voor iemand uit het dorp besteld. Als je er wat aan kan verdienen, is het mijn wel goed.

Toen het lichtnet hierheen kwam, ben ik ook met het elektrisch begonnen. Vinkega, De Blesse, Noordwolde en Steggerda. Overal moest ik de draden repareren. En ik deed het onderhoud van het elektrisch in de woningen. Met mijn bosje draden achterop fietste ik naar de storingen toe. Het Provinciaal Elektriciteits Bedrijf betaalde best. Maar het was een heel werk. Als het slecht weer was, moest ik de palen in. Och, man – hoe slechter het weer, hoe meer reparaties ik had. Met mooi weer was er nooit wat stuk! Een koude winter was het ergst. Door de ijzel werden de draden te zwaar en knapten ze stuk voor stuk af. Dan kon je wel aan de gang blijven.

Je moest nog helemaal tussen de draden door omhoog klimmen om er een nieuwe zekering in te zetten. Op klimschaatsen. Dat waren ijzeren zolen die je met bandjes onder je klomp bond. Aan de binnenkant van de klimschaats zat een ronde haak, die je precies om de paal klemde. De scherpe punten van de schaats stak je een halve centimeter de houten paal in en zo klom je omhoog. Naar beneden ging moeilijker dan naar boven. Dan haakte je weleens mis en viel je een eind naar beneden. De elektrische draden kietelden soms tegen het oor. Dat gaf niks. Als je maar geen twee draden tegelijkertijd vastpakte! Het is me altijd best afgegaan. Later nam Arend het over; het elektrisch ging van vader op zoon. En nog veel later kwam het ondergronds. Dat was stukken beter, want je kreeg minder storingen.

Meteropnemer ben ik ook nog geweest. Dat beurde zo goed. Er waren tweehonderd aansluutinks in Steggerda. Als ik hard doorwerkte, deed ik alle aansluitingen in twee dagen tijd. Zestien gulden in twee dagen! Dan had je tenminste goed wissel. Och, wat een hoop geld was dat. 's Winters had je er wel vier dagen werk mee, want dan was de dag een stuk korter. Straatverlichting was er amper. Hooguit een enkel lichtje op het dorp. De buitenwegen waren stikdonker. Ik had wel een lantaarntje bij, maar het viel in de winter niet mee om mijn weg te vinden.

Telegrambesteller was ik ook een hele tijd. Als ik een telegram in het dorp moest bezorgen, kreeg ik vijf cent. En als het ver was een kwartje. Maar als ik 's winters naar De Hoeve moest, een kilometer of zeven verderop, dan was het toch wel een heel eind op de fiets door die kou. Of lopend, door de sneeuw. Met hoogwater moest je ook nog eens helemaal omrijden. De Hoeveweg stond vaak onder water. Van de Linde. Dan was ik de hele dag onderweg met mijn telegram. Och, man. Als het slecht weer was, was er altijd werk. Met het elektrisch, maar ook met die telegrammen. Ik weet nog dat ik een keer op de Leemweg moest melden dat een gezelschap mensen niet kon komen omdat het zo verschrikkelijk stormde. Dan moest ik er wel door! Helemaal naar de Leemweg, omdat die mensen zelf geen zin hadden in dat hondenweer. Maar ja, het waren klanten, dus dan deed je het maar weer.

De crisistijd? Doordat ik altijd werk had, viel die arme tijd voor ons nog wel mee. Op zaterdagavond kon er nog een snee krentenmik met boter van af. En ik kon altijd wel wat ruilen op het dorp. Honger hebben we niet gehad. Maar hier tegenover woonden mensen met een stuk of zes kinders. Och, man... die hadden níks! Als ik naar buiten kwam en ik had nog een stuk brood in mijn hand, dan was ik het meteen kwijt. Wij hadden het beter, maar daar moest wel voor gewerkt worden. En die van de werkverschaffing konden niet altijd aan de slag. Zo weinig werk was er. Ik zie de arbeiders hier nog langs fietsen, op weg naar de polder. Ze mochten daar een week werken en dan weer twee weken niet.

Of ik niet druk was? Och, jawel. Maar ik had er één voor het elektrisch en één voor de fietsen; ik deed de draden, mijn vrouw deed de winkel. Als ik om vijf uur klaar was met het elektrisch, nam ik de fietsen weer over. En de rest deed ik tussendoor. Ik werkte van 's morgens zeven tot 's avonds tien uur. Als er wat kapot was, moest het toch klaar. Ik heb wat werk gedaan! Als je over de honderd bent, mot er eigenlijk een keer een eind aan komen. Ik heb al jaren mijn AOW. Maar ik knoei nog graag rond. Een beetje opruimen. Ik verkoop nog wat los goed. "Gewoon doordoen!" zeg ik altijd. Wat moet je anders? Maar repareren kan ik niet meer. En het hoeft ook niet. Ze kunnen het tegenwoordig bijna allemaal zelf. En anders doet mijn zoon Arend het.

Met een auto ben ik ook gauw begonnen. In 1926. Taxi rijden; dat deed ik er ook nog bij. Op en neer naar Leeuwarden, zo'n honderd kilometer, deed acht gulden. Maar nou hebben ze allemaal zelf een auto. Het is verschrikkelijk met die auto's. Allemaal achter mekaar! Het zijn er veels te veel. Toen had haast niemand er een. Alleen de caféhouder en de directeur van de coöperatieve zuivelfabriek De Toekomst hadden er samen één. En ik had een zware Ford. Later kreeg ik een lichtere. Een demonstratiewagen. Een jaar oud was hij toen ik hem kreeg. Nummerbord B 12470. De B stond voor Friesland, elke provincie had zijn eigen letter. Ik ben overal naar toe geweest in mijn B 12470. Trouwerijen deed ik. En ziekenvervoer – ziekenwagens zijn pas veel later gekomen. De een wou hier naar toe, de ander wou daar naar toe. Och, man. Ik was dag en nacht onderweg. Ik had lui die helemaal naar Amsterdam moesten. Beuren maar!

Een rijbewijs? Daar werd toen niet zo ingewikkeld over gedaan. Ik had de auto hier aan de overkant staan. Ik moest hem achterstevoren de garage uit rijden, en hem er vooruit weer in zetten. Toen was ik geslaagd. Dokter Baarda van Wolvega nam de rijbewijzen af. Later deed de baas van wasserij Spitsen in Steenwijk het, maar dat veranderde niets. Toen Arend voor zijn rijbewijs op moest, zei Spitsen: "Hij kan het nog niet. Maar hij leert het wel." En dat was genoeg. Er waren ook zo weinig automobielen. Als je een andere auto tegenkwam, stak je je hand nog uit. Och, jongen – schei uut! Ze waren toen nog lang niet zo streng op als tegenwoordig. Boetes heb ik ook nooit gehad. Op eentje na. Vijftien gulden heb ik een keer betaald, ergens in Zwolle; toen reed ik écht veel te hard.

Wanneer ik precies getrouwd ben? Dat weet ik niet meer. Maar het was in Wolvega. Verder kan ik mij er niks van herinneren – je onthoudt alles niet! Maar we hebben wel lang verkering gehad, dat weet ik wel. Dat was net na die eerste oorlog. Toen kon je geen woning vinden. Helemaal níks kon je krijgen! We hebben er jaren op motten wachten. Er werd niet gebouwd, dus ook niet getrouwd. Tot we naar de ouwe pastorie zijn gegaan. Daar konden we een kamertje huren. En later ben we hier'komen.

Ik had een meisje van Steggerda. Eentje van Westerveld. Annie. We waren allebei korfballers. Och, man, wat hadden we een mooie ploeg; een van dé ploegen van Friesland. Forward heetten we. In de Westhoek vroegen ze of Forward niet een demonstratie wilde geven van die nieuwe sport. Want dat korfballen bestond nog maar net. Midden in de zomer fietsten we naar de Westhoek. Catherina Westerveld, Annie, reed naast mij en zo ben ik d'r-aan gekomen. Wat voor een meisje het was? Heel gewoon. Niks bijzonders aan. Ze woonde hier iets verderop. We hebben eerst nog een hele drukte gehad, want zij mocht graag dansen. En ook nog korfbal spelen op zondag. Maar mijn vader was ouderling in de kerk en hij was daar vreselijk op tegen. Toen heeft ze gezegd: "Vooruut, ik schei er wel mee uut." Ze stopte met dansen en ging voortaan op zondag naar de kerk. Toen was het in orde.

Of ik een mooi leven gehad heb? Tja, wat mot ik daar nou over zeggen. Het is hard werken geweest. Werk ging altijd voor. Ik zit nog steeds niet graag stil. Een doordoener ben ik. Geen prater. Maar een mooi leven? Och, ik weet het niet. Ik had eigenlijk wat anders gewild. Ik wou naar zee. Op een schip, overal naar toe... Dat had me mooi geleken. Het liefst had ik op zo'n sleepboot gezeten. Maar ik moest mijn vader helpen, met de mobilisatie van 1914. Dus het dromen was er toen af. Door de oorlog ben ik in de fietsen beland. En zo ben ik altijd in Steggerda gebleven.

En nu? Gelukkig kan ik hiernaast eten en theedrinken, bij Arend en Alie. Ik heb zelf nog nooit thee gezet. Nog geen ei heb ik gebakken. Dat deed mijn vrouw altijd en nou doet de vrouw van mijn zoon het. Tien uur koffie, twaalf uur eten en drie uur thee. Om vijf uur eet ik zelf brood. Tussen zes en zeven televisie. Dan wassen en om acht uur naar bed. Want ik ben alleen, al bijna twintig jaar. Wat mot je dan nog opblijven? Maar slapen doe ik goed. En eten ook. Het komt misschien door die supengortenbrij, dat ik zo oud geworden ben. Daar eet ik nog elke dag een bord van leeg, met een berg suiker erop. Zolang je dat doet, weet je niet hoe lang je nog hebt. We leven maar stiekem door als het kan... Ik mankeer niks. De krant lees ik zonder bril. Maar ik bemoei me nergens meer mee. Het is mijn wel goed. Nou, we sluuten maar! Ik mot het huus nog doen.'

Op 1-11-2001 is Marinus Nijk overleden.

'Nu zal ik het volhouden ook!'

ANNA LAMBERTZ, ZUSTER FINTANA
7-3-1900, NEIDINGEN, DUITSLAND

Een kolossaal klooster staat eenzaam in de sneeuw, buiten Aarle-Rixtel, Oost-Brabant. Hoogbejaarde zusters van het Heilig Bloed die in de missie zijn geweest mogen hier uitrusten; in cellen met uitzicht op kale akkers, waar geen ziel te bekennen is – laat staan te winnen. Een bijzonder kleine non opent een zware deur en beklimt lenig de trappen naar boven. Veel kloostercellen staan leeg. En het lekt. Door de donkere gangen, bekleed met karton, dwaalt een enkele asielzoeker rond; uitgeprocedeerd, maar wel opgenomen door de oude bruiden van Christus. Verder klinkt alleen een zacht gezang uit de kapel. Het ruikt naar wierook en stof.

Helemaal boven in het Moederhuis, in haar cel waar nipt een tafel, stoel en bed in passen, zit de Duitstalige zuster Fintana. Nog in vol, zwart ornaat, maar wel een beetje ineengedoken in haar leunstoel naast de schaal mariakaakjes. Fintana, ooit Anna, Lambertz heeft dons op haar wangen, en een zachtmoedige glimlach. 'Klein hier? Ach, nein!' zegt ze met een stem die helder is gebleven in honderd jaar. Van de buitenwereld ziet Fintana niets meer. De loop naar het raampje vindt ze te riskant. Maar ze is opgetogen als ze hoort dat het sneeuwt, en alles wit is: 'Wie im Himmel, wunderbar!'

'Het grootste deel van mijn leven zat ik in Zuid-Afrika. Daar lag één keer sneeuw. Zoiets hadden de Afrikanen nog nooit gezien; het hele openbare leven lag plat, de mensen waren van slag. Maar ik vond het prachtig: de *Schnee* herinnerde me aan *meine Jugend* in de Eiffel. Niet dat ik ooit *Heimweh* had naar Europa! Al waren de beginjaren zwaar.

Pas vijftien jaar geleden kwam ik terug naar Europa. Mijn ouders waren inmiddels gestorven, ik heb ze nooit meer gezien na mijn vertrek. Maar mijn zes broers en zussen leefden nog. Ik was heel gelukkig ze terug te zien; het voelde zo *heimatlich*, zo vertrouwd. En zij waren zó gelukkig dat ik na zestig jaar thuiskwam dat ze me niet eens zelf mijn schoenen dicht lieten veteren, dat deden zij wel voor mij. Maar ik voelde me ook vervreemd van mijn heimat. De oorlog had zoveel verwoest en de wederopbouw had Duitsland een volstrekt ander uiterlijk gegeven. De straten, de huizen waren vernieuwd. Ik kende de weg niet meer, kon de oude winkels niet vinden. Eigenlijk was alles veranderd. Alleen mijn broers en zussen waren nog dezelfden. Ze zijn de oorlog goed doorgekomen. Wonderbaarlijk, want in ons dorpje Neidingen – bij Sankt Vith, in Duitstalig België – zijn velen heengegaan tijdens de Tweede Wereldoorlog.

De *Krieg* had al eerder zijn sporen achtergelaten in mijn geboorteplaats: na de Eerste Wereldoorlog moest Neidingen door Duitsland worden afgestaan aan België. Ik veranderde van nationaliteit mee. Met achttien jaar werd ik Belgische, later Afrikaanse en op mijn oude dag leef ik in Nederland. Eigenlijk weet ik nu helemaal niet meer wat ik ben: Duitse, Belgische, Afrikaanse of Nederlandse? Misschien wel allemaal. Maar ik ben toch voorál zuster.

Op mijn achtste heb ik ze voor het eerst gezien: de zusters. Met mijn moeder zocht ik mijn driejarige zusje op dat met tyfus in het *Krankenhaus* lag. Niemand durfde de kamer van een tyfuslijder in; we stonden door een raam naar haar te kijken. Maar de zusters waren niet bang. Ze verzorgden het arme kind – dat de ziekte niet heeft overleefd – met veel liefde, bewonderenswaardig! En toen ik ze aan het werk zag, wist ik het: ik word ook zuster. Een heel speciaal gevoel; een overtuiging die ik vandaag nog precies zo voel als toen op die dag.

Ik heb nooit meer iets anders gewild. Mijn hele schooltijd dacht ik aan mijn toekomst in het klooster. De zusters zagen er in mijn jeugd prachtig uit, in hun sierlijke habijt. De kappen waren toen nog vierhoekig; ontzettend mooi, nu is alles helaas vereenvoudigd. Als ik een non had gezien, was ik helemaal *be-*

geisterd. In de tweede klas van de lagere school had het meisje naast mij in het schoolbankje een prent waar vijf zusters op afgebeeld stonden. Ik had een sprookjesboek van *Rotkäppchen*, een kostbaar bezit. Maar zodra ik haar prent zag, zei ik: "Ruil met mij. Geef mij die zusters, dan krijg jij Roodkapje." Ze ruilde natuurlijk, Roodkapje was veel populairder, en nu waren de zusters van mij. Ik stopte ze in mijn schoolboek, zodat ik elke dag naar ze kon kijken. Ze kwamen uit de buurt van Münster, ik zie ze nog zó voor me, in hun statige kledij. Nu heb ik de prent niet meer... Toen ik terugkwam uit Afrika vond ik hem terug bij ons thuis op zolder, maar de zusters waren helemaal vergeeld door de tijd; ik heb ze in de open haard gegooid, want dat kon ik niet verdragen.

Met veertien jaar kwam ik van school. Ik had mijn ouders nog steeds niet verteld dat ik zuster wilde worden – niemand had ik het nog gezegd. Ik wilde er pas over spreken als de tijd rijp was, want het mocht niet misgaan! Als oudste dochter hielp ik mijn ouders op de boerderij; wassen, strijken, vruchten inmaken, kalfjes voederen. Dat kon moeder niet alleen af. En het was nu eenmaal gebruikelijk dat de oudste dochter thuisbleef. Pas zeven jaar later, toen ook mijn broers en zussen van school waren, durfde ik het aan – want nu pas voelde ik me vrij... Ik riep iedereen bij elkaar en viel maar met de deur in huis: "Ik ga het klooster in." Moeder had het al vermoed, want ik zocht de zusters bij ons in de buurt vaak op. Vader was apetrots. Hij ging het meteen aan al zijn kennissen vertellen, en die hebben goed op me geproost.

Mijn ouders wilden me graag laten gaan nu ik niet meer nodig was, mijn zusters konden nu immers helpen. Moeder was bovendien vroom. Ze bad veel met ons: voor een goede oogst, of tegen ziektes. We hadden een grote verzameling gebedenboeken en op dagen dat we niet zoveel werk om handen hadden, zaten we daar nog eens extra uit te bidden. Het liefst tot de Heilige Jozef of de Onbevlekte Ontvangenis. Moeder bad altijd voor een goede beroepskeuze voor de kinderen; dat moet mij hebben geholpen.

Nu ik mijn verlangen had geopenbaard, moest ik een klooster zien te vinden dat me wilde aannemen. Dat was nog niet zo makkelijk... Bij het missieklooster in Steijl kreeg ik te horen dat de wachttijd om in te treden twee jaar was. Het is nu moeilijk voor te stellen, maar toen wilden verschrikkelijk veel meisjes non worden. Het was de tijd van de kinderrijke gezinnen; de meeste ouders waren ook blij als er een het klooster in ging. Nu hebben de ouders maar weinig kinderen en die willen ze niet kwijt, dus bijna niemand wordt nog zuster.

Nog twee jaar wachten met intreden; dat kon ik niet. Nu wilde ik ook gáán. Onze pastoor vertelde me dat ik misschien sneller terecht kon bij de zusters van het Heilig Bloed – die Christus naar de mensen brengen, waarvoor Hij zijn Heilig Bloed gegeven heeft. Onze pastoor kreeg gelijk: ik schreef de zusters een brief en ze namen me direct aan.

Ik moest als postulante beginnen in Beieren. Daar hadden de zusters van het Heilig Bloed een kindersanatorium op een voormalige militaire oefenplaats. Toen Duitsland de Eerste Wereldoorlog had verloren, was bepaald dat op die plek een *Kinderheim* moest komen. De Amerikanen hadden het er voor het zeggen. Ze hebben Duitsland goed geholpen in die arme tijd, met voedselpakketten vooral. Elke maand kwamen er duizend arme kindertjes naar ons Heim om op te knappen. Hoewel de oorlog al een paar jaar voorbij was, zag je nog steeds van die magere scharminkels. Ze hadden het best gezellig bij ons; de hele dag wandelden ze in de frisse lucht, of deden ze turnoefeningen. Ik werd in de keuken geplaatst, waar zo voedingsrijk mogelijk gekookt moest worden – tot 's avonds tien uur waren we in de weer. Vanuit Amerika ontvingen we cacao; elke avond kregen de kinderen een kopje chocolademelk. Met een extra dikke boterham; dat deed ze goed.

Ik heb er een maand doorgebracht. Daarna mocht ik naar het Moederhuis, het hoofdklooster in Aarle-Rixtel. Ik kreeg, als novice, een habijt met een mooie witte sluier, en de naam Fintana. Na een jaar legde ik de kloostergeloften af. En nog geen twee maanden later werden we plotseling door de bisschop naar Afrika geroepen om een meisjesinternaat op te zetten, ergens diep in Oost-Afrika. Samen met nog twee zusters van het Heilig Bloed pakte ik mijn koffer.

We vertrokken vanuit Rotterdam met de stoomboot Randfontein via Lissabon en Durban naar Beira, Portugees Oost-Afrika; het huidige Mozambique. Daar maakten we een treinreis door de wildernis, tot aan de Zambesirivier. We moesten een week wachten tot er een rivierstoomboot kwam die ons meenam naar de kleine nederzetting Boroma, nabij Tete. Twaalf dagen lang duurde die avontuurlijke tocht over de Zambesi, die op sommige plekken halfdroog stond; dertig zwarte mannen moesten de stoomboot voortdurend van zandbanken duwen, terwijl krokodillen met grote ogen toekeken vanaf de oever! Begin oktober waren we vertrokken en pas op 24 december 1924, op kerstavond, kwamen we aan. In een afgeleefd klooster, dat al tien jaar leegstond. De Duitse zusters die er ooit hadden gewerkt, waren in de Eerste Wereldoorlog weggejaagd door de Portugezen. In de tijd dat er geen zuster meer te bekennen was geweest, hadden twee missionarissen het katholicisme overeind gehouden. Een paar zusters van het Heilig Bloed waren ons al vooruit gereisd om het vervallen gebouw een béétje op te knappen. Er hingen weer muskietennetten boven de oude, roestige bedden in de slaapzaal. Na de nachtmis en die lange reis vielen we daarin als een blok in slaap.

Ik was de jongste en ik ben de anderen eigenlijk maar gewoon gevolgd. Wat had ik met mijn vierentwintig jaar nou gezien? Ik was altijd thuis op de boerderij geweest. Veel levenservaring had ik daar niet opgedaan. Ik wist wel dat er missieposten waren, maar ik had geen duidelijke voorstelling van Afrika. Het enige wat ik kende, waren de plaatjes in de missietijdschriften waarboven ik een beetje had zitten wegdromen. Wat ik nu aantrof, klopte wel met die plaatjes, maar het moeilijke was dat ik de taal van de inboorlingen niet kende. Een van de zusters, die eerder in Oost-Afrika was geweest, leerde die taal, en het Portugees, snel. De andere zusters – ik zag een beetje tegen ze op, ik vond ze erg ontwikkeld – leerden de talen ook vlot. Maar voor mij was het erg moeilijk. Ik had nog nooit een vreemde taal geleerd; ik zat elke dag in die tropische hitte te zweten boven de Portugese grammatica. Aan de inboorlingentaal ben ik niet eens begonnen...

Vanwege mijn gebrek aan kennis werd ik kokkin. De ene dag kookte ik rijst, de andere dag *Knödel*; er was geen aardappel te vinden, jammer genoeg. Veel hadden we in die begintijd niet om te bereiden. Er was wel een groentetuin, maar het was te heet om die te bewerken – bovendien verdorden onze gewassen onder de hete zon. In de keuken moest ik het vooral met blikgroenten uit Europa doen. In Tete – dat was vijf uur lopen – had een Duitser, een zekere Detlev, een winkel met Europese producten. Ik weet nog dat ik de eerste keer in een draagstoel naar Detlev werd gebracht om conserven met groenten en boter te halen. De missiepost had van stevig geweven stof en bamboestokken draagstoelen laten maken, *manchilas*. Daar zat ik in; heerlijk in de schaduw. Vier negers droegen mij op de schouder, en vier anderen wisselden die mannen af. Ze zongen zo mooi, die zwarten, en ze hopsten langzaam voort; zo wiegden ze mij in slaap. Ergens halverwege struikelden ze en vielen in een greppel; maar mij hielden ze al die tijd keurig omhoog, van de hele val heb ik niks gemerkt. Pas toen de negers keken of mij iets was overkomen, werd ik wakker. Later lieten we onze boodschappen bezorgen, maar ik vond het jammer dat ik niet meer gedragen werd; het was zo ontspannend.

Er was geen tijd voor natuurlijk. Alleen al met het drinkwater was ik urenlang in de weer, elke dag. Het water uit de Zambesi kon je niet zomaar drinken. Het moest eerst door een filter, dan gekookt worden, dan weer door een filter, een heel gedoe. En ik moest wel acht kannen koffie zetten per dag; de zusters hadden grote dorst in de tropen. De hitte was soms ondraaglijk. Vaak moesten we 's nachts opstaan en onze strozakken op de veranda leggen; we sliepen dan onder de blote hemel. Dat koelde tenminste een beetje af.

Voordat wij naar die kleine nederzetting in Oost-Afrika kwamen, kregen daar alleen de jongens les, van een zwarte leraar. Ik zie ze nog voor me, in de schaduw onder de bomen. Zonder tafels, zonder griffels. Met alleen rood zand. Ze streken het glad en schreven er met de vingers in, of met een stokje – alles zag er op den duur rood van. Zo leerden ze het ABC in de "school" onder de bomen... Toen wij kwamen en de kloosterschool opgeknapt was, kregen ze keurige lokalen; met tafels, griffels en boeken. En er kwam ook een meisjesafdeling.

Na een tijdje, ik had het Portugees een tikje onder de knie, mocht ook ik lesgeven aan de jongste meisjes en jongens – dat ging nét met mijn gebrekkige kennis. Ik hoefde ze alleen maar een beetje voor te bereiden op de lessen die ze zouden krijgen van de zusters die ervoor gestudeerd hadden. Die zwarte kindertjes vonden het ontzettend leuk om iets te leren, herinner ik me. Ze waren echt geestdriftig, want als ze iets leerden, zouden ze iets wórden later, en misschien een baan krijgen bij de Portugezen.

De meeste kinderen werkten twee dagen per week voor ons op het land omdat ze geen geld hadden voor schrijfgerei en boeken. Nee, dat vonden ze helemaal niet erg. Zo verdienden ze het een beetje terug, want ons onderwijs was gratis. In rijen van vijftig zaten ze op hun knietjes op ons land; we teelden maïs en aardnoten op de kloosterboerderij, dat ging op den duur steeds beter. In de oogsttijd moesten de kindertjes de maïs uit de kolven halen, in zakken doen en die naar het klooster dragen. Deels was de oogst voor eigen gebruik; voor de vele, vele kinderen die bij ons in het klooster zaten; ze woonden te ver van school en werden door ons onderhouden.

Terwijl de kinderen aardnoten pelden, of aan de rijst- of katoenplanten werkten, leerden ze ook van alles; tot honderd tellen bijvoorbeeld. Ik telde, zong of bad luidop voor en zij telden, zongen of baden mij na. Vooral op het zingen van kerkliederen waren ze dol – en ze zongen zo wonderschoon. Ik liep ondertussen de rijen langs om te kijken of ze hun werk goed deden en niks pikten.

De andere dagen hadden de kinderen gewoon catechismus, of lees- en schrijfles. Omdat het allemaal in het Portugees ging en ik steeds vaker les ging geven, al was het aan de laagste klassen, kreeg ik een hulpje: een pienter kind uit de vierde klas, dat de lessen voordroeg. Zo leerde ik de taal zelf ook. Sommige kinderen waren snel van begrip en konden later doorleren – geweldig, natuurlijk. Maar anderen kwamen zelden tot nooit opdagen en gingen maar niet vooruit. Het onderwijs was niet verplicht, dus daar was weinig tegen te doen.

Zowel de godsdienstlessen als het lezen en schrijven waren belangrijk; het ging zeker niet alleen om de godsdienst! En dwang om katholiek te worden was er niet bij – o, nee! Wij werden betaald door de Portugese overheid die geschoolde mensen nodig had in haar kolonie, wij waren dus in de eerste plaats de Portugezen tot hulp. De bevolking moest wat leren om later ook weer behulpzaam te kunnen zijn. Het Portugese kolonialisme? Daar heb ik geen mening over; ik bemoeide me er niet mee. Er werd ook niet over gepraat, we hadden die paar jaren in Portugees Oost-Afrika al zoveel aan ons hoofd. Onze gezondheid vooral. Ik kreeg regelmatig koortsaanvallen, tot veertig graden toe soms, en voelde me nooit helemaal lekker. Eigenlijk was ik voortdurend ziek – van de malaria, wisten we achteraf. Maar spijt? Nee, dat had ik niet. Ik wílde de missie in en nu wás ik in de missie. Ik neem het maar zoals het komt, dacht ik, en nu zal ik het volhouden ook! De andere zusters moesten ook aan de malaria geloven. En op een intrieste dag is onze moeder-overste overleden aan de zwartwaterkoorts; een gevaarlijke vorm van tropische malaria. Ze was nog maar drieëndertig, en vol plannen.

Na haar dood heeft de bisschop ons teruggeroepen naar Lourenzo Marquez, een stad aan zee. We hadden nu allemáál zwartwaterkoorts. Wat waren we er beroerd aan toe! Maar in het ziekenhuis zijn we weer opgelapt. De bisschop liet toen een schooltje opzetten voor Portugezen in die stad aan zee, het huidige Maputo, waar geen malaria was. Ik kreeg de allerkleinsten onder mijn hoede; de kleuterschool werd mijn domein. Ik speelde en zong de ganse dag:

"Coração Santo, Heiliges Hart
Du regierst, tu reinarás
Je zult er altijd, sempre, zijn
Noite e dia, Tag und Nacht
Lalala, lalala..."

Tenminste... na veertig, vijftig jaar weet ik het allemaal niet meer zo precies. Alle talen komen nu door elkaar. Maar als ik alleen ben, vallen de liedjes mij zo weer in en zit ik te zingen. De andere kloosterzusters horen het wel, door de muren heen, maar ze verstáán het niet! Daar heb ik schik in, ja. Maar ik word elke dag ouder en zwakker op de borst. Ik moet niet te veel zingen.

Eindelijk werd ik echt gezond in Mariannhill, bij Durban in Zuid-Afrika, waar ik met de andere zusters naar toe ben gegaan vanwege het gematigder klimaat. Ik kwam weer in de kleuterklas terecht, want een echte lerares ben ik nooit geworden. Meer een hulpje ben ik altijd gebleven. Maar in de *Kindergarten* voelde ik me ook het meest thuis; lekker dansen, zingen en ravotten met de kleintjes – een vrolijke tijd, die voorbij vlóóg. Met als hoogtepunt de bouw van een nieuwe kerk in 1947, of was het 1974? Ach, wat maakt het uit. Het was zo'n mooie dag. Na de eerste Heilige Mis begon het feest. De missionaris had drie ossen geslacht en alle mensen uit de wijde omtrek kwamen met borden en bestek naar ons toe om een stuk vlees op te peuzelen.

Onder het apartheidssysteem werd ons de kleurlingenschool toegewezen; "halfwitten" noemden we onze leerlingen. Er mochten geen blanken of zwarten op, alles was van elkaar gescheiden – een vreselijk systeem, maar we konden er niet omheen. Er werden zelfs aparte missen gehouden voor blanken, zwarten en kleurlingen! Dat was niet zo mooi... Gelukkig is alles er nu gelijk.

Tot mijn honderdste heb ik hier in huis nog meegeholpen; zolang ik kon lopen, werkte ik mee in de groentetuin, of met de was. Ja, ik ben een sterke vrouw. Terwijl ik vroeger zo ziekelijk was – het Eiffelklimaat van mijn heimat was me eigenlijk te koud. Maar in de hitte van Afrika, toen de malaria eenmaal achter de rug was, ben ik sterk geworden. De laatste tijd gaat mijn gezondheid snel achteruit. Daar snap ik niks van. Ineens kon ik niet meer op mijn benen staan; zo vreemd. Dat is de leeftijd, zeggen de zusters. Maar het is een gekke gewaarwording; niet ziek zijn, en toch steeds minder kunnen. Sinds kort moet ik de hele dag in mijn stoel blijven zitten. Anders val ik weer. Ik ben al twee keer op mijn rug gevallen, toen ik even uit mijn raam wilde kijken – ik viel zómaar neer. Stel dat ik een been breek, dan hebben ze nog meer werk met mij. Dat wil ik niet, dus blijf ik maar in de stoel. Nu hoop ik dat ik met dat fietsje daar – een rollator heet het, geloof ik – ooit nog eens door de gang kan wandelen. Of misschien zelfs wel tot beneden aan de deur; dan kan ik nog wat in de frisse lucht komen, als het weer zomer wordt. Ik ben al heel lang niet meer buiten geweest... Hier in het klooster is te weinig verplegend personeel; dat kan ik niet ophouden met wandelingetjes.

Ik ben nu een beetje opgewonden, de pater komt zo bij me op bezoek. Vandaar die rode wangen, ja. Ik kan niet lang meer met u praten. Het is te vermoeiend. En ik moet me nu niet meer met mijn leven, maar met mijn dood bezig gaan houden. Daar ben ik me op aan het voorbereiden. Ik ga eindelijk naar de Lieve Heiland! En daar verheug ik me op. In al die jaren ben ik steeds meer van Hem gaan houden. Van theologie weet ik niet veel. Ik heb niet zo lang geleerd als de echte leraressen in ons klooster. Maar dit weet ik wel: je moet elke dag tegen Jezus zeggen dat je van hem houdt. Knoopt u dat ook maar in uw oren, dat zal u goed doen. Als je het blijft zeggen, hou je mét de dag meer van hem; let maar op, het gaat vanzelf.

Maar wacht nog even met afscheid nemen. Ik wil u nog iets vragen: u bent toch wel katholiek, hoop ik? Wat?! U heeft geen rozenkrans? Ach, gut. Wat sneu! Als u een rozenkrans tot de Moeder Gods bidt, helpt Ze u altijd; in al uw verzoeken. Ik bid de rozenkrans drie keer per dag en ik ben er honderd mee geworden. Ik stá erop dat ik u een mooie rozenkrans schenk. Zuster Sarttho legt u wel even uit hoe u hem gebruikt.'

Op 23-9-2001 is Anna Lambertz, zuster Fintana, overleden.

'Altijd kaas'

ANNIGJE BARON-ROZENDAAL
1-1-1893, LANGERAK, ZUID-HOLLAND

Ze zit tegen de televisie aangeschurkt, met het oor bij de geluidsbox en het oog vlak voor de beeldbuis. Op een warme zomerdag, met alle ramen dicht, onder een wollen deken. Ze draagt een felroze jurk en heeft zilver in haar langgerekte oorlellen. Haar pluizig witte haar staat overeind. Annigje Baron ziet er een beetje excentriek uit, maar ze is een doodnuchter type – met droeve ogen. Veel woorden heeft ze niet nodig voor haar honderdachtjarige leven. Ze is gezond en dús gelukkig, zegt ze voortdurend, punt uit. 'Tot grootste levensgenieter van het huis is gekozen: mevrouw Baron-Rozendaal,' jubelt een oorkonde aan de muur. Maar lachen doet Annigje niet vaak meer. Ze haalt haar schouders op: 'De verpleegsters hebben zelden tijd om mee naar buiten te gaan. Ik ben altijd binnen, alleen bij de tv. Maar daar is tegenwoordig ook niet veel bijzonders meer op.'

'Ik ben geboren in de bedstee op de boerderij. In Langerak, een dorp waar niks te beleven was. Je had er alleen een zangkoor. Gemengd, dat wel. Ik was sopraan en stond vooraan als we op donderdagavond oefenden in het schoolgebouwtje. Kon je niet zingen, dan had je pech. Een kaart- of een gymclub, of weet ik veel wat voor verenigingen er tegenwoordig allemaal zijn, bestond niet. Op dinsdag kon je nog naar bijbelstudie, en dan hield het op. Je wist ook niet beter want je was nooit ergens geweest. Maar veel leuke herinneringen heb ik niet aan mijn jeugd. Ja, kaas maken, dat heb ik genoeg gedaan: onder de pers, in de pekel en dan op de plank. Handelaren kwamen de kaas bij ons ophalen, dus ik kwam maar zelden van de boerderij.

Met achttien koeien was vader wat je noemde “groot boer”. Tegenwoordig ben je pas een beetje boer met vijftig koeien, of misschien nog wel meer, en die kun je sinds het elektrisch melken zonder knecht wel af. Wij hadden met achttien beesten een hele rits personeel. Dat was normaal, vroeger hadden ze overal ik weet niet hoeveel mensen in dienst; door de elektriciteit zijn er een hoop overbodig geworden.

Ik ben ook door personeel opgevoed. Door onze dienstbode vooral. Een moeder heb ik eigenlijk niet gekend, ze stierf in het kraambed toen ik twee was. Had je een kwaaie kraam, dan ging je eraan toentertijd. Al was je nog maar dertig, zoals mijn moeder... Onze dienstbode werd nooit een echte moeder voor mij: ze waste en kookte wel, maar het bleef personeel. En vader was een echte boer. Een beetje stijfjes, zoals dat toen hoorde. Hij ging mij heus niet zitten knuffelen! Zoiets deed een vader niet. Tegenwoordig lopen de vaders achter de kinderwagen. Toen niet. Wat liefde aanging, moest je een moeder hebben. Als je ziet hoeveel aandacht moeders nu hebben voor hun kinderen – ze hebben er natuurlijk ook maar weinig – dan denk ik: ik heb veel moeten missen.

Ik had geen moeder, en ik kreeg geen kinderen. Dat was er voor mij niet bij... Maar ach, daardoor had ik wel meer tijd voor het werk. Op de boerderij maakte ik kazen, later zou ik ze gaan verkopen, en ik heb er altijd veel gegeten ook. Er was altijd kaas in mijn leven. Want op mijn eenentwintigste, in 1914, huwde ik een vertegenwoordiger in kaas. Die was een keer bij ons op de boerderij geweest, zo had ik hem leren kennen. Hoe moest ik anders iemand tegen het lijf lopen? Ik kwam nergens.

Onze bruiloft was in Langerak – allemaal heel eenvoudig – en daarna gingen we in Rotterdam wonen. Mijn man verdiende vijftien gulden. “Zo’n groot weekgeld heeft niemand!” zeiden de mensen. Maar ons huwelijksleven was van korte duur; de oorlog van ’14-’18 kwam ertussen. Vier jaar lang moest mijn man in dienst. Terug naar de boerderij wilde ik niet meer. Toen ben ik maar bij mijn schoonouders in Gorinchem ingetrokken; zij vonden het niet goed, een vrouw alleen. En ze wilden gezelschap, al hun zoons waren onder dienst. Mijn schoonouders, die in de kaasgroothandel zaten, hadden nauwelijks werk; er was geen handel tijdens de oorlog. Dus ik heb vier jaar zitten borduren.

Toen mijn man uit dienst kwam, begonnen we een zaak in melk en kaas in de Bloemfonteinstraat, bij de Rotterdamse Maashaven. Dat was precies op het eind van de oorlog, in de laatste week dat de levensmiddelen nog op de bon waren. We hebben er een goeie zaak aan gehad – ik héb wat melk en kaas verkocht... De melk ging nog direct van de boer zó bij ons de winkel in, lekker. We ventten ook zuivel op straat uit, met een hondenkar; dat was praktisch. Nu zie je dat niet meer. Het leven verandert steeds als je jaren en jaren oud wordt. Maar het is niet beter of slechter geworden, alleen anders. De melk was negen cent. Wat kost die tegenwoordig? Vierentwintig cent, geloof ik. Meer dan een gulden?! Destijds was een pond kaas veertien cent. Moet je nou eens gaan kijken in de winkel! De prijzen zijn toch zo omhoog gegaan. Maar toen was het altijd een troep, met die ijsblokken die de zuivel koud moesten houden; een elektrische koelkast is stukken makkelijker, het geeft niet zo'n gedweil. De wereld veranderde, maar werd niet beter of slechter – welnee.

We begonnen in onze zaak als een van de eersten met de verkoop van fijne vleeswaren: dat was iets nieuws. Worst voor op de boterham en zo. Het was nog lang niet zo uitgebreid als nu, maar m'n man en ik verdienden er genoeg mee. We hadden veel schippers als klant, die hadden altijd geld. En al zeg ik het zelf, ik was een goeie zakenvrouw. Achter de toonbank moet je met de mensen méégaan. Het met ze eens zijn. Dan heb je ze gewonnen en dan komen ze terug.

Het werd allemaal minder toen er nieuw gebouwd werd bij de Maashaven, in de jaren twintig. Er kwamen steeds meer winkels. En bij ons liep het terug van vijftienhonderd naar vijfhonderd gulden; die getallen heb ik altijd onthouden. Zo groot was onze omzet – per jaar geloof ik, maar dat weet ik niet zeker na al die tijd. We verdienden steeds minder en toen wou mijn man niet meer. We hebben de boel verkocht. Maar later hebben we nooit meer zo'n goed lopende zaak gehad. We zijn vertrokken naar Schiebroek. Daar wou mijn man weer in de kaashandel, maar dat viel niet mee. Het was overal coöperatie geworden. Eigenlijk is het na de Maashaven alleen nog maar scharrelen geweest; wat handel hier en daar.

En verder is er niet zoveel meer gebeurd. In de tweede oorlog zat ik buiten Rotterdam, veilig bij mijn familie. Ik kan me er weinig van herinneren. Ook van na de oorlog herinner ik me lang niet alles. De eerste mens op de maan? Ik zou het niet meer weten. Ik heb niet alles meer bijgehouden. Waarom zou ik?

Het mensdom wordt toch zo oud! D'r is er pas een gestorven van honderddertien, heb ik horen zeggen. Dat is toch niet meer te volgen? Als je er vroeger in Langerak een van zestig zag lopen, met zo'n knotje, dan was dat een oud wijfje. Maar ik ben honderdnegen! Daar heb je zelf geen zeggen van, het is gewoon doorademen. Nee, het is echt niet meer dan dat. Ik heb er niks bijzonders voor gedaan; als je gezond bent, hoef je verder niks te doen. Je moet gewoon het geluk hebben dat je niks gaat mankeren. Dat is alles. Hoe lang ik nog wil leven? Dat zal ik maar niet zeggen.

Je wordt geleefd als je oud bent. Ik woonde nog gewoon op mezelf toen ik honderdvier was. Ik kreeg een kleine operatie aan de darm en daarna moest ik naar het verzorgingstehuis; ze reden zó mijn huis voorbij en brachten me hier. Dat was zogenaamd beter voor mij... Onzin! Ik mankeer niks! Ik kan nog goed voor mezelf zorgen, met wat personeel. Ik had net een fijn hulpje thuis. Maar als je ouder wordt gaan andere mensen voor je beslissen – je hebt niks meer te zeggen. Het bevalt me hier nu wel, alles went, maar ik zat véél liever thuis. In het huis dat we zelf hebben laten bouwen, mijn man en ik. Voor drieëndertigduizend gulden. Voor meer dan twee ton is het verkocht, dus ik ben slapend rijk geworden. Maar wat heb ik eraan?

Hoe laat is het? Ik kan de klok niet meer lezen. Twaalf uur? Dan krijg ik zo warm eten. Meestal vind ik er niks aan. Maar ja, ik heb ook mijn smaak niet meer van toen ik drieëntwintig was! Alles slijt; ik proef haast niks, en dan vind je al gauw niks lekker meer. Je kunt dan wel oud worden, maar je wordt vanzelf uitgerangeerd. Dat kan toch ook niet anders?

Ach, ja. Ik zeg altijd maar zo: als je gezond bent, dan ben je gelukkig. Punt uit. Of ik gelukkig ben? Natuurlijk. Ik mankeer toch niks? Op wat kleine mankementjes na. Gezondheid is de eerste prijs op deze wereld, neem dat maar van mij aan. En honger is de beste kok, dus ik probeer toch maar wat te eten. Maar blijft u nog even zitten, dan kunt u de restjes opeten. Het is zonde om goed vlees weg te gooien. Kunt u de boel even prakken voor mij? Alles moet zo klein mogelijk, anders stik ik. En dat hoeft nou ook weer niet.'

Op 23-11-2001 is Annigje Baron-Rozendaal overleden.

'Tijd bestaat niet'

GERARD TIMMERMANS
30-11-1896, UTRECHT, PROVINCIE UTRECHT

De oude apothekersassistent is kaarsrecht gebleven. Hij draagt een helder wit kostuum dat hem in Nederlands-Indië niet had misstaan, indertijd. Op zijn bleke neus staat degelijk een brilmontuur uit de jaren zestig. Ondanks de hoge leeftijd is Gerard Timmermans af en toe verlegen – dan lacht hij wat onhandig, zomaar ineens. En hij excuseert zich voor het tutoyeren: 'O, pardon!' Toch begint hij direct, en vastberaden, te vertellen: over het Jappenkamp. Dan heeft hij dat maar gehad. 'Mijn leven lang heb ik geprobeerd de Jap te vergeten, maar het is toch een stuk van mijn historie.' Onlangs begon de farmaceut aan zijn memoires, maar het invoeren van zijn honderdvijfjarige leven op de computer gaat hem niet vlot genoeg. Accuraat als weleer, dreigt hij zijn levensgeschiedenis nooit te voltooien. Wel wist Timmermans op zijn honderdste nog zijn Kosmische Levensvisie uit te typen, op talloze A-viertjes: 'Het resultaat van een eeuw gepieker over leven en dood, goed en kwaad op de planeet aarde.'

'In ruim honderd jaar heb ik veel moeten verwerken. Drieënhalf jaar achter prikkeldraad in het Jappenkamp... De smerigste straffen werden er uitgevoerd; een ware verschrikking. Onthoofden was zowat dagelijks werk. Je was je leven nooit zeker. Van het samoeraizwaard kreeg je de schrik wel te pakken; dat is zo gemaakt dat je in één keer vrij eenvoudig iemands hoofd eraf kunt slaan. Als het gebeurde, moesten alle gevangenen kijken natuurlijk.

Ik beheerde een apotheek in Batavia. Maar na de inval van de

Jap moest ik de zaak afstaan. Een Japanse dokter liep door mijn apotheek alsof die altijd al van hem was geweest. Alle voorraden wilde hij zien. Ik moest hem dus nog rondleiden ook, met een bajonet in mijn rug. Voortdurend bleef ik onder schot, ik was doodsbenauwd.

Daarna wilde ik nog maar één ding: zo snel mogelijk vertrekken, met mijn gezin. Alles was al netjes ingepakt, het hele meubilair, alle schilderijen en boeken. Veertien kisten, keurig genummerd. Met lijsten erbij, zodat ik precies wist wat erin zat. We gingen nog even een laatste boodschap doen, maar bij terugkomst konden we ons huis al niet meer in; de Jap had er een plakkaat op geplakt waarop stond dat het eigendom was van Nippon. Ineens waren we ons huis kwijt, met alles wat erin stond. We hadden zelfs geen andere kleren meer. En ons geld was in beslag genomen. Ik zag kans om nog één keer honderd gulden te halen, en dat was alles wat mijn vrouw, mijn zoontje en ik bezaten. We namen onze intrek in een hotel op het Koningsplein. Daar zag ik, door het raam, mijn inboedel langskomen; mijn genummerde kisten stonden nu op een Japanse vrachtwagen.

Ik vreesde dat Batavia gebombardeerd zou worden. Dus ik zei tegen m'n vrouw: "Ga jij alvast met onze jongen naar het binnenland, naar Sukabumi. Daar zijn jullie tenminste veilig." Maar dat bleek helemaal verkeerd. Want in Sukabumi woonde een fotograaf die een geheime radioverbinding had met Nederland. Dat was natuurlijk niet naar de zin van de Jap, die maar al te goed op de hoogte was. Dus de bommen vielen juist op Sukabumi. En niet bij de fotograaf, maar vlak bij een schooltje. Flink wat kinderen zijn omgekomen. Mijn zevenjarige zoon zat ook op die school en heeft het helaas mee moeten maken – het arme joch zag losse armen, hoofden en benen om zich heen liggen. Een vreselijke shock, die hij nooit helemaal te boven is gekomen.

Kort na het bombardement probeerde ik ook naar Sukabumi te reizen. Je moest een identiteitspapier hebben en dat had ik niet, al mijn spullen waren immers in beslag genomen. Ik besloot gewoon op de trein te stappen. Dan ga ik er op een stationnetje voor Sukabumi wel uit, dacht ik, want daar zit de Jap nog niet. Maar dat plan mislukte. Ik kon alleen uitstappen in Sukabumi, waar grote groepen mensen op het station stonden die wel het juiste papier hadden. Ik liep maar gewoon met de meute mee het plein op. Een soldaat pikte me eruit, en nam me mee naar een tafel met een groen laken waar een Japanse officier aan zat te schrijven. Hij vroeg naar mijn identiteitsbewijs. Ik had het niet, maar ik droeg nog wel het rijbewijs bij me, met een grote oranje stempel van Nederland erop: "Dit is mijn identiteitsbewijs," zei ik heel stellig. Hij bekeek het, en een paar onderofficieren bestudeerden het met ernstige gezichten. En tot mijn grote opluchting namen ze er genoegen mee. Ik mocht gaan, op voorwaarde dat ik me zou melden bij het Japanse hoofd van de stad. Daar had ik natuurlijk geen trek in; ik wilde direct naar mijn vrouw en mijn zoon toe. Ik stapte in een eenpersoonsrijtuigje, maar toen het paard begon te lopen, kwam er een Japanse soldaat op mij toe rennen met het geweer in de aanslag; ik moest me direct gaan melden, zoals opgedragen. "Dat komt wel goed," mompelde ik, maar ik heb het mooi niet gedaan en ben naar mijn vrouw gereden. Ze was dolgelukkig om mij te zien. Ze zat heelhuids, met onze jongen, bij kennissen. En daar kon ik ook in huis komen.

Lang duurde ons weerzien niet. Er kwam een bevel dat alle niet-inheemse mannen zich moesten melden. Het had natuurlijk geen zin om je als bleekneus te verstoppen. En zo ben ik toch in handen van de Jap terechtgekomen. Met een groep van vijfentwintig Hollanders werden we vastgezet in een politieschool. De Japanners controleerden alles. Ik herinner mij dat een man zijn koffer moest openmaken, waarin ook een paar scheermesjes bleken te zitten. Die man werd bijna doodgeslagen. Om wat scheermesjes! Je wist niet eens dat je die niet mocht hebben. De Jap ging ontzettend tekeer, voor niks werd je al in elkaar geramd. En ondertussen groeiden onze baarden maar door.

Van de politieschool moesten we naar het ursulinenklooster in Buitenzorg. De Jap had het complex in tweeën gedeeld: in het linkergedeelte mochten de zusters blijven, het rechtergedeelte was voor de gedetineerden. We hadden nog geen idee wat ons te wachten stond, en hoe lang onze gevangenschap zou duren. Wat je van de Jap zag, was niet veel goeds. Maar dat we daarna in kampen terecht zouden komen, had ik nooit vermoed. Kedungbadak, tussen Batavia en Buitenzorg, was mijn eerste kamp: een voormalige rubberonderneming waar barakken waren opgezet. Niet meer dan een overkapping, afgeschermd met wat bamboematten, maar verder open en bloot. Onze bedden waren zo gemaakt dat je net niet rechtop kon zitten, maar alleen krom voorovergebogen – heel sadistisch. Je lag op planken waar een bamboematje overheen lag. Dat was je bed. Het matje klopte je 's morgens uit, maar ook de planken moest je uitschudden; daar vielen allemaal bruine luizen uit; het was een en al wandluis in de barakken. Ik had altijd jeuk.

's Morgens kregen we alleen een piepklein stukje brood, bikkelhard. Als je daar je tanden inzette, kwamen er zwarte torretjes uit. Het was nauwelijks mogelijk het op te eten. 's Middags kregen we de warme maaltijd, een lepel stijfsel; glazig blauwe waterige pap. Ontzettend glibberig spul. Maar iets anders kreeg je niet, dus je viel kilo's af. Na de oorlog woog ik nog maar vijftig kilo, voor het kamp was dat een dikke tachtig geweest. En dan sta je nog versteld dat je het er zo goed van af hebt gebracht! Want het doel van de Jap was om ons langzaam te vernietigen. Duizenden en duizenden zijn heengegaan...

Vanuit Kedungbadak werden we weer overgeplaatst. Ik weet niet eens meer in hoeveel kampen en kazernes ik daarna nog heb gezeten, zo vaak moesten we verhuizen. Bij iedere verhuizing moest je een kledingstuk achterlaten; pure pesterij. Op het laatst stond ik het land te bewerken in mijn onderbroekje. Onder de felle zon. Patjollen – spitten met een rechte schop – was zwaar werk; drieënhalf jaar lijkt een eeuwigheid als je staat te patjollen. Maar dat gold voor alle gevangenen. De solidariteit onder elkaar was groot. Dat was nog een geluk. Plezier hadden we niet, maar er werd nog af en toe een mopje getapt. Met het luizenkloppen, was dat het enige vertier.

Mijn zoontje is bij mijn vrouw gebleven. Maar zij zijn later ook opgepakt. Ik mocht niet weten in welk kamp ze zaten. Het was wel toegestaan om ze eens in het kwartaal een briefkaart te schrijven, maar dat mocht alleen in het Maleis en er moest in staan dat je bijzonder goed behandeld werd, gezond was en genoeg te eten kreeg; heel absurd. Gelukkig ben ik opgeruimd van aard en kon ik daar nog weleens om lachen. Soms. Ik piekerde maar niet te veel over de toestand en leefde voort met de gedachte dat het wel weer goed zou komen. Je moet bij het moment leven onder zulke omstandigheden. En toen de Amerikanen met hun vloot oprukten vanuit Australië, werd mijn optimisme gesterkt. Een kampgenoot die een radiootje bezat, ontving steeds meer hoopgevende berichten. We hadden via hem al gehoord dat de Jap op het punt van overgave stond. Dus we begonnen ons al een beetje te verheugen. En kort daarop, op een prachtige ochtend, hoorden we dat Japan had gecapituleerd. We werden allemaal bij elkaar geroepen op het plein – zo noemden we de open ruimte tussen de barakken – en daar werd de Nederlandse vlag gehesen en het Wilhelmus gezongen. Dat was zó indrukwekkend! Echt geweldig. Na al die jaren was ik ontzettend aangedaan.

We moesten nog een hele tijd in het kamp blijven. Onder betere omstandigheden natuurlijk. Brits-Indische militairen werden aangesteld om ons te beschermen. Ik weet nog dat ik in die periode in de barak lag, op mijn bamboematje, toen er iets verbázends werd binnengebracht: erwtensoep. Dat ging er goed in, zeg! Tsjonge, wat smaakte dat lekker... Er zat een klein beetje spek in de soep, maar voor ons leek het alsof er een heel varken in dreef. Jarenlang hadden we bijna niets in onze maag gehad. Sommigen konden het niet verdragen en werden ernstig ziek. Ze vraten te veel. Maar ik had nergens last van. Ik moet wel van een sterke natuur zijn.

Na een maand of wat mochten we weg uit het kamp. De kust was veilig verklaard. Ik kreeg een verlofpas om naar Batavia te reizen, en daar ging ik dan; op weg naar mijn vrouw en mijn zoon. Wat ben ik geschrokken toen ik ze na al die tijd weer zag! Het joch was zo mager geworden, ik hoorde zijn botjes gewoon rammelen. Maar hij was heel gelukkig om mij te zien. Mijn vrouw was ook vel over been, net een lijk. Het valt niet mee om dat aan te moeten zien. Mijn vrouw en mijn jongen zaten nog in het vrouwenkamp Tjideng; een van de beruchtste Jappenkampen, onder de waanzinnige kampcommandant Sonei Kenichi, die maanziek was. Bij volle maan liep hij 'nachts in zijn kimono door de straten van het kamp. O, wee als je dan toevallig buiten je barak was! Hij sloeg je zonder pardon neer. Mijn vrouw en zoontje hebben vreselijke angsten uitgestaan in het kamp. Ze moesten zelfs hun eigen doodshemden maken... Maar ze hebben het overleefd, godzijdank. Ik mocht ze al wel bezoeken, maar kon niet bij ze blijven. Dus ging ik weer naar het Koningsplein in Batavia; daar was een tent ingericht waarin de bevrijde mannen op strobalen konden slapen. Veel was het niet, maar toch een hele luxe na de luizenplanken van het kamp.

In die periode ben ik nóg een keer aan de dood ontsnapt; nu wilden de inlanders je nekken. Ik liep die avond van het kamp Tjideng, waar ik mijn vrouw had bezocht, terug naar het Koningsplein. Via de kampong, waar alleen inlanders woonden; de vlugste route. Halverwege de kampong hoorde ik gefluit. En in een mum van tijd stond er een hele groep inlanders om mij heen: het waren extremisten. Er waren toen al heel wat halfbloeden – daar hadden de inlanders de grootste hekel aan – en ook enkele Nederlanders in putten gegooid. Dat wist ik. En nu stonden we vlak bij zo'n waterput. Het was al donker, en daar stond ik, in m'n dooie uppie. Nou is het met me gebeurd, dacht ik. Toen kwam er ineens een kleine, oude inlander naar mij toe, die mijn hand pakte en zei: "Kom maar, toean", kom maar, heer. Die agressieve kerels hadden zo'n ontzag voor hem, dat ze meteen opzij sprongen. En het oude mannetje nam mij mee naar het Koningsplein. Ik was hem buitengewoon dankbaar, maar ik had niks om hem te geven. "Dat is ook helemaal niet nodig," zei hij. Zelfs mijn sigaretten, een bijna leeg pakje, wilde hij niet aannemen.

Ik heb na dat incident nog een poosje op het Koningsplein gebivakkeerd. En toen mijn vrouw en mijn jongen vrijkwamen, zijn we naar Nederland vertrokken. Met ziekteverlof, want ik had last van oedeem. Mijn kuiten waren opgezwollen als ballonnen – wat wil je ook, na een jarenlang tekort aan voeding. In Ermelo, waar ik als kind altijd op vakantie was geweest, zijn we een beetje bijgekomen. In 1947 kreeg ik een oproep om terug te gaan naar Nederlands-Indië om de zaak weer mee op te bouwen. Ik werd geplaatst in de apotheek van het Centraal Burgerlijk Ziekenhuis in Batavia. Later werd ik hoofd van een apotheek in Buitenzorg. We hebben het er nog heel fijn gehad, dus ik had geen behoefte om terug naar Nederland te gaan. Maar begin jaren vijftig moesten alle Nederlanders weg uit Indonesië. Dat heeft het land geen goed gedaan. In de koloniale tijd was alles veel beter georganiseerd; de Fransen waren er gewoon jaloers op. Dat wordt nu weleens vergeten... Nee, ik idealiseer het niet. En tegenwoordig is het een en al agressie en corruptie in Indonesië.

Terug in Nederland raakten we in Amsterdam verzeild. In een opvangcentrum voor mensen uit voormalig Nederlands-Indië, omdat er zo'n enorme woningnood was. Na lang zoeken, vonden we een eenvoudig huisje in Heelsum. Later verhuisden we weer door naar een prachtige villa met een stuk bos erachter. Heerlijke jaren hebben we daar gehad. Ik heb nog op het laboratorium van een papierfabriek gewerkt, en daarna ging ik met pensioen.

De tweede helft van mijn leven was het zwaarste deel. Voor de eerste helft moet ik in gedachten terug naar toen ik drie was. Daar begint mijn herinnering; ik liep achteruit en viel in de wasketel. Het water was zo heet, dat ik het nu nog weet. Mijn broer was er gelukkig snel bij. Hij heeft me er meteen uitgevist en onder de koude kraan gezet, dus met de brandwonden viel het mee. Het was 1899. Maar ook nu nog, meer dan een eeuw later, ben ik huiverig voor warm water.

Ik was de jongste van zeven zonen, dus verwend tot en met. Een prachtige jeugd had ik, het beste was niet goed genoeg voor mij. Ik ging naar school op het Utrechtse Domplein; het neusje van de zalm. Ik zat er tussen de kinderen van artsen, specialisten en zelfs van de toenmalige minister van Oorlog. Het onderwijs was er ook naar; in de derde klas, dus met negen jaar, kregen we al Frans. In de vierde kwam er Duits bij, in de vijfde klas Engels, en in de zesde spraken we al vier talen. Dat leerde je op geen enkele lagere school. Maar omdat de Eerste Wereldoorlog uitbrak, is mijn opleiding toch nog in de soep gelopen. Ik had toen net het staatsdiploma apothekersassistent, en daar is het altijd bij gebleven. Het was eigenlijk de bedoeling geweest om door te studeren tot apotheker, dat zat in de familie, maar het is er tijdens de mobilisatie niet meer van gekomen. In 1915 kwam ik terecht op de hospitale dienst. Ik kreeg een korte opleiding tot soldaat en werd daarna aangesteld als adjudant-apothekersassistent in de militaire apotheek te Utrecht. Van soldaat werd ik ineens adjudant; dat was zo vreemd, daar stond iedereen van te kijken. Maar het kon omdat ik een vakdiploma had. Nog tijdens de oorlogsjaren werd ik overgeplaatst naar Maastricht, waar ik zelfs hoofd werd van de apotheek. Heerlijk zelfstandig werk. Met de militaire dienst had ik weinig te maken. Veel gewonden waren er niet, de Duitsers zijn ons land toen gelukkig niet binnengevallen. Maar met duizenden gemobiliseerden hoefde ik me niet te vervelen, er was altijd wel een zieke.

Na de Eerste Wereldoorlog kon ik maar niet aan werk komen. Omdat ik relatief laat in dienst was gegaan, zwaaide ik als een van de laatsten af. De gemobiliseerden die al in 1918 uit dienst waren gekomen, hadden natuurlijk net alle baantjes ingepikt. Ik was een beetje avontuurlijk aangelegd en wilde ook wel weg uit Nederland. Dus ik heb meteen gereageerd toen in het farmaceutisch weekblad een vacature stond: in Zuid-Afrika werd een apothekersassistent gezocht. De ambassadeur vond het prachtig dat een voormalig adjudant-apothekersassistent zich daarvoor opgaf! Dus ik kon al snel afreizen naar Potgietersrus in de Transvaal. Oudejaarsnacht van 1919 op 1920, precies om twaalf uur 's nachts, vertrok de boot. Het stormde die nacht zo hard dat m'n buurman, op de matras boven mij, nog het bed uit is gerold.

In Engeland stapte ik over op een tweepijper van de Blue Funnelline, de stoomvaartmaatschappij met de destijds beroemde paarse schepen met blauwe schoorstenen. In Kaapstad werd ik opgewacht en naar een viersterrenhotel gebracht, met marmeren trappen en rode lopers. Nou, nou. Dit belooft wat, dacht ik. De volgende dag kwam de apotheker mij ophalen. Door een indrukwekkend landschap reden we naar Potgietersrus. In een oud Fordje op extra hoge wielen waarmee mijn baas dwars door halfdroge rivieren reed, laverend tussen de keien. Dit was het avontuur dat ik had gezocht! En toen we aankwamen stond daar een droomhuisje voor mij, prachtig gelegen in het vrije veld.

De apotheek van Potgietersrus was nog zo'n mooie ouderwetse, vol met potten en flessen. Heel wat anders dan tegenwoordig. Als je nu een recept hebt, maken ze een laatje open en krijg je tabletten of capsules uit de fabriek. Als je de bijsluiters leest, ben je eigenlijk benauwd om de pillen te slikken, zoveel bijwerkingen hebben ze. Want het is allemaal synthetisch spul: namaak. In mijn apothekerstijd kwamen de ingrediënten nog uit de natuur, waardoor je lang niet zoveel bijwerkingen kreeg. Nee, echt niet, hoor! Je bereidde het medicijn, toegespitst op de zieke, in een stenen mortier. Een recept op maat. Nu zijn het algemene geneesmiddelen, en sommige pillen worden voor veel verschillende klachten voorgeschreven – geen wonder dat er bijverschijnselen bij komen kijken. De farmaceutische industrie wil veel geld verdienen, daar draait alles nu om, een enorme achteruitgang als u het mij vraagt. Ik geef toe: ik ben er al meer dan vijftig jaar uit, dus de modernste medicijnen ken ik natuurlijk niet. Maar veel vertrouwen heb ik er niet in.

Ik heb mooie jaren gehad in Zuid-Afrika. Zodra ik een dag vrij was, trok ik eropuit. Zo bezocht ik een keer een neef van me die een groot landgoed had in de Transvaal. Hij haalde me af van het stationnetje en na een kwartier rijden zei hij: "Hier begint mijn bezit." Dat was afgezet met een slagboom, en een gorilla hield er de wacht. De aap herkende zijn baas meteen en deed de slagboom keurig omhoog; ik wist niet wat ik zag! Nee, dat verzin ik niet. Die gorilla kon dat echt, zo lang was-ie getraind, het was net een mens. We reden het gebied in en zagen een blauw waas in de verte; dat was een gigantisch bos van blauwgombomen dat hij had aangelegd, het mooiste timmerhout dat bestond. Twee rivieren kwamen we over, en nóg zaten we in zijn gebied; het was enorm.

Inmiddels was mijn broer als apotheker in Nederlands-Indië gaan werken. "Kom toch naar onze eigen kolonie," schreef hij. "Het is niks om onder die Engelsen te moeten werken!" Daar had ik wel oren naar. Want Zuid-Afrika was prachtig, maar de Engelse maten, waar ik mee moest werken, waren heel anders – en daar ben ik nooit aan gewend. Een Engelse ounce was bij ons acht drachmen, een drachme was drie scruple, een scruple was twintig grein enzovoort. Dat gaf veel rekenwerk, allemaal uit het blote hoofd; stapelgek werd ik ervan. Met vergiften bijvoorbeeld, wist ik precies wat de maximale dosis was in ons eigen metrieke stelsel. Maar ik moest alles omrekenen, en dat kon fout gaan. Dan rekende ik het voor de zekerheid nog eens na en moest ik de dokter weer bellen dat het te veel was. Er is nooit iemand vergiftigd, maar wat gaf dat een spanningen!

"Ga eerst naar Den Haag en vertel daar dat je naar Indië wil," schreef mijn broer. Want als ik rechtstreeks vanuit Zuid-Afrika zou gaan, verloor ik mijn recht op verlof naar Nederland. En het is ook maar goed dat ik het zo heb gedaan, want in die twee maanden dat ik in Nederland was, ben ik getrouwd. Met Nel, de dochter van mijn vaders beste vriend. Ik kende haar al sinds mijn vroege jeugd, en ik ben ook nog eens zevenenzestig jaar met haar getrouwd geweest. Maar onze bruiloft was nogal tragisch. Op de dag dat we zouden trouwen, overleed Nels vader plotseling. We stonden al in vol ornaat klaar toen we dat hoorden. Twee weken later zijn we alsnog getrouwd, maar het was erg somber. Een maand daarna vertrokken we naar Nederlands-Indië. En dat hebben we geweten, zoals ik al heb verteld. Al hebben we het, afgezien van die vreselijke Jap, fantastisch gehad in Indië.

Over mijn toekomst speculeer ik niet. Elke dag is er één. Ik slaap als de beste, maar 's ochtends ben ik doodmoe – dat is het vervelende. Het duurt een paar uur voor ik die moeheid kwijt ben. Daarna ga ik beneden koffiedrinken met de rondetafelclub: een stuk of acht mannen bij mekaar, én maar praten. Over onzinnige dingen. Erg leuk, al gaat het meeste langs mij heen, want het zijn hier in het tehuis allemaal boeren uit de omgeving van Ermelo die in dialect spreken. Maar zo nu en dan kan ik het volgen en doe ik ook mijn zegje. Ik moet wel uitkijken dat ik geen moeilijke woorden gebruik want dan kijken ze me vreemd aan.

Ik heb ze nog allemaal op een rijtje, zoals dat zo mooi heet. Op mijn honderdste, alweer jaren geleden, heb ik nog een voordracht gehouden over de kosmische invloed op het wereldgebeuren. Eerst voor een hele zaal en later nog een keer voor de burgemeester, een paar doktoren en een predikant. Het praatje ging in Ermelo rond dat ik iets heel belangrijks had te zeggen. En ik vond het een eer dat men wilde luisteren. Ik ken het verhaal nog uit mijn hoofd: "Het is misschien wel interessant het reilen en zeilen in de wereld eens van een andere zijde te belichten dan men dit gewend is te doen. De bedoeling van mijn voordracht is u iets te vertellen over de oerkrachten van het heelal en de uitwerkingen daarvan op onze planeet aarde. Een samenspel dat een dieper inzicht geeft in het hoe en waarom van al hetgeen wij ervaren..."

Ik heb mijn Kosmische Levensvisie zelf bedacht, ja. Door veel te lezen en na te denken. Ik ga ervan uit dat de kosmos een geordend geheel is waarvan de componenten elkaar over en weer beïnvloeden door straling. Wij zijn verbonden met alles wat ons omringt door de straling die wij ontvangen van buitenaf, maar eveneens via onze eigen uitstraling naar onze omgeving. Bovendien is alles in het grote universum aan ritmische golffrequenties onderhevig; of dat nu een melkwegstelsel of een zonnestelsel is, waarbij een golflengte duizenden jaren kan duren, of het allerkleinste waterstofatoom, waarbij het negatieve elektron in duizendsten van een seconde om een positief proton draait. Dat het altijd zo slecht gegaan is op aarde – met oorlog, ellende en doodslag – staat in verband met de golflengtes van duizenden jaren; het Vissentijdperk is een donkere periode van tweeduizend jaar. Daar zitten we nu nog in, maar het Aquariustijdperk komt eraan. Het is niet exact te berekenen wanneer het begint. Het einde van drie cycli moet precies samenvallen:

de loop van de aarde, de loop van het zonnestelsel en de apex van het melkwegstelsel. Maar dat moment staat te wachten...

We zitten nu in de overgangsperiode naar het Aquariustijdperk. Reeds in 1920 begon die overgang naar mijn gevoel, met de oprichting van de Volkenbond, helaas tot ondergang gedoemd omdat de tijd er nog niet rijp voor was. Maar juist de laatste decennia is de overlapping naar betere tijden duidelijk waarneembaar. Tekenen zijn het handvest van de Verenigde Naties, de verdragen van Helsinki om de bewapening te minimaliseren, de oprichting van de Europese Unie, de omverwerping van militaire dictaturen. En kijk maar eens naar allerlei onvoorstelbaar snelle veranderingen: het wegvallen van grenzen, het neergaan van de muur in Duitsland, de afzwakking van krijgsmachten en hun oorlogstuig en het terugbrengen van de langeafstandsraketten in het pact van Moskou. En dan zijn daar nog de wereldmilieuconferenties, die de planeet aarde moeten redden van de ondergang. Dit alles ter verbetering van de algemene toestand en de eenheid in de wereld! In de kerken leeft de oecumenische gedachte op. Alles streeft naar eenheid en vrede, die eens werkelijkheid zal worden in het Aquariustijdperk. De visionaire blik van de profeet Micha zal dan in vervulling gaan, die zegt: "Zij zullen hun zwaarden tot ploegscharen omsmeden, en hun speren tot snoeimessen. Geen volk zal tegen een ander volk het zwaard opnemen. En zij zullen de oorlog niet meer leren." Dan zal de negende symfonie van Beethoven over de aarde klinken: "Alle Menschen werden Brüder." Dan zal er gerechtigheid heersen, en zullen de rechtvaardigen blinken als de zon! Jazeker.

En dan, op het eind van Aquarius, is het einde van de planeet aarde daar. Hoe ik me dat voorstel? Dat is voor ons stervelingen onbegrijpelijk, we zijn nog niet op het niveau dat we zoiets kunnen doorgronden. Het "einde der tijden" wordt het wel genoemd, maar dat is onzin; tijd bestaat niet, dat is maar een relatief begrip. Dat hebben wij als mensen maar ingesteld. En de bijbel moeten we ook niet te letterlijk nemen; het einde wordt wel beschreven in het boek van de Openbaring, maar dat is ook maar mensenwerk. Het oude testament is al helemaal idioot! In

Richteren is het moord en doodslag, allemaal op Gods bevel. Dan belegert weer een of andere koning een stad en zegt God tegen hem dat hij de boel moet uitmoorden. Vrouwen, kinderen, baby's en zelfs het vee; alles moet afgeslacht worden. Hoe kan dat nou een Godsbevel zijn?

Ik denk nu vooral na over het aanstaande Aquariustijdperk. De mensen zullen prettiger met mekaar omgaan, er zal geen vijandschap meer zijn. Kort samengevat: het wordt allemaal koek en ei. Die gedachte houdt mij op de been. En door veel na te denken over al dit soort dingen, blijf ik ook helder. Als ik ga zitten duimendraaien, is het snel met me afgelopen. Het is mijn aard om overal over te piekeren, op een optimistische wijze. Mijn hele leven is eigenlijk ook op rolletjes gelopen... Het Jappenkamp? Tuurlijk, er zijn in elk leven perioden die minder prettig zijn. Maar over het algemeen was het voorspoedig. Omdat ik onder een goed gesternte ben geboren. Ik doe aan astrologie, en in de sterren stond dat ik zéér oud zou worden. U ziet het; dat klopt nog ook.

Ik heb mijn horoscoop zelf berekend, heel exact. Daar had ik destijds halve blocnotes voor nodig, maar nu reken ik het zó uit op de computer, stukken handiger. Ik ben Boogschutter, een positief sterrenbeeld. En ook nog vlak voor het opgaan van de zon geboren, om halfacht 's ochtends; dat maakt mij nog eens extra optimistisch. Toch heb ik het niet aan mezelf te danken dat alles zo goed is gegaan in mijn leven. Dat is voorbeschikking. Van hogerhand. Daarom kun je de dingen maar het beste nemen zoals ze zijn. Daar word je oud mee.

Mijn wereldbeeld is een mix van wetenschap, christendom, astrologie, en nog wat denksystemen. Ik heb als het ware kastjes in mijn hoofd, waar ik ze in bewaar. Als ik een antwoord nodig heb, doe ik ze open. Zo heb ik ook een reïncarnatiekastje. Alles moet gecompenseerd worden, dus als je in dit leven iets beroerds uithaalt, wordt dat in een volgend leven gecompenseerd door bijvoorbeeld ziekte. Zo verklaar ik het kwaad in de wereld. Iets waar je met het christendom alleen nooit uitkomt. Want hoe kan een almachtige God ellende toestaan? Dat heb ik met de reïncarnatie opgelost!

Als je de denksystemen samenvoegt, kom je tot een sluitend geheel. Dat is een geruststelling op mijn oude dag. Niet dat ik me oud voel, ik realiseer me eigenlijk helemaal nooit dat ik al langer dan een eeuw leef. Ik voel me niet anders dan toen ik zeventig was. Ik doe alles nog, alleen wat langzamer. Hoewel ik me veertien dagen geleden ineens zo slecht voelde, dat ik dacht: dit is het einde. Ik heb direct mijn zoon gebeld, want ik was ervan overtuigd dat het die dag af zou lopen. We hadden de begrafenis al geregeld... Maar de dag daarop was ik alweer opgeknapt. En nu voel ik me weer kiplekker. Ik maak elke dag een tripje op de hometrainer, een kilometer of vijf is genoeg om lenig te blijven. En ik twijfel nog over een abonnement op internet.'

Op 13-5-2004 is Gerard Timmermans overleden.

Dank!

De eeuwelingen, Ton Hirdes, Claire van Putten, eeuwelingenverzamelaar Fred van Dam, Fonds Bijzondere Journalistieke Projecten, familieleden en vrienden van de eeuwelingen, Corry van Renselaar, Annemarie van den Oord, Gerald Roebers, Theo van Mierlo, Odette de Rooy, Tony Studley, Irene Veldman, Leo Rooijackers, Ankie van den Oord, Frank Peters, Ine en Martien van den Oord, Chris Kijne, Christiaan Haverkamp, de VPRO, Cees Raas, Gerard Legebeke, dhr. Pattenier en dhr. Uil van het Gemeentearchief Schouwen-Duiveland, Katholiek Documentatiecentrum, J.C. Kikkert, Riek Koerts, NIOD, dhr. Bruijn van de afdeling Maritieme Geschiedenis van de Koninklijke Marine, dhr. Meurs van het Koopvaardijarchief, oud-schipper dhr. Kelder van het blad *De Blauwe Wimpel*, conservator van het museum Het Behouden Huys dhr. De Groot; de hartsvrienden van mevrouw Hoogenboom, Piet en Anton; de zusters van het Heilig Bloed, Leida Jansen; kenner van de historie van Susteren, dhr. G.E. Zits; John Vrouwenfelder van het Belasting- en Douanemuseum, Paul Knevel van het Legermuseum, dhr. Biezeveld van de Stichting Nationaal Monument Kamp Amersfoort, Paul Spapens van de Stichting Tilburgse Taol, Oranjeonderzoeker Hanno de Iongh, Apenheul, Automuseum Deventer, Stichting '40-'45, Fietsmuseum Velorama Nijmegen, Gemeentearchief Susteren, Commissie voor de geschiedenis van de apotheek, KNMI, CBS, Johannes van der Vos, Maarten van Doorn van het Gemeentearchief Den Haag, Maritiem Museum Rotterdam, Mizzi van der Pluijm, Willem en Miep en alle vergetenen, niet te vergeten!